# 大数据时代的 国家治理

陈潭 等著

中国社会科学出版社

图书在版编目(CIP)数据

大数据时代的国家治理/陈潭等著. —北京：中国社会科学出版社，2015.1
(2017.5 重印)
ISBN 978 - 7 - 5161 - 5289 - 8

Ⅰ.①大… Ⅱ.①陈… Ⅲ.①互联网络—应用—国家—行政管理—研究—中国 Ⅳ.①D630.1 - 39

中国版本图书馆 CIP 数据核字(2014)第 297402 号

出 版 人 赵剑英
责任编辑 王 斌
责任校对 姚 颖
责任印制 李寡寡

出　　版　中国社会科学出版社
社　　址　北京鼓楼西大街甲 158 号
邮　　编　100720
网　　址　http://www.csspw.cn
发 行 部　010 - 84083685
门 市 部　010 - 84029450
经　　销　新华书店及其他书店

印刷装订　北京君升印刷有限公司
版　　次　2015 年 1 月第 1 版
印　　次　2017 年 5 月第 2 次印刷

开　　本　710×1000　1/16
印　　张　18.5
字　　数　279 千字
定　　价　48.00 元

# 学术委员会

# 编辑委员会

前 言

> 机会稍纵即逝，抓住了就是机遇，抓不住就是挑战。我们必须增强忧患意识，紧紧抓住和用好新一轮科技革命和产业变革的机遇，不能等待、不能观望、不能懈怠。
>
> ——习近平总书记在主持中央政治局第九次集体学习时的讲话

2000 多年前，人类通过间隔几里的烽火台和换马不换人的"800 里加急传递"及时地将外敌入侵的信息传送回农耕文明王国的决策系统里，为皇权的及时决策提供了重要的信息情报保障。1844 年，美国科学家塞约尔·莫尔斯在国会大厦最高法院会议室向在巴尔的摩的艾尔弗雷德·维尔发出了世界上第一封电报，成功地开创了长距离通信联系的新时代。1876 年，亚历山大·格拉汉姆·贝尔（Alexander Graham Bell）发明了电话，人类的声音第一次通过电缆从一个终端设备被传送到另一个终端设备。1892 年，纽约到芝加哥的电话线路开通。时至今日，电话仍然是最常用、最方便的通信工具。

从不可知的远古时期开始，人类采用结绳计数，开启了人类对数字的记录和计算。后来，随着科技的进步，人类又发明了算盘、手摇计算机等比较简单的机械性计算工具。1946 年，人类发明了第一台由电子管组成的电子计算机，标志着人类的计算工具告别了机械时代。时至今日，随着超级计算机、云计算平台的发展，人类的计算能力走向了新的高度，处理数据的速度随之有了质的飞跃。

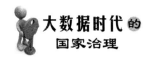

当历史的时针拨到今天的时候，众多的互联终端、手机、摄像头、个人电脑已经不仅仅是简单的信息传递和电话联系了，这些终端不仅可以收集海量的语音、图片、视频、文字、方位等信息，而且还可以通过互联网快速地把它们汇集到大型的网站和信息中心，从而不断地满足商业、文化、经济、政治和军事方面的应用需求。著名社会学家丹尼尔·贝尔（Daniel Bell）所津津乐道的"后工业社会"里的信息浪潮不知不觉地影响和改变着人们的生产方式和生活方式。众多的"心灵鸡汤"、生活 TIPS（意为：告诫，提示）、商业活动、科技创新、体育娱乐、时事观点通过微信、微博、论坛、贴吧等方式传播开来，大数据平台在毫无防备又毫无知觉的情况下拓宽了人类接受信息的渠道。

作为大数据的主要来源之一，新媒体的迅猛发展导致用户电脑浏览记录、手机通信记录、网页浏览习惯、微博使用习惯、手机 GPS 定位跟踪记录等数据大量累积。相关统计数据显示：2000 年，全世界存储的信息中只有1/4是数据信息，而截至目前，这一比例高达 98％。业内专家预计，大数据很有可能会推动产生一个新的时代。"大数据将为人类的生活创造前所未有的可量化的维度。大数据已经成为了新发明和新服务的源泉，而更多的改变正蓄势待发"，被誉为"大数据商时代的预言家"、牛津大学网络学院互联网治理和监管专业的教授维克托·迈尔-舍恩伯格（Viktor Mayer-Schönberger）在《大数据时代》的著作里作了如此大胆的预测。他认为，大数据带来的信息风暴正在变革我们的生活、工作和思维，大数据开启了一次重大的时代转型，大数据时代的思维变革、商业变革和管理变革会比以往任何时候都更加深刻。同时，舍恩伯格也不忘冷静地描绘大数据帝国前夜的脆弱和不安，包括产业生态环境、数据安全隐私、信息公正公开等问题。

作为一种新兴数据处理技术，大数据能够有效地集成国家政治、经济、文化、社会、生态等领域方方面面的信息资源，为国家治理提供重要数据基础和决策支撑。大数据的广泛应用将会为实现"数据治国"产生深远的影响，大数据能够形成用数据分析、用数据决策、用数据创新的治理思维。通过 QQ、微信、微博等新兴社交媒体产生的数据，可以让舆情民意进行分类甄别和科学量化，可以让决策经过科学论证与民主讨论变得更加成熟和老练。商业、经济、政府及其他领域中的决策行为将日益基于数据和分析而作出，而在公共卫生、经济预测等领域中，大数据的预见能力也已经崭露头角。相比商业领域通过大数据技术提升用户服务和体验，公共领域的大数据分析对更基础的民生保障也将产生积极作用。虽然可能造成某种程度的民主危机和信任危机，但是治理者可以借助海量信息对社会各个领域进行细节化的监控和管理，大数据必然成为维护国家数据主权、增强信息和网络安全的新引擎。

从经济发展方面来看，大数据已经广泛应用于金融服务、交通运输、健康与生命科学、通信、能源等各个行业，体现出巨大的商用价值和经济效益。"数据就是未来流通的货币"，数据资产正在当仁不让地成为现代商业社会的核心竞争力，大数据营销、大数据服务已成为不可缺少的商业手段，数据将会变得更加精准、全面、可持续，将更好地为企业的战略目标服务。美国得克萨斯大学的研究表明，大数据技术可以有效改善企业的数据资源利用能力，提高从数据到信息的转化率，让企业的决策更为准确，从而提高整体运营效率。如果数据利用率提高 10%，财富 100 强中的企业人均产出就提高 14.4%，零售、咨询服务行业人均产出分别提高 49%、39%，即使是食品、建筑、钢铁等传统行业人均产出也都可提高 20% 以上。2011 年 6 月的麦肯锡研究报告指出，大数据的使用将成为未来提高竞争力、生产力、创新能力以及创造消费者盈余的关键要素，成为领军企业与其他企业之间最显著的差别。2011 年 12 月的欧盟报告指出，欧盟公共机构产生、收集或承担的地理信息、统计数据、气象数据、公共资金资助研究项目、数字图书馆等数据资源全面开放，预计每年将会给欧盟带来400 亿欧元的经济增长。

从文化发展方面来看，大数据突破了自然科学和社会科学的边界与壁垒，通过数据沟通了不同学科之间的资源，实现了数据的可通约性。随着对数据的使用和应用越来越频繁，生产数据的横向联动能力也在迅速增长。与传统数据相比，大数据的资源性特征尤为突出，成为各国文化、教育、科技领域重视开发大数据的重要依据。在知识的演化过程中，数据是产生信息、知识、智慧的基础。历史学研究就开始利用定量方法分析宏观规律、使用定性方法表达个体叙述，通过大数据的关联性寻求自然和社会的变化规律。2014 年 8 月 1 日，美国《科学》杂志发表一篇文章，涉及这份期刊鲜少呈现的艺术和文化历史。通过收集跨越人类 2000 多年历史里大约 15 万位名人出

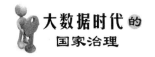

生、逝世的时间和地点，将同一个人的生死两地连接，并得到他们的迁移路线，再将这个动态过程视觉化，展示了人类文化历史中心的变迁。

从社会治理方面来看，大数据在加强社会治理能力、创新社会管理模式方面具有巨大的优势。"数据驱动的社会管理"是社会管理中实施的一种新型管理模式，无论是政府还是其他组织机构，数据收集和分析已经成为基层管理部门的基本要求，根据数据分析结果制定政策和法规，将社会管理从事后处罚转向事前预防，在医疗健康、国土安全、智慧城市建设、防范和打击恐怖活动、社会治安、治理社会腐败等方面都发挥着重要作用。20世纪美国的警务管理模式CompStat（Computer Comparison Statistics）就是利用大数据对社会治安进行管理并取得良好成效的成功范例。利用地方各种传感器收集的大数据和通过互联网搜索关键词，疾病控制部门可以预测和判断某地的流行病暴发的情况。

从生态治理方面来看，利用大数据的收集与分析处理将提升农业、气象、环境等数据监测能力，为实现人类生态文明建设提供重要的信息保障。比如，气候变化是全球面临的一个大问题，如何计算气候对环境的影响呢？乔治梅森大学（George Mason University）的数据学家柯克·波恩教授指出："大数据技术在气候研究领域的发展，首先意味着传感器已经无所不在，首先是太空中的遥感卫星；其次是地面上的传感器。"这些工具时刻记录着地球各地的天气、土地利用、植被、海洋、冰层、降水、干旱、水质等信息以及它们的变量，同时它们也在跟踪生物多样性的变化、濒危物种等各种数据之间的关联。除了计算气候、物种的变化之外，大数据还可以用于预警突发灾害以及提高应急工作效率，提供更广泛地获取知识的渠道，以及帮助我们更好地了解私人与政府的决策会对地球的气候造成哪些影响。

由于大数据是数字化生存时代的新型战略资源，对国家治理和社会发展所起的作用巨大，引起了各国科技界、产业界和政府部门的高度关注，"智慧企业""智慧校园""智慧医院""智慧政府""智慧城市"被不同类型的组织确立为组织发展目标。自"智慧地球"概念于2008年11月提出以来，整个地球都沉浸在如何变得更加智慧这个庞大的课题里。联合国秘书长执行办公室于2009年正式启动了"全球脉动"（Global Pulse）倡议项目，旨在推动数字数据和快速数据收集和分析方式的创新。联合国2012年

5 月对外公布了名为《大数据促发展：挑战与机遇》的白皮书，探讨了利用互联网数据推动全球发展。随着大数据发展战略得到全球各国的高度重视，世界主要国家的"智慧国家"建设发展战略和行动计划的确立和推动也风起云涌。

美国最早将大数据用作网络安全战略的核心技术保障。2009 年，奥巴马上任伊始，就签署了《透明和开放的政府》总统备忘录，推进建成政府统一数据门户网站，通过一系列措施实施以大数据为核心，以观念塑造、积极防御、攻击性打击为主旨的网络安全新战略。2012 年 3 月 29 日，代表美国政府的白宫科技政策办公室发布了《大数据研究和发展计划》，成立了"大数据高级指导小组"，将大数据技术革命带来的机遇和挑战提升到国家战略层面。2013 年 11 月 12 日，美国科学技术政策办公室和"网络与信息技术研发项目"推出了第二轮大数据行动，即"从数据到知识到行动：建立新的伙伴关系"计划。它的推出在美国掀起了新一轮大数据研究热潮，美国各界对大数据研究涉及的科学与社会问题进行了集中探讨。2014 年 5 月 1 日，美国总统行政办公室以国家科学与技术顾问委员会（PCAST）的研究为基础，向奥巴马提交了一份名为《大数据：把握机遇，维护价值》的报告，强调公共和私人部门可以利用大数据技术最大限度地获取利益、减少风险，增强政府的问责性，保护隐私与公民权利。

自 2009 年美国政府开放数据门户网站 data. gov 上线以来，各国政府掀起开放数据运动。通过开放政府数据，可以提高政府透明度，提升政府治理能力和效率，更好地满足公众需求，促进社会创新，带动经济增长。据 data. gov 统计，截至 2014 年 1 月 12 日，开放数据运动已覆盖全球 44 个国家（地区）。2013 年 6 月 18 日，八国集团首脑在北爱尔兰峰会上签署《开放数据宪章》，各国表示愿意进一步向公众开放可机读的政府数据，并在 2013 年末制定相应的行动计划。2013 年 11 月 6 日，法国政府出台《八国集团开放数据宪章法国行动计划》，法国政府作出"朝着默认公开发布数据的目标前进""建立一个开放平台以鼓励创新和提高透明度""通过征求公众和社会意见完善开放数据政策""支持法国和全球的开放式创新"四项承诺，作为开放政府数据政策的发展重点。英国政府发布新的政府数字化战略，旨在使政府服务实现"默认数字化"，即"数字服务简单方便，任何可以使用的用户都会选择数字化服务，而不能使用的用户也不排除在

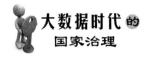

外"。英国政府承诺 2015 年前开放有关交通运输、天气和健康方面的核心公共数据库,并将投资 1000 万英镑建立世界上首个"开放数据研究所"。"欧盟开放数据战略"将重点加强在数据处理技术、数据门户网站和科研数据基础设施三方面的投入,旨在帮助欧洲企业与市民能自由获取欧盟公共管理部门的所有信息,建立一个汇集不同成员国以及欧洲机构数据的"泛欧门户"。

数据资源正和土地、劳动力、资本等生产要素一样,成了促进经济增长的基本要素。互联网数据中心(IDC)预测中国大数据技术与服务市场规模未来 5 年的复合增长率将达 51.4%,从 2011 年的 7760 万美元增长到 2016 年的 6.17 亿美元。由于政府战略支持、经济持续增长、传统 IT 积累以及软件、数学人才的培养能力的存在,中国具备了抓住大数据时代的机遇的能力。因此,中国需要借鉴发达国家经验,及早制定大数据国家发展战略,加大专业人才培养力度,优化信息化发展环境,推进大数据产业化进程。

2012 年,十八大明确提出"科技创新是提高社会生产力和综合国力的战略支撑,必须摆在国家发展全局的核心位置",强调要坚持走中国特色自主创新道路、实施创新驱动发展战略。十八届三中全会提到全面深化科技体制改革时指出,要"整合科技规划和资源,完善政府对基础性、战略性、前沿性科学研究和共性技术研究的支持机制"。同时,《"十二五"国家战略性新兴产业发展规划》提出了"支持海量数据存储、处理技术的研发与产业化"发展政策,《物联网"十二五"发展规划》也将信息处理技术列为四项关键技术创新工程之一。

2012 年 6 月,由上海市政府办公厅和市经济信息化委牵头,公安局、市工商局、市交通委等 9 家试点单位参与,上海正式启动了政府数据资源向社会开放试点工作,明确到 2016 年,上海市政府部门掌握的信息数据资源,只要不涉及国家安全、商业秘密和个人隐私的,尽量都向社会开放。上海市经济和信息化委员会已经在研究成立大数据局,成立后将推进上海政府层面的数据公开和信息共享,通过大数据挖掘将更好地发挥政府管理职能。

2014 年 2 月 26 日,广东省人民政府印发了《广东省经济和信息化委员会主要职责内设机构和人员编制规定》,根据职责,广东省经济和信息化委员会设 21 个内设机构,其中包括广东省大数据管理局,其具体职责包括研究拟订并组织实施大数据战略、规划和政策措施，引导和推动大数据研究和应用工作；组织制定大数据收集、管理、开放、应用等标准规范；推动形成全社会大数据形成机制的建立和开发应用；承担企业情况综合工作，负责企业数据收集和存储；组织编制电子政务建设规划并组织实施；组织协调政务信息资源共享；组织协调省级重大电子政务项目建设，组织协调网上办事大厅等电子政务"一站式"服务建设；负责统筹政务信息网络系统、政务数据中心的建设、管理；统筹协调信息安全保障体系建设；承担信息安全等级保护、应急协调和数字认证相关工作。

2014 年 5 月 24 日，国家统计局局长、中国统计学会会长马建堂在第六届中国人民大学国际统计论坛上表示，所有拥有海量数据的机构，无论是企业还是政府机构，原则上除涉及国家安全、商业秘密和个人隐私等数据外，需要高度开放大数据，政府机构要尽快确立数据开放的基本原则。马建堂指出，大数据给政府统计带来了强大的生命力和巨大的发展机遇，能够使统计部门获得更加丰富客观及时的基础数据，能够建立一个更加真实全面的基本单位名录库，能够得到更加完整的调查总体，这将大大缩短数据采集时间，减少报表填报任务，减轻调查对象负担，进一步提升统计工作效能，使统计数据更加客观真实准确。

2014 年 9 月，重庆市先后探索整合民政、公安、人力社保、国土房管、金融、保险、工商、税务、住房公积金管理等部门和机构的有关户籍、机动车、就业、保险、住房、存款、证券、个体工商户、纳税、公积金等 16 类数据。这些信息全部联网，经过数据分析，设定比对项、比对值，只要在系统中输入姓名和身份证号码，所有信息一目了然。财政部门通过对海量财政数据资料进行撷取、管理、处理，形成可供财政管理运用的大数据库，不仅有利于解决财政"信息碎片化问题"，而且还提高了行政效率和财政理财能力。

国内互联网三巨头 BAT（百度、阿里、腾讯）坐拥"数据金矿"。其中，百度侧重公共数据和需求数据，阿里侧重商用数据和信用数据，腾讯侧重关系数据和社交数据。百度公司把开放云、数据工厂、百度大脑组成了"大数据引擎"，通过平台化、接口化的方式进行对外开放，并适时推出了景点舒适度预测、城市旅游预测、感冒流行趋势预测、高考考研预测、就业预测、房地产预测、金融预测、世界杯预测、票房预测等更多细分领域的大数据预测产品。阿里巴巴集团提出了"平台、金融、数据"的

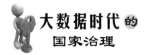

三步战略，把"数据分享平台"作为战略目标，并且逐步推进数据开放之路。腾讯研制了分布式数据仓库TDW（Tencent distributed Data Warehouse），它支持百PB级数据的离线存储和计算，为业务提供海量、高效、稳定的大数据平台支撑和决策支持，其中腾讯云分析是腾讯大数据战略的核心产品，提供APP移动数据、数据标签、多维拆分、用户画像、数据可视、数据挖掘等综合数据服务。

毫无疑问，大数据成了国家资产和创新前沿，大数据即将带来一场颠覆性的革命。确立大数据国家发展战略，加强数据安全立法，加大基础设施投入，推动政务数据公开，建立数据流通平台，积极引导大数据产业发展，培育大数据创新思维，开展大数据的研究、开发与利用，对于实现数据治国和数据强国具有重要的战略意义。因此，在推进国家治理体系和治理能力现代化进程中，在维护数据主权和保障数据安全的基础上，必须加强数据分析、开展数据挖掘、实现数据增值，共同打造智慧型企业、智慧型城市、智慧型政府，从而积极迈向智慧型国家建设。

# 目 录

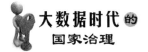

# 附　录

# 参考文献

# 后　记

# 第一章
# 大数据时代的来临

　　每一位在"海底捞"火锅店有过就餐经历的人，都会禁不住对其精致的服务赞不绝口。"海底捞"知道，于客人而言，等位是件枯燥且无聊的事情，所以，在等候大厅，它为客人提供了擦鞋、美甲这样足可打发时间的服务，此外还提供瓜子等，让你的等待不再枯燥无聊。更重要的是，在这里，每个服务员都会细致地观察客人的每一个细微的动作，并据此迅速地作出你需要什么的判断，然后，非常恰当且及时地给你送上你最想要的服务：你口渴了，服务员会为你送上一杯水或果汁；你眼镜脏了，他会为你送上一块干净的眼镜布……如果你是常客，还将获得更为个性化的服务。事实上，在互联网时代，很多真正具有互联网思维的企业，也正在为你提供着"海底捞"式的极致服务。所不同的是，"海底捞"发挥的是其员工的主观能动性，依靠其个人智慧，去预测客户需求，并为之提供相应的精致服务；而那些真正具有互联网思维的企业，则凭借着技术和产品的创新，在不断的预测着你的需求，并将体验做到极致。在线影片租赁提供商 Netflix 和它的《纸牌屋》无疑就是这类企业和其产品的典范。

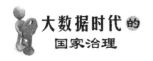

# 一 火爆的 《纸牌屋》 及其背后

## （一） 十分火爆的《纸牌屋》

《纸牌屋》（海报见图 1-1）源自一本同名小说，作者迈克尔·多布斯（Michael Dobbs）是英国老牌政客。多布斯一度担任撒切尔内阁幕僚长，最终以保守党副主席身份荣休。除政客这一身份外，多布斯还是位畅销书作家，《纸牌屋》便是其官场小说的处女作。但就是这本处女作，于 1989 年一经出版就大获好评，次年被 BBC 拍成迷你剧，风靡一时，更是被英国电影学院评为 "英国最优秀的 100 部电视节目"[①] 之一。

图 1-1 《纸牌屋》海报

20 多年后，美国人买过版权，《纸牌屋》的故事背景也就从英伦搬到了美利坚。该剧的第一季于 2013 年 2 月推出，一上线便火爆异常（见图 1-2），不仅获得好莱坞众多专业奖项的肯定，更赢得忠实粉丝无数。受此鼓舞，发行方 Netflix 决定趁热打铁，于该剧上线一周年之际，向它的全球 4400 多万注册用户播出第二季。让人跌破眼镜的是，Netflix 不仅将《纸

---

① 小托：《〈纸牌屋〉：最好的网络政治剧》，《新闻晨报》2013 年 3 月 4 日第 C12 版。

牌屋》第二季开播的时间锁定于 2 月，更是选在了 2 月 14 日。要知道，这一天可是西方传统的情人节，是一个关乎爱情、浪漫以及鲜花、巧克力的节日，而《纸牌屋》却是一部带有明显暗黑气质的政治惊悚剧，这显然不符合情人节那种浪漫的氛围。然而，大出人们意料的是，《纸牌屋》第二季正式上线当天，无数忠实的粉丝毅然放弃了与爱人共度良宵的机会，而宁愿选择与《纸牌屋》"约会"。

一位网名为 Brian Hernandez 的粉丝，在其推特上发了一张欲与《纸牌屋》打持久战而准备的伙食照。从所发照片可见，他准备了充足的饮料、水、巧克力饼干，外加一袋增强免疫力的维生素冲剂。剧中《华盛顿先驱报》的菜鸟记者佐伊·巴恩斯一角的扮演者凯特·玛拉也曾说过，她的朋友都是一口气看完一季的。[①] 玛拉此言非虚，Netflix 的外聘公司 Procera 就监测到，在美国，一位 Netflix 用户一口气看完了《纸牌屋》第二季全部 13 集，整个观影过程中他只停顿了短短 3 分钟，要知道《纸牌屋》单集的时长为 1 小时。[②] 这些绝非个案，据 Netflix 和 Procera 联合监测到的数据显示：《纸牌屋》第二季首播日，近 15% 的注册用户连续 8 小时于 Netflix 上观看了该剧，这比第一季开播时的连续收看率足足高出 13 个百分点。[③] 而所谓的"连续收看"（binge viewing），就是指观众被剧集的剧情所吸引而欲罢不能，一集接着一集不停观看。

《纸牌屋》就这样火了，据说该剧的第三季已拿到续购订单并开始制作了，而美国各大娱乐媒体更是传出制片方 Netflix 邀请美国总统奥巴马于下一季里客串一角的消息。也就是说，在美国，无论普通民众、媒体或政客都在追捧《纸牌屋》。这是自 1999 年播出《白宫风云》以来，另一波由电视剧掀起的让美国普通观众、政坛人物和各界媒体全民参与的大众文

---

① 许文婷：《美国人如何追〈纸牌屋〉第二季》，《东方早报》2014 年 2 月 18 日第 A25 版。

② 陶短房、温玉顺：《美剧〈纸牌屋〉为啥火》，《北京晚报》2014 年 3 月 7 日第 24 版。

③ 许文婷：《美国人如何追〈纸牌屋〉第二季》，《东方早报》2014 年 2 月 18 日第 A25 版。

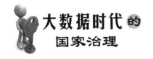
化潮。所不同的是，剧集由原来的电视剧，演变成了现在的网络剧。

总之，《纸牌屋》是彻底地"火"了。

## （二）众说纷纭的《纸牌屋》

那么，《纸牌屋》为什么会这么火？答案可谓众说纷纭，但也莫衷一是。

图 1-2　街谈巷议的《纸牌屋》

一种较流行的观点是，该剧的"火"与政要们的大力追捧有着莫大关系。在美国，总统奥巴马就是《纸牌屋》的忠实粉丝。2013 年 12 月17 日,奥巴马邀请了一些高科技公司的主管到白宫座谈，在讨论会正式开始前，他半带玩笑地向《纸牌屋》的投资商兼播出平台 Netflix 的老板瑞德·海思廷斯（Reed Hastings）提出渴望早些看到《纸牌屋》第二季的愿望，海思廷斯对总统希望"走后门"的要求笑而不答①。奥巴马的这一愿望虽没能实现，但还是对出席会议的副总统拜登及在座的 CEO 们表达了自己对《纸牌屋》的喜爱。除了现任总统之外，前总统克林顿也是位忠实的"纸迷"，他曾爆料说自己在 3 天内看完了《纸牌屋》的第一季。这套剧集不只引起美国

---

① 杜剑峰：《奥巴马为什么喜欢〈纸牌屋〉?》，http：// business. sohu. com/ 20140224/n395542155. shtml。

政要们的关注，在中国也有领导人热衷于它，王岐山就是其中之一。据有关媒体报道，王岐山就曾在中纪委的会议上公开推荐过《纸牌屋》①。

我们对《纸牌屋》所做的新闻检索的结果所显示——政要们对《纸牌屋》的关注和推荐，多是在第一季播出之后、第二季播出之前。这就说明，事实可能与上述观点恰好相反——不是政要们的推荐和追捧捧红了《纸牌屋》，而是《纸牌屋》的来势汹汹和其背后所蕴含的民意，反过来引起了政要们的关注。当然，随着政要们的介入，的确反过来又促进了《纸牌屋》第二季的持续火爆。

第二种观点认为，《纸牌屋》之所以能持续火爆，得益于其政治剧题材，因为该剧再现了美国政治的"真实面目"，满足了观众对于权力斗争的想象。《纸牌屋》之所以走红，正是满足了这种心理期待。但如果这真是事实，我们就不免要问，像是披露美国情报单位丑陋面的剧集，如《国土安全》和《黑名单》，以及总统勾搭下属、玩弄权势的《丑闻》，为什么达不到《纸牌屋》这样的高度？

第三种观点则将《纸牌屋》的持续火爆归因为其高质量的剧本，认为《纸牌屋》的成功，最不能忽视编剧们的功劳。譬如威利蒙，他不仅是该剧的发起人和制片人，也是该剧的编剧，其代表作《总统杀局》曾获奥斯卡最佳改编剧本提名。此外，他还做过前国务卿希拉里的助理。而《纸牌屋》的另一位编剧艾瑞克·罗斯也是个响当当的人物，好莱坞的经典之作《阿甘正传》《慕尼黑》等剧本均出自此人之手。但《纽约邮报》显然不能苟同该观点，在它看来，《纸牌屋》的剧本质量远比不上同为政治剧的《白宫群英》②。《纽约邮报》认为《纸牌屋》只醉心于政治的阴暗面。

第四种观点则认为《纸牌屋》的火爆，与其执行的大牌战略密不可分。于观众而言，该剧最主要的卖点和看点避不开两个方面：一是大卫·芬奇的"导"；二是凯文·史派西的"演"。但这一观点同样站不住脚。事

---

① 〔美〕坎贝尔：《为什么中国领导人爱看〈纸牌屋〉》，http://www.ftchinese.com/story/001055204。

② 胡尧熙：《视频生猛之〈纸牌屋〉的手牌和底牌》，《新周刊》2013年第391期。

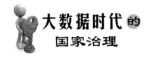

实上，相比之下其他剧组所动用的牌，比《纸牌屋》来得更大、更为生猛，《大西洋帝国》便是由曾囊括奥斯卡金像奖、美国金球奖、戛纳金棕榈奖等多项大奖的电影大师马汀·斯科塞斯亲自坐镇。更何况，一手大牌并不能够代表最后的胜利，与斯科塞斯齐名的斯皮尔伯格压阵的《史前新纪元》，不就惨遭被腰斩的命运？由此可见，大牌战略显然也不是《纸牌屋》持续火爆的根本原因。

### （三）《纸牌屋》背后的"大牌"

那么，真因何在？要想回答这个问题，还得从头说起。《纸牌屋》今日确实火爆异常，但事实却是，在该剧筹备之初却并不为业内人士所看好。在拿到《纸牌屋》的版权后，该剧的执行制片、好莱坞新锐导演大卫·芬奇，曾拿着从BBC原剧改编过来的剧本大纲，将美国几乎所有的电视台都跑了个遍，结果却让人沮丧。虽然，不乏一些电视台对其表示出"浓厚"的兴趣，但正儿八经要求出资时，却没有一家电视台愿意承诺其第一季的投拍。因为资金的缘故，这部日后火爆异常的剧集，在当时几乎要胎死腹中了。制片团队不得不改变策略，将注意力由电视台这类传统播出平台，转移到专门的视频网站这类新兴的播出平台。也就在这时，Netflix开始进入芬奇团队的视野。

Netflix，这家北美最大的付费订阅视频网站，一刻也没闲着，拿到剧本大纲后，立马就着手进行可行性分析。最后，分析的结果显示："BBC出品"这个标签是个足以让人为之着迷的元素；更重要的是，喜欢"BBC出品"的人，大多数也喜欢芬奇所导的作品；同时，这些人又多是史派西的影迷。也就是说，这三大元素高度叠合。正是基于上述分析，Netflix得出了一个重要结论，那就是如能将史派西、芬奇和"BBC出品"这三种元素有机地整合在一起，那么，这样的电视作品无疑将会大火特火。正是基于这一判断，Netflix决定给芬奇的《纸牌屋》制片团队投资1亿美元，但是他们提出了一个要求，那就是该剧的主角必须由史派西担纲。不巧的是，制片团队与史派西接触后才得知他的档期已排满，即使如此，作为投资商的 Netflix 仍坚持他们原来的决定，宁愿等也决不换主演。直到几个月后，史派西有了档期，《纸牌屋》才得以正式开拍。

那么，Netflix 的判断依据是什么？是基于其 3000 万北美注册用户，和这些用户每天在 Netflix 上所产生的 3000 多万个行为，譬如：暂停、回放或者快进，及用户每天给出的 400 多万个评分、300 多万次搜索请求时留下的行为数据。就这些行为数据与 Netflix 的决策之间的逻辑，美国新闻与娱乐网站 salon.com 的一篇文章解释得很清楚：用户只要登录 Netflix 网站，对某个视频的每一次点击、播放、暂停、快进、回放，看了几分钟就彻底关掉视频，或者停了一段时间又重启，都会成为一个"事件"被记录下来，并汇入后台进行分析。"Netflix 或许并不能准确知道我点击暂停按钮的个人原因，但是如果足够多的人在整段视频中的同一地方做了相同举动，那么数据就开始显露出意义了。"① 最后的结果是，Netflix 可能比它的注册用户们还要清楚他们自己的观影喜好。事实上这也得到了相关数据的有力支持，据 Netflix 官方公布的数据显示，在 Netflix 播放平台，3/4 的注册用户都会接受它的观影推荐。这也就意味着，作为《纸牌屋》的投资商和播出平台，Netflix 已无须一集复一集地攒《纸牌屋》这一新剧的口碑，它只需向那些被后台系统标记为"喜欢 BBC 出品""喜爱史派西""喜爱大卫·芬奇"或者"喜爱政治剧"的观众推荐一下就行了。

## 二 需求导向下的数据思维

### （一）Netflix 用户体验导向下的数据战略

如何利用好数据，向客户作出精准的推荐，以此来提升用户的体验度，让用户快捷方便地挑选影片，进而增强用户的黏性，是 Netflix 一直

---

① 周南焱：《"大数据"时代的电影新猜想》，《北京日报》2013 年 7 月 4 日第 13 版。

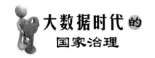
都在思考的问题。Netflix 挖掘其用户行为的数据战略，事实上已经进行很长时间了。这家成立于 1997 年，总部位于加利福尼亚州洛斯盖图的公司，是一家在线影片租赁提供商，公司能够提供超大数量的 DVD。2009 年时，该公司可向消费者提供的电影多达 10 万部之多。在这茫茫片海中，用户如何才能便捷地找到符合自己胃口的电影，Netflix 又该如何将那些与用户口味高度匹配的影片推荐给客户，这确实是个难题，Netflix 认识到推荐引擎的开发与优化无疑是重中之重。

为了有效整合社会资源，Netflix 于 2006 年决定举办了一场跨领域、跨国界的有关优化推荐引擎的大奖赛，其所设定的奖金额度高达 100 万美元。

这一赛事得到了来自 186 个国家的 4 万多个团队的热情响应和积极参与，一个集合了信息工程师、统计学家、研究专家的跨国团队 Korbell，在付出了超过 2000 小时的努力，融合了 107 种算法后，成功地将预测 Netflix 的客户分别喜欢什么影片的准确率提升了 8.43%，从而赢得了第一个半程奖。此后两年，赛事更令人印象深刻，数百种预测模型被融合到一起。正是得益于参赛者们持续不断的改进，Netflix 成功地解决了一个巨大的挑战，那就是为那些提供了 50 个以上评级的观众，准确地预测他们的口味。但 Netflix 显然不满足于此，它下一步预备解决的是，如何为那些不经常做影片评级，甚至压根儿就从不做评级的顾客推荐影片。尝到甜头的 Netflix 决定再次采用大奖赛的办法，它要求使用一些隐藏着观众口味的地理数据和行为数据来进行预测。这个问题一旦获得解决，那也就意味着无须等待客户提供大量的评级数据，Netflix 就能够很快向它的新客户作出相应的推荐[①]（图 1-3 所示为 Netfix 2009—2011 年的营业收入及订阅用户增长情况）。

通过对 Netflix 的企业史所做的简要回顾，我们不难发现，事实上 Netflix 一直视计算为公司的核心竞争力和发展战略的核心，我们甚至可以

---

① Xavier Amatriain、Justin Basilico："Netflix recommendations：beyond the 5 stars"，http：// techblog. netflix. com/2012/06/netflix-recommendations-beyond-5-stars. html。

说，Netflix 本身是带有数据基因的。利用这些数据，再通过推荐引擎、数据算法等方式，Netflix 可以提前预知观众的喜好，从而进行精准的影视内容的采购和制作，这就是真实的 Netflix。也正是因此，有人认为《纸牌屋》之所以大火，根本原因就是得益于好莱坞的文艺创作与 Netflix 的冰冷数据的完美结合。

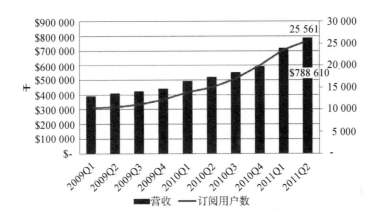

**图 1-3 Netflix 的营业收入及订阅用户增长情况（2009—2011）**

资料来源：网易科技 2011 年 7 月 26 日数据。当时 Netflix 在全球总计有 2500 万订阅用户，同比 2012 年的 1500 万增长了 70％。其中来自美国本土的订阅用户为 2459 万，同比增长了 64％；加拿大的订阅用户为 97 万。

## （二）诺伊拉特的思想及其践行者

不单 Netflix 带有数据的基因，就是整个美国都带有数据的基因。正如涂子沛在《大数据：正在到来的数据革命》一书里所指出的"美国这个国家，虽然年轻，但相信数据、使用数据，却有着深厚的传统"①。20 世纪 20 年代，一位叫奥托·诺伊拉特的奥地利裔美国人，在德国人戈特弗里

---

① 涂子沛：《大数据：正在到来的数据革命》，广西师范大学出版社 2012 年版，第 61 页。

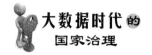
德·威廉·莱布尼茨①，英国人查尔斯·巴贝奇②、阿尔弗雷德·诺思·怀特海③和波特兰·罗素等人学术成果的基础上，提出了一个全新的、在当时近乎于异端的观点。这位第一次世界大战期间美国战时生产局的统计员认为，无论是解剖学、天文学、经济学、历史学抑或是动物学，在用数量来表达时全是一样的，都可以用同样的方式来予以处理和表达，他将其定义为"数据"④。在他看来，数据是科学的度量、知识的来源，没有数据，无论是学术的研究、企业的排产，抑或是政策的制定，都将举步维艰。

不知道弗雷德里克·温斯洛·泰勒（Frederick Winslow Taylor）对诺伊拉特的观点是否表示过赞同，但这位被后世尊为"科学管理之父"的学者，无疑是诺伊拉特思想的践行者。根据其自身的经历和观察，泰勒提出了一种假设：如果你能找出并消除所有浪费时间的不合理动作，你就能提高劳动生产率。为了证明这一假设，泰勒开始观察、记录、衡量和分析工人的动作。泰勒的评估工具是秒表，他为每个员工的每一个行动进行定时和监测。泰勒及其助手利用这种"时间和动作"研究模式，来重新设计最有效的工作方式。

在研究中，泰勒始终重视原始记录，他和他的助手通过记录和汇总多名优秀员工的实际做法，并将其转化为数据。在泰勒看来，记录越充分、

① 戈特弗里德·威廉·莱布尼茨（Gottfried William Leibniz，1646—1716），德意志哲学家、数学家。莱布尼茨在数学史和哲学史上都占有重要地位。在数学上，他和牛顿先后独立发明了微积分。但莱布尼茨最大的成就在于二进制的发展：所有的数可以用 0 和 1 两个数来表达。

② 查尔斯·巴贝奇（Charles Babbage，1792—1871）发现齿轮能呈现算术功能：加、减、乘、除。后来，他制造了一台小型计算机，能进行 8 位数的某些数学运算。1823 年得到政府的支持，设计了一台容量为 20 位数的计算机。

③ 阿尔弗雷德·诺思·怀特海（Alfred North Whitehead，1861—1947），英国数学家、哲学家。他出生于英国的肯特郡，在美国马萨诸塞州剑桥逝世。1885—1911 年任教于剑桥大学；1924—1937 年任教于哈佛大学。他与罗素合著的《数学原理》标志着人类逻辑思维的巨大进步，是永久性的伟大学术著作之一，同时也创立了 20 世纪最庞大的形而上学体系。在这本书里，二人提出了一个重要命题：任何可以用精确的逻辑形式提出的概念都可以用数学来表达。

④ ［美］彼得·德鲁克：《后资本主义社会》，张星岩译，上海译文出版社 1998 年版，第 26—27 页。

数据越详尽，人们就可以做到比较精确的分析，而这些分析的最终结果就是：企业的工作效率将越来越高，消费者获得的服务质量将越来越高，人们所作出的决定也将越来越合理。也正是基于此，集中反映他这一观点的《科学管理原理》一书，被视为与数据分析相关的经典。

除了"科学管理之父"泰勒之外，国际质量管理理论的奠基人，享有世界声誉的统计学家、管理学家爱德华·戴明（Edwards Deming），也是一位诺伊拉特思想的践行者。他有一句流传甚广也影响巨大的名言："除了上帝，任何人都必须用数据来说话。"当下很多人对"日本品质"信任且依赖，其实第二次世界大战结束至20世纪50年代之初，日本的产品还是以劣质而著称于世的。在他的大力倡导下，在美国占领当局和日本政府的共同推动下，50年代末，日本开始了提高质量的努力。正是得益于日本卓越的质量改进，到20世纪70年代，西方国家在许多商业领域开始遭到来自日本企业的强力挑战。为此，著名企业改造专家约翰·惠特尼（John O. Whitney）就曾说过："多亏了戴明，戴明的理论帮助日本从一个衰退的工业国转变成了世界经济强国。"日本人也认为，戴明的教诲帮助他们建立了好基础，正是在这个基础之上，日本的产品质量才达到了今天这样被世界广泛承认的水平。

日本在经济领域所取得的巨大成就，对美国的触动是巨大的。受此外部力量的影响，外加戴明这样的数据先驱们不失时机地大力推动（戴明于1980年6月在国家广播电台NBC以广播的形式，发表了一篇题为"如果日本可以，为什么我们不能？"的文章），在美国，上至政府各部门，下至各企业单位，都在努力尝试着"用数据来决策""用数据来管理""用数据来创新"。在这个过程中，涌现了一大批既务实管用，又令人耳目一新的做法和应用。

### （三）循"数"决策与循"数"创新

"天天平价，物超所值"是沃尔玛的广告用语。想要做到"天天平价"，那就意味着沃尔玛必须降低各种成本：从采购低价位商品开始，到

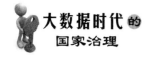

降低运输成本、优化包装，再到各环节节省费用。那么，沃尔玛靠什么来实现这一目标呢？它会告诉你，它靠的就是数据。说到沃尔玛的数据，那就得从它"放卫星"说起。这家世界上最大零售企业的老板山姆·沃尔顿（Sam Walton）于 1983 年批准了一个下属提议的，投资金额高达数亿美元的投资计划——为公司建立一个卫星系统。这个投资计划无疑是存在风险的，但建立卫星系统却有两大优点：第一，有助于事必躬亲的山姆·沃尔顿与员工之间进行交流。沃尔顿有亲自到各连锁店巡查，并与员工进行交流的习惯，但随着连锁店数量的不断增加，这一活动变得越来越困难，而卫星系统的建立却可以解决这一难题。第二，有助于沃尔顿及时了解各个连锁店的库存，跟踪每个店的日销售额、新产品的上架等情况。而这个方案的策划者，正是负责沃尔玛公司数据处理业务的格伦·哈伯恩。

正如哈伯恩在投资计划书里所展望的，沃尔玛通过卫星及网络，建立了全球第一个物流数据处理中心，公司可以做到 24 小时计算机物流网络化监控，总部可以及时地全面掌握销售情况，合理安排进货结构，及时补充库存和不足，这样一来就实现了公司的采购、库存、订货、配送和销售一体化。依靠这一数据系统，沃尔玛能够于 2 小时之内，将全球商场内的货物通通盘点一次。每天夜间，沃尔玛 3000 多个门店的销售数据、库存数据，都会通过自己的卫星系统传到总部的数据仓库里。当最后一家门店关门一个半小时后，身处本顿维尔的沃尔顿就已知道当天公司的运营和财务状况。作为这一计划的辅助项目，沃尔玛在美国本土建立了 70 个由高科技支持的物流配送中心，拥有自己的送货车队和仓库，可同时供应 700 多家商店。灵活高效的物流配送系统，是沃尔玛达到最大销售量和低成本的存货周转的核心。由于有效降低了存货水平，减少了资金成本和库存费用，在沃尔玛，有些门店实现了"微库存"甚至"零库存"。

在"节流"之外，沃尔玛还能够利用其庞大的数据系统帮其"开源"，为学界所津津乐道的"啤酒与尿布"的故事就是一个经典案例。20 世纪 90 年代的美国沃尔玛超市中，超市的管理人员分析销售数据时发现了一个令人难以理解的现象：在某些特定的情况下，"啤酒"与"尿布"两个有点风马牛不相及的商品，居然会经常出现在同一个购物篮里，这种独特的现象引起了管理人员的注意。经过进一步数据搜集和分析，沃尔玛的管理人员发现，这种现象出现在那些年轻的父亲身上。在美国有婴儿的家庭中，一般是母亲在家负责照看孩子，而父亲则负责去超市购买尿布。这些年轻的父亲们，在购买尿布的同时，总会顺便为自己购买一些啤酒，这样一来就出现了两种看似毫不相干的商品——啤酒与尿布经常出现在同一个购物篮的"奇特"现象。而这些年轻的父亲们并不热衷于在超市里闲逛，其购物的目标性非常明确，在选购好尿布后，如果顺手才会将啤酒放入购物篮。沃尔玛发现了这一独特的现象后，立马着手货品的调整，将尿布与啤酒并排摆放在一起，结果，它们的销售量双双增长。

总之，"吝啬"的沃尔顿"出血放卫星"的决策是非常正确的。在以卫星为重要载体的数据系统建成后，沃尔玛的销售额直线攀升。原来，沃尔玛的销售额平均每年为84亿美元；而数据系统建成10年后，其年销售额很快升至936亿美元；20年后达到了2880亿美元；到2013年时，其年销售额更是达到4650亿美元之巨。

数据不仅改变了传统的商业思维，事实上公共政策领域也因为数据而改变，美国的交通治理就是一个很好的例子。美国素有"车轮上的国度"之称，单从这个称谓就可见其汽车的普及率之高。但在早期，伴随着汽车普及率的提高而来的是，道路交通事故也剧增。1960—1965年间，因为交通事故而死亡的人数，以每年近30%的速度增长。到1966年时，因为交通事故而造成的死亡人数，更是突破了5万人之多。为此，当时有专家就认为，如果当局不采取强有力措施来扼制这种势头，那么，到1975年时，该数字将达到惊人的10万人[①]。舆论为之沸腾，交通事故日益成为一个突出的公共问题。

对此，国会迅速作出了反应——通过了《高速公路安全法》（*Highway Safety Act*）。该法案要求联邦政府"立即建立一套有效的交通事故记录系统，以分析确定交通事故及伤亡的原因"。该法案的直接成果是，美

---

① 李新玲：《应对雾霾天：对"大数据"的期待》，《中国青年报》2013年1月24日第12版。

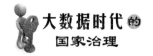

国运输部（United States Department of Transportation，DOT）下属的国家公路交通安全管理局（National Highway Traffic Safety Administration，NHTSA）设立了一套"交通事故死亡分析报告系统"（Fatal Analysis Reporting System，FARS），NHTSA 也因此成为美国联邦政府最早开始大规模收集数据的部门之一。经过几十年的发展，该系统已经演变为一个庞大的在线分析系统。

如果系统搜集的只是一起孤立的交通事故的信息，那么其数据可能是无序的，甚至对于一年的、一个地区的数据，仍可能让人看不出什么端倪。但随着所搜集到的跨年度、跨地区的数据越来越多，可以做的分析和对比也越来越多。这时候，群体的行为特点就会以一种"关联且稳定"的有序形态，在数据上慢慢地呈现出来，相伴而来的是更多的规律也将渐次地浮出水面。当然，前提是信息采集的质量、数据的分析能力必须得到保障。为此，几十年来，NHTSA 每年都会组织各州的工作人员来参加数据收集和分析的相关培训。

NHTSA 根据从系统数据中呈现出来的规律，来调整、制定新的政策，当新政策实施以后，他们便会再收集新的数据，然后进入又一轮的效果评估，如此周而复始、循"数"渐进，从而确定最有效的措施、最好的做法，再在全国推广。这一操作典范式的经典案例，莫过于 1980 年所实施的驾驶人员必须佩戴安全带。该项政策颁布实施后，在 FARS 随后收集到的数据中却发现，不同的州，其死亡率的下降幅度却各不相同。该数据差立马引起了联邦政府的注意，为了探明原因，他们对各州的具体执行情况，进行了一次大检查、大对比。通过对比分析，联邦政府发现，政策执行的效果与执法方式密切相关：那些成效显著的州，其警察通常因为该政策而被赋予了更多的权力，他们有权随时截停车辆，检查司乘人员是否按照相关规定佩戴了安全带；而那些成效并不显著的州，其警察通常只能在以其他理由截停车辆时，顺带检查车上的人员是否佩戴了安全带。这个发现，引发了当局在执法方式上的改变。

正是得益于 NHTSA"用数据来决策""用数据来管理"和"用数据来创新"，它的成果开始逐渐显现。1972 年之后，美国因为交通事故死亡的人数开始呈现出持续下降的态势。到 2009 年，全美因交通事故而死亡人数降至 33808 人，创下了自 1954 年以来的最低水平。[①] 这份成绩来之不易，要知道，1966 年美国的总人口数为 1.96 亿，注册驾驶员人数为 1.01 亿，机动车的保有量为 0.94 亿辆；到 2009 年时全美总人口数已经高达 3.07 亿，注册驾驶员上升到了 2.1 亿，机动车量的保有量更是增加到 2.46 亿辆。总之，较之 1966 年，2009 年时无论人口和车辆的数量、密度都成倍增长，车辆的使用频率也大幅增加。但就在这样的大时代背景下，交通事故的死亡人数却不升反降，且幅度显著。从这里就可见，数据的力量有多大！

# 三　信息化时代的数据革命

## （一）决定数据量的两个变量

从美国公共交通治理这一案例我们还可以看到，在决策的质量与数据量之间存在着一种全面的相关性，且这种相关性是一种正相关。数据量越少，由于缺乏对之前数据的比较分析，那么决策的质量可能就越低、合理性也就越弱；反之，当数据量越来越大，可供其对比分析的素材越来越多，那么，决策的质量也就可能越高、合理性也就越强。而数据量的大小则取决于两个重要的变量，一个是时间维度；一个是空间维度。

数据量由无到有、由少到多、由小到大是需要时间积累的，时间越长可获取的数据也将越多。为什么 NHTSA 建立起 FARS 后，因交通事故致死人数并没有立马下降，真正的拐点一直迟至 1972 年才出现？可靠的解释是，由于系统初建，最初几年数据量非常有限，这就使得当时的决策，缺

---

① 杜静、王丰丰：《美国去年公路交通事故死亡人数降至 55 年来新低》，http：//news. xinhuanet. com/world/2010-03/12/content _ 13153111. htm。

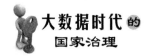
乏对之前及其他地区数据的比较分析，这使得政策制定者对事故的再度发生缺乏预判，其作用自然也就无法发挥出来。但随着时间的积累，系统获取的信息量也日渐增多，这时通过机器学习和数据挖掘，对累积的数据进行对比分析，就可发现高风险的指标，其作用也就开始显现。这是关于时间维度的。

而至于空间维度，则包括地理层面的区域空间和物理层面的存储空间。"在各种社会经济信息中，80％与地理空间位置有关，在那些与地理空间位置有关的信息中，需要以地理空间信息作为背景和支撑。空间信息是各种空间特征及属性的总和，是一个国家或地区的重要的空间基础设施，它不仅描述着区域的地表形态，而且还是区域政治、经济、文化以及投资环境、建设成就等各类信息的重要空间载体"[①]，是信息的源头，数据的基础资源。也正是因此，地理空间意义的地域越是宽泛，那么，所获得的数据量也将越大。

除此之外，空间维度还包括物理层面的存储空间。我们前面说过，在决策的质量与数据量之间存在着一种全面的相关性。也就是说，要想提升决策的质量，其前提是必须要有足够大的数据量来支持。问题也就来了，数据量越大其所占有的存储空间也就势必越大，而这则有赖于经费和技术，特别是技术的支持。如果与存储数据相关的硬件设备的技术发展缓慢，则势必影响数据的存储，进而影响数据的搜集，最后必然会影响到数据量的增长。

但从目前来看，这种担心似乎有些多余。戈登·摩尔（Gordon Moore），一位将科学家与富豪身份有机融为一身的双面人，在对计算机硬件的发展规律进行了系统的考察后，得出一个重要结论：计算机硬件的处理速度和存储能力，可以做到一到两年时间就提升 1 倍。这就是有名的摩尔定律。更为重要的是，这一定律经受住了近半个世纪的检验，近 50 年

---

① 戴俊杰、蔡敏翔：《地理空间信息资源建设、共享之探索与实践——以江阴市自然资源和空间地理基础数据库及共享平台建设为例》，《第六届中国数字城市建设技术研讨会论文集》2011 年 11 月。

来，计算机硬件技术的发展速度，甚至比摩尔所设想的还要快。特别是自20 世纪 90 年代起，全世界的物理存储器的处理速度和存储能力，不是每一到两年而是每 9 个月就提升 1 倍。

伴随着物理存储器的性能不断提高而来的是，存储器价格不断下降。1993 年时，1 兆字节的存储器售价约为 1 美元；到 2010 年，这个价格下降到不足 1 美分。随着"云计算"技术的出现，这种趋势将愈发明显。据此，我们可以预见，随着计算机硬件技术的持续提高和进一步成熟，其价格还将继续下跌。正是得益于计算机硬件存储技术日新月异的发展，使得全世界的数据处理和存储能力不仅越来越快、越来越方便，也越来越便宜，并在技术上为巨量数据的积累奠定了坚实的基础。

### （二）大数据的四个维度

这种可以不用随机分析法（抽样调查）而采用巨量数据的方法，就是当前业界所说的"大数据"（Big Data）。其实"大数据"这个词汇并不新鲜，早在 20 世纪 80 年代就有人提出了这一概念。这个术语的提出，最早可追溯到 apache org 的开源项目 Nutch。Nutch 的目标是，让每个人都能够很容易，同时花费很少，就可以配置世界一流的 Web 搜索引擎。为了实现这一宏伟目标，Nutch 需要做的是每个月都必须抓取几十亿计的网页，并为这些网页维护一个索引。在当时，"大数据"被人们用来描述那些为更新网络搜索索引，需要同时进行批量处理或分析的大量数据集合。

得益于 Nutch 的卓越贡献，和之后 Google MapReduce、Google File System 的相继加入，数据量开始迅猛增长，且这种速度已经大大超出了人类的预期和想象。对于数据的这种发展态势，高德纳咨询公司（Gartner）有着非常到位的认识。在其 2001 年所发布的一份研究报告中，它将这股来势汹汹的数据洪流，描述为"三维"体，这"三维"具体为：

第一个"维"度为数量，在高德纳看来，数量主要表现在数据量的快速增大。2013 年，世界上存储的数据达到约 1.2 泽字节。这是个什么概念呢？一部完整的数字电影可以压缩成 1GB 的文件，10 亿这样的电影相当

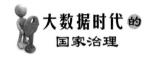

于一个艾字节，而 1024 艾字节才相当于一个泽字节。总之，这是一个非常庞大的数量。为了更为形象地说明这个概念，我们来举个例子，如果将这些数据全部印制成书，那么，这些书足可将整个中国覆盖 52 次之多；如果将之存储在只读光盘上，这些光盘可堆成五垛，且每垛都可伸到 384401 公里之遥的月球。

第二个"维"度为速度，主要表现在数据增长的速度在加快。在有网络之前，历史上真正推动人类进步的我们认为两件事当提：一是文字；二是印刷术。文字的出现让人类告别蛮荒步入了文明时代；而印刷术的改进则使得受教育不再是贵族特权，进而推动了文艺复兴，为现代文明奠定了知识的基础。[1] 事实也的确如此，15 世纪中叶，德国人约翰内斯·古登堡（Johannes Gutenberg），这位"西方的毕昇"发明了印刷机。他的发明导致了一次媒介革命，由于受教育人群的不断扩大，迅速地推动了西方科学和社会的大发展。历史学家伊丽莎白·爱森斯坦（Elizabeth Eisenstein）的研究发现，1453—1503 年这 50 年间，在欧洲约有 800 万本书籍被印刷出来，比 1200 年以来整个欧洲所有的手抄书还要多。换句话说，在当时，欧洲的信息存储量花了 50 年才增长了一倍，[2] 而如今大约每三年就能增长一倍。

第三个"维"度为数据的多样性，即新的数据来源和新的数据种类在不断增加。虽然，早在 20 世纪 60 年就有了"信息时代"的概念，但实际上这些概念仍然只是一个"概念"而已。直到 2000 年，数字存储信息仍只占全球数据量的 1/4，当时，另外 3/4 的信息都存储在报纸、胶片、黑胶唱片和盒式磁带这类媒介上。7 年过去，情况遽然改变，2007 年，所有数据中只有 7% 是存储在报纸、书籍、图片等媒介上的模拟数据，其余全部是数字数据。此外，原来数据的主要来源为政府，但近来这种情况也已发生改变。以美国为例，传统观点一直认为，政府才应该是美国最大的信息

---

① 韩和元：http：// weibo. com/1638702701/ymOKsaHjz？mod＝weibotime。

② 刘鹏：《大数据——正在发生的深刻变革》，《中兴通讯技术》2013 年 8 月第 19 卷第 4 期。

生产、收集和使用单位。但 2011 年 5 月，麦肯锡公司下属的全球研究所（McKinsey Global Institute）出版的研究报告《大数据：下一个创新、竞争和生产率的前沿》却给出了另一种观点。该报告对美国目前拥有的数据量进行了估算，得出的结论是：美国政府虽然拥有高达 848 拍字节（PB）的数据，但仍落后于离散式制造业的 966 拍字节，而"屈居"亚军。

也就是说，在高德纳看来，大数据已不再单纯地用来描述数据的量了，它还涵盖了处理数据的速度。这一观点显然得到了牛津大学的数据学家维克托·迈尔-舍恩伯格的认同和支持。在他与《经济学人》数据编辑肯尼思·库克耶（Kenneth Cukier）联合编著的《大数据时代》一书中，他们给大数据总结出了四大特点，其中就包含了高德纳所提到的大量（volume）、高速（velocity）和多样（variety），与此之外，他俩还增加了一点：价值性（value）。由于这四点在英文里，打头的字母都是"v"，因此，舍恩伯格将其称为 4V。

时至今日，数据已如"洪流"一般，在全球的政治、经济生活当中奔腾。而且，随着信息技术的普及和进步，新的支流还在不断产生，各个支流流动、交汇和整合的速度，还在继续加快。这些涓涓细流，终将汇成数据的大海。

### （三）从量变到质变的转折

我们已经从"数据时代"开始迈入"大数据时代"了，虽然二者之间仅有一字之差，但这二者将是两个根本不同的时代。对于我们的这一观点，很多读者是不大能够认可的。的确，整个过程并没有出现人们所想象的那种剧烈的变革，它只是不断地、近乎于小打小闹地进步着而已。这种小打小闹的所谓进步，能否导致两个时代的截然不同？我们的回答非常肯定，那就是："会。"

我们知道，根据进化理论，人类的前身是猿猴。人类根源于猿猴，通过长期、微小和连续的变异，终于脱胎为人。这时我们能够说，人与其前身猿猴没有根本的区别！但是，人可以劳动、可以思考，猿猴可以吗？显

然，人类虽然脱胎于猿猴，但在长期的进化进程中，人与猿猴之间已经发生了本质的差异。也正是基于此，进化理论的奠基者英国人查尔斯·罗伯特·达尔文（Charles Robert Darwin）就一直告诫人们，不要忽视那些微小且连续的变异。在他看来：正是那些微小但连续变异的长期积累，足以导致革命性的结果——新的物种由此产生。①

这一现象，事实上在哲学世界我们也可以找到解释。在哲学里，量变是指事物在数量上的增减和场所的更换，又称渐变，是事物运动的基本状态之一，与质变相对。而质变则是指事物由一种质态向另一种质态的转变，也是事物运动的基本状态之一，同量变相对，又被称为突变。在这个世界，任何事物的变化都是从量变开始的，量变是质变的必要准备，只有当量的积累达到一定程度时，才会引起质变。量变不会永远维持下去，当量的积累达到一定程度时，就必然会引起质变，变为另一种性质的事物。从"数据时代"迈入"大数据时代"，就是这样一种由量变转化为质变的嬗变。

我们正在迈向一个完全有别于过去的时代，那么，这将是一个怎样的时代呢？这确实是个有趣的问题。麻省理工学院的教授埃里克·布伦乔尔森（Eric Brun Joelsen）曾比喻说：大数据的影响，就像4个世纪之前人类发明的显微镜一样。显微镜把人类对自然界的观察和测量水平推进到了"细胞"的级别，给人类社会带来了历史性的进步和革命。而大数据，将成为我们下一个观察人类自身社会行为的"显微镜"和监测大自然的"仪表盘"。沃茨博士显然是认同布伦乔尔森的"显微镜"论的，这位雅虎的首席科学家于2007年在《自然》上发表了一篇题为"21世纪的科学"的论文。文章认为，得益于计算机技术和海量数据库的发展（事物在数量上增加了，这是典型的量变过程），个人在真实世界的活动得到了前所未有的记录，这种记录的密度很高，频度在不断增加，为决策中的定量分析提

---

① ［英］达尔文：《物种起源》，舒德干等译，陕西人民出版社2001年版，第27—170页。

供了极为丰富的数据。它将测得更准，计算得也更为精确。①

在这方面，Netflix 无疑已接近沃茨所设定的目标了。这家要求微小、连续进步的企业，其挖掘用户行为的"大数据"战略，事实上已经进行很长时间了，《纸牌屋》只不过是其大数据战略中，有关影视内容制作的第一次战略运用罢了。Netflix 通过大数据分析掌握了网站所有用户的观看习惯，用户登录 Netflix 网站后的每一次点击：何时按下暂停键、何时按下快进键、何时会倒回重放，这些数据都会被记录下来，存入后台以备使用。根据这些用户观看习惯累积出的数据，得知用户喜欢 BBC 的剧集、喜欢导演大卫·芬奇对社会问题的另类表达、喜欢老戏骨凯文·史派西刻画各种反派人物时那出神入化的演技，于是最终成功地推出了《纸牌屋》这部备受瞩目的优质美剧。

事实上，大数据不仅正在引发一场巨大的商业变革，同时也正引领着一场巨大的国家治理的变革。于欧洲而言，14 世纪中叶注定是一个悲惨的时段。从 1347 年至 1353 年，一种被人们称为"黑死病"的疫病引发的瘟疫，席卷了整个欧洲大地。这场大瘟疫起源于中亚，1347 年由东征的十字军带回欧洲，首先从意大利蔓延到西欧，而后到北欧、波罗的海地区再到俄罗斯……短短数年间，共夺走了 2500 万欧洲人的生命，因为瘟疫而死亡的人数，占当时欧洲总人口的 1/3。而发生在 20 世纪，堪称人类史上最为惨烈的第二次世界大战期间，欧洲因战争而死去的人数也不过为当时总人数的 5％而已。也就是说，流行病对于人类的危害，绝不亚于一场战争，甚至它比战争更为残酷无情，一旦发作，足以吞噬整个人类。而禽流感与14 世纪的鼠疫一样，已然成为当今国际社会的大敌，② 如何有效防控？除了研制疫苗、检测剂、新药的常规对策外，可能最好的办法就是提高预测水平、防范于未然，早早地将病毒扼杀在萌芽阶段。美国人显然就是这么

---

① 葛成恩：《2013：大数据元年决策权挑战》，http：// www. ccgp. gov. cn/gysh/ itch/ttxw/201302/t20130201 _ 2605544. shtml。

② 2007 年 2 月，中华人民共和国卫生部就发出关于加强领导、完善机制、全面推进卫生应急工作的通知，通知就将鼠疫、SARS、人感染高致病性禽流感置于严重威胁公共安全的传染疾病之列。

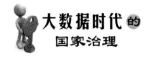

做的，他们依靠的工具就是大数据，而谷歌公司无疑是其中的大先锋。

这家以搜索引擎见长的公司，从历史经验得出这样一个规律：当第一批病人沦为流感病毒的受害者的时候，他们的第一反应，可能不是去联系自己的医生，[①] 或者直接奔向最近的急诊室，而是坐在自己的电脑前，用Google 搜索 "流感症状" "发烧" "发冷" 或者其他关键词，甚至是 "流感的疗法"。他们进而发现，某些搜索关键词可以很好地标示疫情的现状。也正是基于此，从 2008 年的秋季开始，谷歌开始酝酿一个叫做 "Google Flu Trends（GFT，Google 流感趋势）" 的附加服务。这项服务的目标就是通过跟踪那些与流感相关的关键词的搜索，来确定流行病的暴发，并同时可以向公共卫生机构提供潜在的流行病预警。[②]

更为惊人的是，谷歌的方法完全不需要分发口腔试纸和联系医生——它是建立在大数据的基础之上的。这是当今社会所独有的一种新型能力：以一种前所未有的方式，通过对海量数据进行分析，获得巨大价值的产品和服务，或深刻的洞见。人类可以借此发现新的知识，创造新的价值，并以此带来 "大知识" "大科学" "大利润" 和 "大发展"。也就是说，数据是记录信息的载体，是知识的来源。数据量的激增，也就意味着人类的记录、测量和分析的范围将不断扩大，相应的是知识的边界也将不断延伸。

总之，对于企业、政府以及其他社会组织而言，大数据时代无疑是一个最好的时代。

## （四）风险社会里的数据悖论

正如辩证唯物主义所强调的，凡事都有两面性，于科学技术领域尤其是如此。当我们在分享经济社会高速发展、科学技术日益发达带来的成果

---

① 在美国，一般而言每个人都会有 3—4 名全科或专科的家庭医生，你可以自由选择离自己住地较近、服务态度好的医生，而这几位医生之间是信息共享的，从而构成完备的医疗系统以保证你的身体健康。

② Alice Park："Is Google Any Help in Tracking an Epidemic?"，http：//content. time. com/time/health/article/0，8599，1895811，00. html。

之时，事实上我们也正日渐面临着由此带来的包括自身生命、危害生存环境、破坏社会秩序的"人造风险"的威胁。大数据也不例外，事实上大数据亦是一把"双刃剑"，和其他科学一样，它不仅是一种处理问题的泉源，也是一种造成问题的根源。① 网上曾流传着这样一个段子：

某比萨店的电话铃响了，客服人员拿起电话。

客服：×××比萨店。您好，请问有什么需要我为您服务？

顾客：你好，我想要一份⋯⋯

客服：先生，烦请先把您的会员卡号告诉我。

顾客：16846146×××。

客服：陈先生，您好！您是住在泉州路一号 12 楼 1205 室，您家电话是 2646××××，您公司电话是 4666××××，您的手机是 1391234×××× 。请问您想用哪一个电话付费？

顾客：你为什么知道我所有的电话号码？

客服：陈先生，因为我们联机到 CRM 系统②。

顾客：我想要一个海鲜比萨⋯⋯

客服：陈先生，海鲜比萨不适合您。

顾客：为什么？

客服：根据您的医疗记录，您的血压和胆固醇都偏高。

顾客：那你们有什么可以推荐的？

客服：您可以试试我们的低脂健康比萨。

顾客：你怎么知道我会喜欢吃这种的？

客服：您上星期一在中央图书馆借了一本《低脂健康食谱》。

顾客：好。那我要一个家庭特大号比萨，要付多少钱？

客服：99 元，这个足够您一家六口吃了。但您母亲应该少吃，她上个

① ［德］乌尔里希·贝克：《风险社会》，何博闻译，译林出版社 2004 年版，第 191 页。

② CRM 管理系统又称为 CRM 客户管理系统或客户关系管理系统，是一种通俗化语言。CRM（Customer Relationship Management），即客户关系管理。

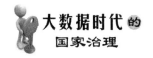
月刚刚做了心脏搭桥手术，还处在恢复期。

顾客：那可以刷卡吗？

客服：陈先生，对不起。请您付现款，因为您的信用卡已经刷爆了，您现在还欠银行4807元，而且还不包括房贷利息。

顾客：那我先去附近的提款机提款。

客服：陈先生，根据您的记录，您已经超过今日提款限额。

顾客：算了，你们直接把比萨送我家吧，家里有现金。你们多久会送到？

客服：大约30分钟。如果您不想等，可以自己骑车来。

顾客：为什么？

客服：根据我们CRM全球定位系统的车辆行驶自动跟踪系统记录，您登记有一辆车号为SB-748的摩托车，而目前您正在解放路东段华联商场右侧骑着这辆摩托车。

顾客当即晕倒……

这一情境虽然带有网络段子一贯所具有的那种戏谑与浮夸，但却绝非虚构。再举一个Netflix的例子，在2006年举办的那场大奖赛开始之前，Netflix虽然已对提供给参赛者使用的那些数据，进行了精心的匿名化处理，然而还是被一个用户辨识出来了，这名来自保守的美国中西部地区、化名为"无名氏"的未"出柜"的同性恋母亲，以泄露个人隐私为由，起诉了Netflix公司。

这种近乎于监控的行为不仅仅只局限于平民。美国时间2013年5月的一天，全球最大投资银行之一的高盛公司（Goldman Sachs）接到了一通来自彭博新闻社（Bloomberg News）的电话，这家全球最大的财经资讯公司的一位记者，询问一位高盛合伙人是否已经离职，原因是这位记者注意到，这位合伙人已经很长时间没有登录自己的彭博终端了。在这一事件被曝光之后，华尔街的另一位巨头摩根大通（JPMorgan Chase & Co）也随即宣称，公司于2012年曾确认彭博社的记者也是根据终端登录信息，来确认"伦敦鲸"事件中的交易员布鲁诺·伊克西尔的离职的。这一消息立马在华尔街造成了恐慌，这些金融精英们惊讶于那台与自己形影不离的彭博终端，竟然能够如此完整地记录下他们的个人信息。事实上这种数据获取行为还渗透到了政界，彭博的一位员工就曾查看过美联储前主席本·伯南克（Ben Bernamke）和美国前财政部长盖特纳（Geithner）的使用信息。①

更为可怕的是，全面监控着我们的远非 Netflix 和 AOL。事实上当你打开电脑的那刻，雅虎、新浪、网易正在监视着我们的网页浏览信息；谷歌、百度正盯着我们搜索的关键词，等着区分出我们此刻的关注点；亚马逊、淘宝网、当当网也没闲着，他们正时时刻刻监控着我们的购物偏好和习惯；至于 Twitter、微博甚至可以窃听到我们心中的"TA"；而 Facebook、QQ 和微信，似乎是全能的，它什么都知道，甚至包括我们的社交关系网……这些各种各样的公司，在我们不知情的情况下采集了我们日常生活方方面面的数据，并且进行了数据共享以及一些我们未知的运用，这绝对是件恐怖的事情。更重要的是，这些公司在进行大数据分析时，一旦认识到大数据的价值潜力——很难有人不认识到，这必然会极大地刺激着它们去进一步采集、存储、循环利用这些数据的野心。②

事实上，对大数据大加利用的何止是企业，政府也不甘落后。以美国为例，作为全美最庞大的组织和机构，联邦政府也一直是美国最大的信息生产、收集、使用和发布的单位。在《大数据：下一个创新、竞争和生产率的前沿》这份研究报告里，麦肯锡将美国政府视为一个单独的行业，将其与制造业、新闻业、银行业、零售业等 17 个行业并列，并对其目前所拥有的数据量进行了估算。麦肯锡所得的数据显示，美国政府所拥有的数据量高达 848 拍字节（PB），远高于新闻传媒业的 715 拍字节。

在这些数据中，固然有 NHTSA 基于 FARS 系统所搜集到的用于改善民生、加强公共治理的数据，更有国家安全局（National Security Agency，NSA）、中央情报局（Central Intelligence Agency，CIA）等谍报系统所搜

---

① 张晶、张云亭、胡晨希：《金融数据汪彭博"无所不知"独家新闻哪里来》，http：//www.ckcest.cn/news/content? id=8a21383246cd6c840147434fe5d70014。

② ［英］维克托·迈尔-舍恩伯格、［英］肯尼思·库克耶：《大数据时代》，盛杨燕、周涛等译，浙江人民出版社 2013 年版，第 195 页。

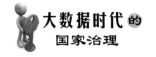

集和拥有的数据。据《华盛顿邮报》2010 年的研究表明，自"9·11"事件以来，美国政府以反恐为由，对美国国民乃至其他国家的公民全面实施监控。国家安全局对全美的电话进行监控，监控的内容包括：谁与谁通过电话、通话的具体内容、通话双方的地理位置、通话的起止时间。它所收集的数据量是惊人的，每 6 小时产生的数据量就相当于美国国会图书馆所有印刷体藏书的信息总量。而美国国会图书馆，是世界上馆藏量最大的图书馆。同时，NSA 每天还会拦截并存储无数的电子邮件。为弄清这些数据，NSA 甚至耗资 12 亿美元，在犹他州的威廉姆斯堡建立了一个庞大的数据处理中心。

这让人不由得联想到 1989 年柏林墙倒塌之前的民主德国。从已解密的档案材料来看，当时，那个宣称自己无处不在的民主德国的特务机关斯塔西（Stasi）[①] 雇用了超过十万名的全职间谍，时刻监视着成千上万民众的一举一动。他们拆看信件、偷窥银行账户信息、在民众家中安装窃听器窃听电话。结果，详细记录普通人最私密生活信息的文件至少包括了 3900 万张索引卡片和铺开足有 113 公里长的文档。当时的民主德国，可谓是一个史无前例的受到如此全面监控的国家，但与今日美国政府对其人民所实施的监控相比，那只能算是小巫见大巫了。更为重要的是，随着存储成本的继续下降，分析工具越来越先进，采集和存储数据的数量将爆发式地增长，政府对人民的监控只会越来越深入、越来越全面。

从美国的上述例子来看，于人民而言，大数据固然给我们带来了种种的便利，但同时也将我们置于一个大企业和政府同时监控的风险社会。相对于大企业、政府和大组织、大机构，于个人而言，这也将是一个糟糕的时代。糟糕的不仅仅只是国内的民众，于那些在大数据技术上处于弱势的国家而言，亦是如此。以前，某国要想得到一国的情报，特别是民心和民意动向方面的情报，还需要派出大量的谍报人员，潜伏到该国，进行为时

---

① 斯塔西（Stasi），民主德国谍报机关，曾经是世界上最强大的情报机构，其正式名称为国家安全部（Ministerium für Staatssicherheit）。斯塔西的标语是"WIR SIND UBERAL"（我们无处不在）。

数年的情报搜集和分析。而如今，要想获得这方面的信息，已无须这般折腾了。在大数据的语境下，国界慢慢地被虚化了，它只需要对上述政治地理概念范围内的民众，在 Twitter、Facebook 上就本国政治、公共事件所发的帖、留的言，或 Google 上搜索的关键词予以分析，就可以将该国的政治局势，将该国的民心、民意的动向和趋势，都了如指掌……总之，那些在大数据技术领域处于落后状态的国家，已然置身于一个被他国监控的风险状态中。

也就是说，大数据最大的效应，"就是为我们创造了一个'共同世界 (Common World)'，一个我们无论如何都只能共同分享的世界；一个没有'外部'、没有'出口'、淡化了'他者'的世界"。[①] 因此，我们不得不承认，无论我们以多么聪明和多么尖锐的方式批评"他者"，我们都注定要与这些"他者"共同生活在这个风险的世界之中，而且由于这个世界处在风险之中，所以我们不仅会受制于它所具有的各种支配性权力，而且也会受它所具有的那些伤害自我的危险、苦难的污染。

1859 年，狄更斯用"这是最好的时代，也是最坏的时代"，来作为对其所生活时代的评价。150 多年之后，人们似乎仍可使用这句话，来作为对我们正在迈入的大数据时代的预判。但趋势不会因人的主观意志而转移。既然，这是一个我们必然要面对的时代，那么，不管这是一个最好的时代，抑或是最坏的时代，我们除了慢慢地养成一点新习惯、抱着一点新希望去面对，实在别无他法。总之，我们正在步入一个全新的时代，正如哈佛大学社会学教授加里·金所说的："庞大的数据资源使得各个领域开始了量化进程，无论学术界、商界还是政府，所有领域都将开始这种进程。"[②]

同样，既然这是一个有别于过去的时代，既然一切都已经在改变，至少正在改变，那么相对应的一切必然要改变。战国时期的商鞅就曾说道，

---

① ［德］贝克、邓正来、沈国麟：《风险社会与中国》，《社会学研究》2010 年第 5 期。

② 《北京晚报》综合报道：《"大数据时代"来临》，《北京晚报》2012 年 6 月 15 日第 40 版。

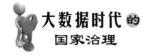

国家的礼制、法度必须建立于顺应时势上，礼制和法度都要根据时势来制定。① 可以说，他也许是世界上最早认识到"适者生存"的，即一个国家要想生存发展，就必须对外部环境的变化，作出积极响应。在大数据时代正在来临的今天，在国家治理的方法上，我们又何尝不当如此呢！

---

① "当时而立法，因事而制礼。礼、法以时而定；制、令各顺其宜。"见《商君书·更法第一》。

# 第二章
# 大数据与国家治理

不可否认，我们生活在一个数据年代。早晨我们从 iPad 中收听北京传送过来的中央人民广播电台的新闻。上班开车，打开 GPS，数据导航带领我们到达目的地。工作过程中，我们需要发邮件进行工作交流，闲时还会发微博、微信与朋友们分享快乐的瞬间。一天的工作过后，我们会发现手机上收到的各种定制短信。我们无时无刻都要跟数据打交道，正如中国工程院院士、中国计算学会大数据专家委员会主任李国杰所言："在大数据时代，在数据构成的世界，一切社会关系都可以用数据表示，人是相关数据的总和。"[①] 学术界通常用"4V"（volume、velocity、variety、value）来描述大数据的特征，即大量化、快速化、多样化和高价值，起源于商业领域变革的大数据，其技术和思维逐渐影响政府管理和治理的领域。麦肯锡（McKinsey & Company）认为，大数据的应用可以大幅提升政府部门的生产力、工作效能和影响。麦肯锡的研究报告预测欧盟政府部门可能减少15％—20％的行政开支，创造 1500 亿—3000 亿欧元的新价值。大数据还可以在未来 10 年中将年度增长率提高 0.5％。[②] 大数据的应用既然有如此大的魔力，那么，国家治理将产生什么变革？

---

① 2014 年 2 月 26 日，中国工程院院士、中国计算学会大数据专家委员会主任李国杰在人民大学召开的一场以"开放政府数据"为题的研讨会上做了题为"数据共享——大数据时代国家治理体系现代化的前提"的演讲。

② ［美］詹姆斯·马尼卡等：《大数据的下一个前沿：创新、竞争和生产力》，麦肯锡全球研究所年度报告，2011 年 6 月。

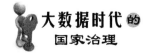

# 一　国家治理的重要资源

## (一) 公共决策的重要资源

享负盛名的美国统计学家和国际质量管理理论奠基者爱德华·戴明 (Edward Deming) 有一句名言："我们信靠上帝。除了上帝，任何人都必须用数据来说话。"然而，有浓厚以德治国传统的中国，在数据治国思维方面依然挣扎徘徊。在管理和治国方面，我国缺乏"用数据来说话"、以数据为基础的精确管理。大数据的到来是否能够为这个古老国度的治国者带来一种崭新的治国方式？

大数据，作为一种新兴数据处理技术，能够更为有效地集成各类的政治、经济、文化、社会、生态等领域的信息资源和数据库，为决策者决策提供重要数据基础和决策支撑。大数据分析最大的魅力在于"通过交叉复现，直抵事实的真相"。舍恩伯格的《大数据时代》一书阐述了交叉复现例子：一个孕妇的口味及消费模式等是有一定规律的，但是单一信息并不足以判定怀孕的状态。一旦个体的不同的数据源与孕妇特型（如果我们掌握了这个分析模型的话）高度相关，商家便很容易对个体的真实状态进行一种准确的判断。大数据的时代，政府决策者可以利用大数据的交叉复现分析方法进行判断。

研究公共管理过程的学者通常会发现，行政组织经常会发生各种信息传递和信息沟通的行为。"现代管理理论之父"切斯特·巴纳德 (Chester Barnard) 认为，任何组织的存续离不开有效的信息沟通。[1] 然而，任何行政组织内部普遍存在信息不对称的问题。在政府这个庞大的行政组织内

---

① ［美］切斯特·巴纳德：《经理人员的职能》，孙耀君译，中国社会科学出版社1997年版，第62页。

部，上级官员的决策，往往受制于信息不对称的困境。缺乏科学和民主基础的决策，在对社会和经济各个方面的信息了解完整的情况下，决策输出往往漏洞百出。大数据的出现，可以改变信息科层制所带来的弊病，使得信息传递变得更加扁平化，提升科学决策的水平和决策精准度。

交叉复现和信息传递的扁平化如何带来国家治理的信息和决策资源？

在大数据时代，上级政府对于地方政府真实情况的了解可以借助大数据传递的扁平化和交叉复现的方式进行。通过多维度的信息分析，上级政府便可以知道地方政府上报数据的真实性，以便进行决策。若以粮食产量统计信息为例，运用遥感卫星的数据，中央政府可知各地耕地数量，通过适当的算法，配合历史以往的气候与产量的模型估算，便可以知道地方政府上报粮食产量的精确性，利于跨区域的农业政策统筹和规划。

准确了解地方的生态状况也可以借助大数据平台实现，大数据技术的运用也许能为改善地方生态状况提供解决方案。

多年来焚烧秸秆是农村的普遍做法，不少农户认为焚烧后产生的草木灰能作天然无机钾肥。近年来的科学研究表明，焚烧秸秆不但不能为土地增肥，反而破坏土层的生物菌群，并带来严重的空气污染[①]。但地方政府对于焚烧秸秆行为长期管控不力。在运用遥感卫星技术以后，国家环保部通过遥感卫星的数据，远程监控秸秆焚烧火点，地方无法瞒骗上报由于秸秆焚烧导致的空气污染的状况。[②] 借助遥感卫星的大数据，江苏省被发现74处秸秆焚烧点，环保部门紧急约谈当地政府，对政府的部分负责人也进行了处理。[③] 运用了大数据平台，环保治理的信息不对称问题得到了一定的解决。环保部卫星中心已基本建立了一套以环境一号卫星为主、综合利用其他卫星数据以及无人机航空遥感等数据源的环境遥感监测应用技术体

---

① 焚烧秸秆产生的排放物是 PM2.5 的元凶之一。

② 环保部：环保卫星远程监控秸秆焚烧火点，http：// green. sina. com. cn/news/roll/2011-10-28/104623377564. shtml。

③ 张可：《全省前天出现 74 处秸秆焚烧点集中在苏中苏北，环保部门已紧急约谈当地政府》，《扬子晚报》2013 年 6 月 19 日第 A16 版。

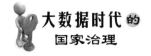

系，对水环境、大气环境、生态环境都有专门的监测应用系统。①

其他的焦点问题，如医疗、"三公"经费、保障性住房、食品药品安全等也可借助大数据来辅助决策。大数据的应用有效解决了地方政府瞒报信息的行为，使得上级政府作出决策时可以更具科学的基础。我国科层制带来的信息不对称的困境，可以靠大数据获得终极的解决方案。大数据能够把各种渠道的数据和信息集合起来，政府通过对不同维度的海量数据进行交换、整合和分析，可以挖掘相关焦点问题的新知识和解决方案，增强国家战略制定的前瞻性和先导性。

### （二）协同治理的重要资源

国家治理强调多元协同，从过去一个主体变为多个主体，从过去单向的从上到下管理变成各个方向协调的治理。大数据与互联网、微信、微博等新媒体的深度融合，可以突破时间和空间的限制，从更深层次、更广领域促进政府与民众之间的互动，形成多元协同治理的新格局。② 在大数据时代，社会组织、企业、新媒体等都在治理层面上逐渐发挥作用。

在大数据时代，企业的角色必不可少，许多的企业已经成为大数据年代知识技术的支持者和推动者。在美国，谷歌（Google）、EMC、惠普（HP）、IBM、微软（Microsoft）、甲骨文（Oracle）、亚马逊（Amazon）、脸谱（Facebook）等企业很早就通过收购或自主研发等方式进行大数据的发展布局，推动大数据技术革新，快速推出大数据相关的产品和服务，为各领域和行业应用大数据提供工具和解决方案。IBM 公司利用大数据技术，通过整合与分析波士顿现有交通数据以及来自社交媒体的新数据源，帮助波士顿政府解决了长期困扰城市的交通拥堵问题；谷歌公司利用海量搜索数据，成功预测了 2013 年美国流感暴发。

除了企业以外，在大数据时代下，社会组织、民间机构和民众也在国

---

① 详情可以查询环保部卫星环境应用中心网站，相关的数据也开放给公众。

② 贺宝成：《大数据与国家治理》，《光明日报》2014 年 3 月 27 日第 7 版。

家治理中扮演了重要的角色。美国最具影响力的公益领袖加里·巴斯（Gary Bass）创立了 OMB 监督（OMB Watch），旨在监督政府的预算、税收和工作绩效。在巴斯经过一轮的数据整理、网站开发、接洽政府以及筹集资金后，2006 年，OMB 监督推出了美国民间关于政府公共支出的开放数据网站 fedspending. org。Fedspending. org 结合美国行政管理和预算局的信息，提供联邦政府每一笔财政支出的信息。在奥巴马的协调之下，联邦政府最后与 OMB 监督形成了合作关系，在建立 USAspending. gov 时，fedspending. org 愿意共享数据库、应用程序接口（API）和在线文档，为美国行政管理和预算局节约了大量的行政经费。①

大数据与新媒体的深度融合，使其在提供协同治理资源方面扮演着越来越重要的角色。官方媒体的自我审查令到信息的传递会产生一定的扭曲，民众不再满足于官方自上而下的"喂信息"。事实上，社会组织和民间机构可以通过其灵活多样的工作方式、民众基础和志愿者队伍以及现代化的技术手段满足公众信息需要和构建公众与政府的交流平台。② 这在危机管理和环境治理方面尤为明显。在中国台湾，社会组织和民间机构在危机管理中充分展现其技术优势和协作资源。2009 年，莫拉克肆虐台湾，由于政府当局对灾情发生前情况的乐观估计，莫拉克来袭之际，当局并没有集中式地应对反应，并且出现救灾过程中灾情传递不准确的问题，各种网络上的求助消息无法有效反映到当局的救灾部门。台湾数位文化协会迅速利用既有网络资源和技术优势，搭建了"莫拉克灾情网络中心"，旨在建立政府救灾和网络求助的联系平台。随即，台湾数位文化协会进驻灾害最为严重的台南县和屏东县，启动灾害应变中心，并正式权威发布台湾地区政府、屏东县、台南县的各种救灾信息。与此同时，通过社交网络媒体，聚合各种受灾信息和求助信息，通过平台的运用把信息传递给民众。这一平台的建立，使得政府当局和公众的信息得到互通联动，提高了政府救灾

---

① Elizabeth Williamson："OMB Offers an Easy Way to Follow the Money"，http：// www. washingtonpost. com/wp-dyn/content/article/2007/12/12/AR2007121202701. html。

② 张延吉、房静坤、白天：《公共危机管理中非营利组织的作用初探与我国之策——以台湾"八八水灾"为例》，http：// blog. ifeng. com/article/3794323. html。

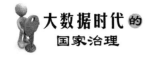
的效率，社会组织和民间组织弥补了治理过程中的"政府失灵"。事实上，民间组织的运行模式与管理理念决定了民间组织具有协同社会各方的治理资源的优势，包括物资筹集、人员配备、策略运行、协同作用以及信息搜集和发布等。

　　在全能型政府传统根深蒂固的中国，协同治理要真正落地，大数据应用不可或缺。2014年8月3日下午，云南省昭通市鲁甸县发生6.5级地震，许多互联网公司利用数据平台和技术优势，纷纷投入到抗震救灾的队伍中。奇虎360公司开放"灾区寻人"的界面，用户输入寻找对象姓名、性别以及联系方式等信息，即可发布寻人信息。所有输入信息全部对公众开放，每一位用户都可以使用或者查看灾区寻人公开信息。通过该平台，更多人可以找到失散的亲人，得到亲人平安的信息。百度公司同步推出"百度救灾地图"，只需通过百度搜索"地震""鲁甸地震"等关键词，或在手机端打开百度地图APP查看搜索热词，即可看到救灾地图，直观了解目前灾区各地的物资紧缺情况，让真正缺少物资的地方得到更多关注并获得最快速的帮助。同时，还可通过百度地图APP专题页面设置的捐助通道，直接向灾区捐款。除此之外，用户还会看到灾区献血站点、现场捐助点、地震信息、国内主要救援队的救援轨迹图等。比起传统的官方的动员、救援呼吁以及统筹救援资源，互联网公司的技术救灾更具有协同的优势。互联网公司抗震救灾一线的信息需求和大后方的救援资源通过技术平台打通，让需求方、救援者和捐助者都能从中了解最新信息，有利于提高抗震救灾的救援效率。[①]

　　空气污染和水污染是中国经济快速发展所带来的最为严重的生态后果。2009年，环境保护部在中国各城市进行过调查研究，发现在大气污染中，环境退化成本就占到了40%以上，[②]地方政府对于环境污染监管的疏忽和不作为往往受到诟病。马军及其团队的出现，一定程度上改变了这个

---

　　① 从百度技术救灾看企业践行社会责任的新模式，http：// www. newhua. com/ 2014/0806/271759. shtml。

　　② 马军：解决空气污染需要一张蓝天路线图，http：// news. qq. com/a/ 20111219/000877. htm。

格局。2006 年，马军创立公众环境研究中心，主持开发中国水污染地图和中国空气污染地图，建立了国内首个公益性的水污染和空气污染的数据库，将环境污染的情况，直观地展现给公众。马军的团队持续不断地更新水污染的数据库，至今为止，水污染地图已经列出了 13 万条的企业污染记录，空气污染地图也记录了超过 3 万条关于企业违规超标的记录，其中包括国内外知名的企业。因为两张"环境污染地图"（中国水污染地图和中国空气污染地图），他被国际媒体评为"环境英雄"。这个数据库的建立使得公众和各界人士可以无门槛地获取到相关的污染地图，给企业造成一定的压力，同时积极与地方政府沟通，敦促企业公开排污信息，达到减排的目的。如今，"空气污染地图"的数据库已经由最初的 4100 条信息增加到 3 万条。在"两张地图"的影响下，许多被曝光的欧美和日本企业都纷纷进行了改进，然而国内的企业却很少跟进，于是马军及其团队开发了名为"绿色选择"的供应链管理体系。基于各级环保部门发布的几万条污染企业的官方记录，公众环境研究中心将企业供应商名录与水污染地图和空气污染地图进行匹配和比对，在搜索引擎输入企业名字，就可以马上发现自己的供应商是否存在政府查处的违规超标现象。马军及其团队的努力，实际上是一种公众参与的过程，在信息公开的不断关注下，先后有上千家企业与公众环境研究中心合作，甚至还有 100 多家企业开展了第三方环境审核，以向公众证明其达标状况。环境治理这个系统工程，并不是任何一个单独的政府部门可以解决的，必须要全社会的广泛参与，这才有利于环保工作的落实和推动。民间机构和公众的参与，确实为环保治理体系注入了新的动力，同时在某种程度上开始展现环境治理权威的多元化的特征。

### （三）政府效能的重要资源

效率建立在真实且齐全的数据之上。麦肯锡的研究报告指出，在正确的政策和激励之下，大数据将成为竞争的关键性基础，并成为下一波生产

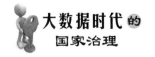

率提高、创新和为消费者创造价值的支柱。① 在大数据时代，数据是信息的载体、是知识的源泉，也是效率的基础。基于整合的数据库，政府可以通过人口细分和定制政策，增强公共服务的针对性，提高公共建设的效率，提高工作效率和公众满意度，提升行政服务质量，降低政府管理的成本。

"数据打假"是大数据应用最为成功的案例之一，并成功地为政府节约行政成本，提高行政效能。根据美国联邦医疗和补助中心（CMS）的统计，2009 年，医疗保险计划支出共 5023 亿美元，覆盖 4700 万的美国人口；医疗补助计划共支出 3739 亿美元，覆盖了 5680 万美国人口。两个项目的受惠人群加起来近 1 亿人，平均每人每月上一次医院，一年就有 12 亿张账单。按照联邦调查局的估计，大概会有 3600 万张到 1.2 亿张账单存在问题，如果仅靠人力去审查，其工作量是难以想象的。② 于是，2001 年，加州州政府率先进行了一个数据挖掘的项目——"保险补助双向核对"（Medical-Medicaid Data Match），将医疗保险和医疗补助两个项目的数据整合起来，利用两个计划中的人员、时间、价格、地点等数据信息对每一宗申报进行互相核实，通过计算机算法自动确定相互矛盾、有异于常态的支付记录，一旦发现造假或者不实申报的可疑账单，则自动转入人工追讨环节。由于效果显著，2004 年这个项目进一步扩大，并且由事后追讨的分析推进到事前防范的估计。CMS 的项目得到高度的重视，并且认为数据挖掘的方法可以节省许多的行政成本，提高行政效率。在美国"精简机构、裁减开支"的大环境下，CMS 扩大了数据挖掘的审查队伍，并打算把打假的项目纳入国家医疗信息系统基础设施建设的范围内。

我国各级政府提出的许多观念和口号，如建立服务型政府、平台型政府、智慧型政府等，一直不能有效地落地，部分源于没有技术基础，也源于没有进行有效的沟通、协调和数据共享机制。大数据的运作需要政府打

---

① ［美］詹姆斯·马尼卡等：《大数据的下一个前沿：创新、竞争和生产力》，麦肯锡全球研究所年度报告，2011 年 6 月。

② 涂子沛：《大数据：正在到来的数据革命》，广西师范大学出版社 2013 年版，第75 页。

破信息壁垒，整合公共数据。

网络化的管理也许是大数据运用的成功案例。中国社会在快速发展，潜在矛盾也在不断地增加，如何实现精细化管理、创新化服务以及人性化关怀，政府不断地进行着探索。网络化管理就是将城区行政性地划分为一个个的网络，使这些网络成为政府管理基层社会的单元，并对每一网络实施动态、全方位管理。网络化管理是一种数字化管理模式，这一创新模式是依托现代网络信息技术建立的一套精细、准确、规范的综合管理服务系统。政府通过这一系统有效整合政务资源，为辖区内的居民提供主动、高效、有针对性的服务，从而提高公共管理、综合服务的效率。以网络化管理比较成功的北京市东城区为例，试行网络化社会服务管理新模式以来，东城区已将区属 17 个街道 205 个社区划分成了 589 个社会管理网络，建立了以"人、地、物、事、情、组织和房"为核心的 7 大类、32 小类、170项信息、2043 项指标的基础信息数据库，实现了"人进户，户进房，房进格，格进图"的工作目标。① 基础信息数据库的建立，加上网络员对社区进行 24 小时的动态全方位管理，使得反馈及时精准，指挥事件处置快捷高效。一旦网络出现突发状况，负责人会第一时间赶赴现场处理，并且依托基础信息数据库，进行精细化的应对。网络化的管理模式，改变了以往运动式和突击式的管理手段，从被动管理的模式转变为前馈式管理模式，务求"小事调解不出网络，大事化解不出社区、街道"的目标。据报道，东城区实施几个月网络化管理后，信访总量和集体访量双双下降，发案率降至全市最低水平，全区的火警火灾数也同比有所下降。② 居民的需求往往是多元化和个性化的，除了社会管理以外，网络化还有增强社会服务的效能，利用背后的基础数据库的共享化配置，政府通过购买服务、统一规划的方式在每个网络配置了 17 个"一刻钟服务圈"，居民可在 15 分钟内享受到许多便民的社区服务。

---

① 北京市东城区：网络化精细管理，http：// politics. people. com. cn/GB/14562/15157743. html。

② 北京城区试点"网络化"管理，信访量下降，http：// news. 163. com/11/0303/01/6U6FKCS400014AED. html。

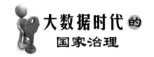

　　治安往往是居民最能感知到的公共服务，社会治安的好坏，影响着居民对政府的信任。苏州 2013 年的人口超过 1300 万，在庞大的人口压力下，苏州依然被评为全国社会治安综合治理优秀地市"六连冠"。苏州良好的治安环境是依托多渠道的大数据采集和最快捷的数据处理方法。首先，苏州的公安系统依靠便衣、巡逻警力、社区警力和跨区域巡逻警力搜集标准化的信息数据；其次，建立完善的立体防控网，借助城乡密布的 30 多万个社会视频监控探头，对车辆、牌号、人员等进行自动对比，实现全天候的动态监控。基于完善的数据采集网络和挖掘，苏州警察在执法执勤、捕捉罪犯、化解纠纷等过程中可以快速反应，并且对罪犯所在区域实时定位，精准打击犯罪行为。

# 二　国家治理变革的力量

　　阿尔文·托夫勒（Alvin Toffler）在《第三次浪潮》中曾经预言："如果说 IBM 的主机拉开信息化革命的大幕，那么大数据则是第三次浪潮华彩的乐章。"[①] 2012 年，奥巴马政府宣布美国政府投资 2 亿美元启动《大数据研究和发展计划》，美国政府将大数据定义为"未来的新石油"。大数据技术领域的竞争，事关国家安全和未来。欧盟随即跟进，出台相应的政策。欧盟宣布未来将采取一些具体措施发展大数据业务。例如，建立大数据领域的公私合作关系，资助推出具有颠覆意义的大数据理念；依托"地平线2020"科研规划，创建开放式数据孵化器；就"数据所有权"和"数据提供责任"作出新规定；制定数据标准，找出潜在问题；成立多个超级计算中心；在成员国创建数据处理设施网络等。为此，舍恩伯格在《大数据时代》中判断："史无前例的大数据时代已经来临！"《连线》杂志主编克里

---

①　［美］阿尔文·托夫勒：《第三次浪潮》，黄明坚译，中信出版社 2006 年版，第 7 页。

斯·安德森（Chris Anderson）甚至大胆断言：数据洪流将会带来理论的终结。他认为："面对大规模数据，科学家'假设、模型、检验'的方法变得过时了。"且不说大数据将终结理论这一观点是否夸大了大数据的应用所带来的效应，但是大数据时代的确将促使国家治理产生以下变革。

## （一）传统治理的颠覆

国家治理通常包括对政府、市场与社会问题的研判，然后"开方"进行"下药"。以往对于治理问题的研判通常采取定性和定量的研究，定量的研究常会采用问卷调查、访谈的抽样调查方法采集数据。然而，再合理和科学的抽样方法，反映的总是局部和部分人群、阶层的研究结果，存在随机偶然性。定性研判方法通常对问题的特点、环境、条件进行判断，在中国，通常的做法是听取各地方官员的汇报、研究座谈等，同时决策官员也通过该方式进行"头脑风暴"，提出治理的途径和改进的方法。传统的方法都是基于研究对象的局部"现实"进行分析，对样本的"代表性"提出了极高的要求，并遵循通过少部分的需求来推演、判断大多数人的现实以及未来国家需求的治理思路。在大数据时代，使用大数据的交叉复现的特征，从大数据中预测社会需求，预判治理的问题，从大数据中探索国家治理的多元、多层、多角度特征，满足不同时期、不同群体、不同阶层人民群众需求。

在这方面，美国走在世界的前列。美国把大数据视为"未来的新石油"，并把大数据的发展提升到国家战略层面。2012 年，奥巴马政府宣布启动"大数据研究和发展计划"，同时组建"大数据高级指导小组"，启动2 亿美元的投资计划，提升大数据的访问、组织、收集、分析的工具和技术水平，把大数据的商业应用提升到国家战略运用层面。根据这一计划，美国希望利用大数据技术在多个领域实现突破，包括科研教学、环境保护、工程技术、国土安全、生物医药等，具体的研发计划涉及美国国家科学基金会、国家卫生研究院、国防部、能源部、国防部高级研究局、地质勘探局 6 个联邦部门和机构。美国快速把大数据发展提升到国家战略层面，

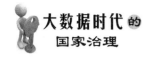

且运用到政府服务的各个方面，也可能得益于奥巴马及其团队在选举中的创新性运用。通过两年来的海量数据比对和分析，特别是对于社交网站的数据分析比对，运用数字化策略定位拉拢中间派选民及筹集选举资金，调整了电视上的精准投放广告，创造出了摇摆州选民的精细模型。

以大数据支撑的政务服务快速开展，并逐渐广泛运用到政府部门的决策数据分析，如公共政策、舆情监控、反恐活动等领域。数据的挖掘和分析不仅限于政府部门的基础性数据，对 Twitter、Facebook、社交网络等新媒体的数据也综合应用和分析。例如，在治安防控方面，圣克鲁斯的警察局率先比对分析城市数据源和社交网络数据，分析罪犯的犯罪模式，对重点区域的犯罪概率进行预测，并进行重点布防。在波士顿的马拉松爆炸案中，美国的中央情报局运用多重的数据记录，包括社交网站的照片和文字信息，移动基站的通信记录，附近加油站、报摊的监控录像等，综合比对后锁定嫌疑犯找出炸弹来源。美国中央情报局的首席技术官格斯·汉特认为，就像可口可乐等消费品公司借助数据分析掌握消费者习惯一样，中央情报局也通过大数据技术来寻找恐怖分子的踪迹。① 在城市公共服务方面，纽约市运用大数据挖掘预防火灾。在纽约前市长迈克尔·彭博（Michael Bloomberg）的推动下，纽约逐渐建立起数据型城市服务。纽约消防部门将导致房屋起火的因素细分为 60 类，分析人员通过特定算法，比对海量的数据库，对城市中 33 万栋需要检验的建筑物单独进行打分，计算火灾危险指数。消防员在出勤时可以根据建筑物的详细资料和危险指数，重点关照"火灾危险分子"。同时根据火灾危险指数，可以对建筑物进行重点监测和检查，降低火灾发生几率。

### （二）透明政府的建立

如何理解国家治理能力？有不少人误认为，政府权力范围越大，国家

---

① 美国：以国家战略应对大数据时代，http：// roll. sohu. com/20130117/ n363713142. shtml。

治理能力就越强。这种观点无疑是基于全能型的政府模式，即政府能够控制经济、文化和社会等各领域。然而良好的国家治理，政府要做好擅长的事情，而不是无限扩大政府掌控的范围，政府能做什么，不能做什么，恰恰是现代国家治理的重要核心。现代国家治理能力的建设重点，则是既能实现社会有效监督国家，又能实现国家有效管理社会。倘若国家的权力边界广阔，行使权力时不需与社会协商，为所欲为，倘若公民手中没有有效控制政府的手段，治理能力现代化也难以实现。有效的治理意味着政治权力需要受到制约，其核心是公民和社会有有效监督政府权力的手段。

美国第三任总统，《独立宣言》的起草人托马斯·杰弗逊（Thomas Jefferson）曾说："信息之于民主，就如货币之于经济。"如果信息停止流动，就像货币停止了流通的经济一样，民主的制度将会名存实亡。信息是民主的基石，信息的对等是平等的先决条件。2009 年以来，美国、英国、澳大利亚、新西兰等多个国家陆续建立了政府数据门户网站，把从前政府专有的基础公共数据推上了互联网。英国的卡梅伦政府，更加提出了"数据权"的概念，基础公共数据的掌握被视为信息时代每位公民应有的基本权利。大数据把原有的官员运用权力的"黑匣子"打开，政府只能以公开和透明的态度回应大数据带来的挑战。

2013 年 5 月 9 日，奥巴马签署《政府信息的默认形式就是开放并且机器可读》的行政命令规定[①]：

让信息资源更容易查找、获取和使用，这是开放政府给我们带来的一个重大利好，这些举措能够塑造企业家精神、推进创新、催生新的科学发展……为了继续促进就业，提升政府效率，扩大通过开放政府数据获得的社会利好，新的政府信息的默认形式就应该是开放并且机器可读。在整个生命周期之内，我们要把政府信息当作资产来管理，只要可能，只要不违反法，我们就要把数据以易于查找、获取和使用的方式发布。

---

① 详情请参阅美国白宫网站，http：// www. whitehouse. gov/the-press-office/ 2013/05/09/executive-order-making-open-and-machine-readable-new-default-government。

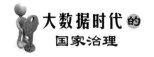

实际上，这就是政府把数据所有权还给公众，公众根据自身需要，对政府的原始数据进行分析和利用。

意大利政治思想家和历史学家尼可罗·迪·贝纳尔多·德·马基雅维利以主张为达到目的可以不择手段而著称于世。他认为，政治谎言有可能是道德的。在某些情况下，说假话或隐瞒真相似乎对民众有利。欺骗可以是安慰之源。在谎言之茧里，我们兴许会感到温暖、舒服一点。无可置疑，作为政府官员，"多一事不如少一事"，做"最保险的事情"往往是职场的潜规则。由官员组成的政府也带有保密、封闭的组织文化基因。推动政府透明化建设历程并不是一帆风顺的。以美国为例，建国初期制定的《管家法》（Housekeeping Act）和《行政程序法》（The Administrative Procedure Act），由于其法律条文的模糊性，被政府机构滥用其中的规定以便拒绝向公众提供信息，因此，产生了美国民众知情权和政府对信息管控权之间的矛盾。在约翰·莫斯（John Moss）、托马斯·亨宁斯（Thomas Hennings）和信息自由支持者的共同努力下，运用国会"逼宫"的策略，艰难地通过了《信息自由法》，督促政府机构向公众公开其所持有的档案、文件等信息，以实现对政府权力的监督和制衡。随着信息化时代的来临，政府电子信息的获取成为公众讨论的热点。联邦机构一致反对信息自由扩大到电子数据，在一波多折和反复政治博弈之下，1996 年，美国国会《电子信息自由法》规定，所有政府数据库的电子记录都属于信息公开的范围，行政部门必须按照信息查询方要求的格式提供信息。此外，该法还建议联邦政府将公民经常查询的信息发布在互联网上，以减少公民重复查询产生的负担。2007 年，美国国会又通过了《开放政府法》（Open Government Act of 2007），明确了联邦政府信息公开的范围：不仅仅是其本身收集的信息，还包括政府委托私营机构、非营利组织收集的信息。该法还规定，如果行政部门不能在法定的时间内提供信息，则不能收取费用；司法部作为联邦政府各部门落实《信息自由法》的监督机关，其部长必须每年向国会报告有多少信息公开的要求被拒绝，并说明拒绝的原因。进入奥巴马政府时期，似乎透明政府的建立进入了另外一个阶段。奥巴马上任的第一天共签署了 5 份文件，其中最重要的就是《透明与开放式政府》总统备忘案：

政府应该是透明的。公开透明有助于建立问责制，能使公众了解政府的所作所为。联邦政府掌握和维护的信息是整个国家的财富。本届政府将根据法律和政策，采取适当的措施，以便于公众查询、获取的方式发布信息，各部门还要利用现代信息技术，将日常工作和决策的相关信息上网公示，以方便公众获取。各行政部门和机构还应征求公众的反馈，以确定哪些信息对公众最有价值。

2013 年 5 月 9 日，奥巴马签署行政命令《政府信息的默认形式就是开放并且机器可读》，"提高政府的透明度，或至少增加可获取的政府信息总量"是奥巴马政府建立透明政府的核心。因此，近年来出现的一个整体趋势是利用电子政府来更大程度地开放政府档案，并更加重视主动公开工作。奥巴马政府推动可获取、开放和透明度的努力围绕着两大技术——开放数据和社会化媒体。美国联邦政府建立了"data.gov"网站，整合公共数据和共享的平台。data.gov 有超过 40 万种各类原始数据文件，涵盖了农业、气象、金融、就业、人口等近 50 个门类，汇集了数千个应用程序和软件工具。数据的集中、开放、共享及对数据的应用支持，极大地方便了美国各界对大数据的利用。

在全能型政府传统根深蒂固的中国，数据透明和开放从"犹抱琵琶半遮面"的状态转变为有序局部开放的局面，虽然没有出现如奥巴马政府般主动地建立透明政府的决心，但是中国政府信息公开方面还是有所进步。2007 年，中国政府颁布《中华人民共和国政府信息公开条例》（以下简称《条例》），明确规定了政府信息公开的总则、公开的范围、公开的方式和程序、监督和保障等方面。《条例》施行 7 年来，中国政府在促进信息公开方面也有一定进步，各地政府建立了官方门户网站，提供综合性信息、更多的跨部门综合性服务以及政府官员与公众更多的互动。财政预算与收支的透明度是政府透明度的核心组成部分。据统计，随着政府信息公开条例的落实，2009—2012 年间，各地政府的财政透明度有所提高，平均值从2009 年的 21.7 上升到 25.3，政府透明度不断提高对于转型中的中国而言

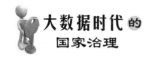
是十分重要的。然而，如以电子政务在线服务指数来衡量①，相比美国等发达国家，中国政府的透明度和开放程度依旧不如西方的发达国家，之间还存在相当的差距（图2-1）。2014年，中国的在线服务指数徘徊在0.6左右的水平，而大部分发达国家普遍超过0.8，法国甚至接近1，几乎"满分"。

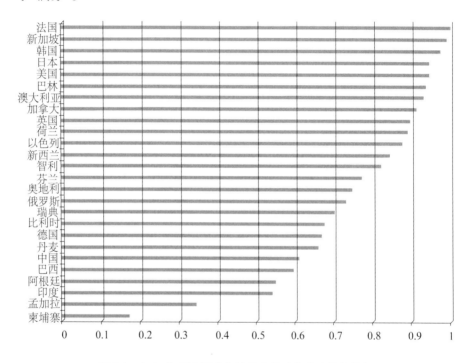

图2-1 2014年部分国家和地区电子政务在线服务指数

资料来源：联合国经济和社会事务部：《联合国2014年电子政务调查报告》，http：∥un-pan3. un. org/egovkb/Portals/egovkb/Documents/un/2014-Survey/Complete-Survey-Chinese-2014. pdf。

同一时期，中国的民众和民间组织已经迫不及待地拥抱大数据所带来的效应，社会监督和制约政治权力的能力不断增强。中国的政府数据信息一直透明度不高，即使公布的数据也会令公众存疑。自从1972年官厅水库

---

① 在线服务指数可以综合反映多渠道服务提供、数字鸿沟弥合、公共基础数据的使用、数据开放等综合性的努力。

污染之后，环境污染进入了中国民众的视野。随后经济的快速发展，空气污染和水污染更成为了公众的心头之痛。2005年以后，在互联网的烘托之下，各级政府都开始建立"环境信息数据平台"，把各个断面和监测点的排放信息公布给公众。然而基于地方政府的考核方式，地方政府乐于"取经济而弃环保"，导致纷杂多样的环境数据造假手段出现，企业为了骗取环保补助金，也乐于更改检测数据。2011年，PM2.5指标迟迟未列入国家空气质量体系，同年10月，北京连续多日的雾霾让公众彻底觉醒，当时《南方周末》如此报道①：

当时北京环保局公布的每日空气质量报为"轻度污染"，然而美国驻华大使馆的自测空气质量PM2.5公布到社交媒体上，令公众一片哗然，达到美国国家环保局认定的"非常不健康"和"危险"级别。许多民间组织开始了"我为祖国测空气"的运动，大有"倒逼"官方公布真实数据的趋势。商界精英和意见领袖也加入其中，2011年10月22日晚11点多，地产企业家潘石屹在微博上贴了张iPad截图，在东三环亮马桥附近的大使馆院内，细颗粒物（PM2.5）指数为439，评级为"有毒害"。潘石屹惊呼一声："妈呀！有毒害！"不少网友按图索骥，找到了苹果商店上一款名为"Beijing Air Quality"的APP，其数据来源正是美国大使馆。

在全社会的"逼宫"之下，从2013年1月1日开始，中国74个城市，每天都开始"诚实地"公示其监测到的6个环境空气质量指标。社会和民众并不像过往一样，信息的流动是自上而下，民众只能被动地接受掌握权力者公布的信息，在大数据时代，民众发声的渠道可能是多元的，并且有"倒逼"政府信息真实公开之势。由于大数据的倒逼，中国的环境监测走出"数据造假时代"。

网络反腐也是另外一个例子：2012年的一场重大的交通事故，被全民"围观"的"表哥"杨达才最终被解除陕西省安监局局长一职。大数据为网络反腐提供了庞大且门槛低的数据库和信息来源。过往对官员的反腐败往往

---

① 　冯洁、吕宗恕：我为祖国测空气，http://www.infzm.com/content/64281。

结合群众的举报，以政府内部（纪委）的调查为主。然而，在大数据时代，数据的获得门槛低和丰富度高，刺激和鼓励了网民的"扒粪运动"[①]。即使许多的信息是碎片化且无序排列的，网民通过设置关键词有序排列的形式，可以获取有价值的信息。反腐倡廉是一个社会系统的工程，对官员的监督，除了以纪委部门为主力以外，也要借助多方面的力量，尤其是充分利用大数据的技术和便利。在全民围观的大数据年代，强势的官员的一举一动都会引发网民的关注，在现有反腐制度还存在不足的情况下，网络监督成为公众和民间监督官员运用权力是否得当的一种有力补充手段。

## （三）权力边界的调整

大数据的倒逼效应愈发明显，正如涂子沛在《大数据：正在到来的数据革命》中所言："由于互联网的发明，'开放'已经成为人类社会不可逆转，不断加速的社会思潮。如雨果所说：你可以阻挡一直入侵的军队，但你无法阻挡一种思想。"[②] 由于云计算、移动互联网和大数据等新兴技术正在引领技术力量进入社会的各个方面，用户和消费者也逐渐得到前所未有的话语权。大数据打破了原有公权力对信息的传播流向和内容的垄断，极大地丰富了民众和社会对信息的认知，拓宽了信息来源，同时提高了民众的"社会能见度"，民众不再被湮没在权力的"压制"之下，社会底层的发声更加成为可能。新媒体研究的领军人物克莱·舍基（Clay Shirky）说过："新工具所提供的机会越多，任何人可以从之前社会形态推断未来的可能性就越小。大数据时代的未来就掌握在我们手中，希望我们能有所作为。"互联网和大数据的出现，为公众直接政治参与（实际参与和虚拟参与）提供了平台，民主政治的众多程序可以在这个平台上实现。互联网的普及和大数据的出现为网络时代的民主政治奠定了物质和技术基础。

---

① 指美国19世纪末20世纪初掀起的一股新闻报道浪潮，一些记者和报刊致力于深入调查报道黑幕，揭发丑闻，对社会阴暗面进行揭示，"扒粪"记者所掀起的黑幕揭发运动在美国历史上掀起了一次浪潮，被视为第四权利的重要体现。

② 涂子沛：《大数据：正在到来的数据革命》，广西师范大学出版社2013年版，第10页。

2010 年 7 月 19 日，英国首相卡梅伦推出"大社会"（Big Society）项目，赋予社区和普通人更多的参与社会的权力，以期建造一个"更大、更强、更好的社会"。他所确定的 5 项主要措施包括：（1）赋予社区更多权力；（2）鼓励人们在社区活动中成为志愿者，承担更多的责任；（3）从中央政府分权到地方政府；（4）支持民间团体、基金会、慈善组织和社会企业；（5）公开发布政府数据。可以看出，卡梅伦的"大社会"项目，其核心理念是分权、开放，国家拥有的权力逐渐流向社会。大数据时代，信息趋于自由、快速流动，数据趋于开放和共享，这代表着知识和权力的开放和流动，社会更加开放，权力将从政府更加分散到社会。

习惯于政府全能式管理的国家，政府权力与公民权利是不对等的，法律所规定的公民知情权、参与权和表达权往往只是流于一种抽象的概念，大数据时代下政府与社会的边界是否有所调整？

相关的结果还有待观察，但大数据播下的种子逐渐萌芽。据统计，截至 2014 年 7 月，中国网民已达 6.32 亿，普及率达 46%，稳居世界第一。[①] 互联网、新媒体以及大数据时代到来，据统计，2012 年，中国的社交媒体普及率达到 40%，超过世界 20% 的平均水平。人人拥有发言权，网民都可以通过社交媒体查阅、转发、评论公共事件和公众人物。公众的生活、虚拟生活在现实时空中穿梭，关注政治、时事和政治参与的热情日趋高涨。由于互联网的普及以及数据开放，公民更加容易对政府权力运作各个链条的合法性和正当性产生质疑，民众"爱找碴儿"的思维趋势，不断地调整着政府与社会之间的权力分配。在大数据的网络时代，信息不断流动，碎片化的信息爆发式地呈现，一个小小的民生议题可能会造成风风火火的信任危机，影响政府的决策。大数据的技术重构了话语，网络不仅仅是虚拟的世界，而且变成公众发声和意见表达的现实空间，在新媒体所构建的空间已经让民众拥有了自己的话语体系和话语权。技术的进步，使得广大的民众被赋予更加广泛的表达权和话语权。

---

① 华强森、欧高敦、刘家明：《中国的数字化转型：互联网对生产力与增长的影响》，麦肯锡全球研究所年度报告，2014 年 7 月。

大数据的窗口已经打开，对人类社会而言是一场生活、工作与思维的大变革。尤其在中国，要真正从个人魅力管理手段和权威转向以"提高效率＋广泛参与"的治理模式，必须注重与民众的充分沟通和互动，从现有的条块分割、封闭的状态转变为开放、协同、合作、互动的新型政府。同时，要公开透明，主动开放政务信息，打造阳光、透明的政府形象。社会对于数据运用的渴望"倒逼"效应使得政府整合多种平台数据，并且陆续开放公共数据，因为私营部门和社会对公开数据的利用可能比政府更加具有创新性，提取政府数据最好的价值是允许私营部门和社会大众的访问。

# 三　智慧治理与智慧国家

大数据对现代社会的广泛渗透给政府管理者带来巨大的挑战，同时其先进的技术和平台也为国家治理体系改革提供了革命性的工具。大数据时代下，中国的国家治理该作何改变？

## （一）大数据挖掘

哈佛大学政治学教授加里·金（Gary King）在接受《纽约时报》记者采访时说："这是一场革命，我们现在做的只是冰山一角，但是由于庞大的数据新来源而带来定量化方法，将横扫学界、商界和政界，所有领域都将被触及。"[1] 一般而言，数据挖掘过程标准流程包括六个阶段：业务理解、数据理解、数据准备、建立模型、模型评估和模型发布，[2] 环环相扣，

---

[1]　The Age of Big Data，http：// www. nytimes. com/2012/02/12/sunday-review/big-datas-impact-in-the-world. html? pagewanted＝all&. _ r=0. 。

[2]　[美] 戴维·奥尔森、石勇：《商业数据挖掘导论》，吕巍等译，机械工业出版社 2007 年版，第 68 页。

缺一不可（图 2-2）。

业务理解 ⇌ 数据理解 → 数据准备 ⇌ 建立模型 → 模型评估 → 模型发布

**图 2-2 数据挖掘的过程**

"数据的挖掘始于数据"的观念十分错误。数据的挖掘始于要解决的问题，也就是对业务的理解，要弄清解决什么问题，才知道需要什么样的数据，才知道选择何种数据源。一旦知道解决的问题时，就开始考虑所需要的数据，并对原始数据进行全面的核查，逐渐转入第三个阶段：数据准备。数据准备如同烹饪中对食材的整理，对搜集到的原始数据，进行整理、筛选、清理以及转化。在大数据时代，数据结构变得更加复杂，大部分数据信息都已经脱离出数据结构的范畴，属于非结构化数据，相比记录生产、业务、交易和客户信息等的结构化数据，非结构化的信息涵盖更为广泛的内容，包括合约、发票、书信与采购记录等营运内容；文书处理、电子表格、简报档案与电子邮件等部门内容；HTML 与 XML 等格式信息的 Web 内容；声音、影片、图形等媒体内容。各种数据格式之间互不兼容，而且人们对数据的访问和使用更具随机性。因此，在数据准备阶段，需要对数据格式进行转化。数据的准备可以视为一次数据的探索，为模型的建立阶段做准备，也是信息挖掘的前提和关键，因为在转化的过程中需尽可能避免信息受结构化的影响而流失。建立模型就是描绘数据并建立数据之间的关联，然后用数据挖掘工具进行基础分析。模型评估阶段则是对问题初步解决的评估，通常通过可视化的分析结果、统计和人工智能的工具更深层次地理解数据运行的关系。在进行反复评估后，调整模型的预测准确度，并运用到具体问题的决策当中。目前已经有许多公司在数据挖掘中开发出了十分有效的挖掘工具，如 Hadoop 平台、SQL Server 等深入海量数据挖掘工具。类似的数据挖掘工具可以改变传统的数据管理环境难以处理非结构化数据的困境。而挖掘的方法主要采用事后描述性质的方法，如聚类分析；以及事前预测的方法，如决策树算法、回归分析以及神经网络等。

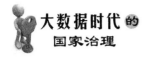

## （二）大数据管理

大数据挖掘的目的在于对治理问题的把握、发现模式、进行预测、优化治理手段与路径等。正如前面所述，大数据时代，颠覆了传统国家治理中问题研判的方法。传统的不全面数据的分析，从局部到整体的思维需要得到改变。然而，要担任数据的分析者，必须有效地整合对政府有用的基础性数据和资源，搭建统一共享的公共数据平台。美国联邦政府建立的 data.gov 网站，就是一个很好的公共数据整合和共享的平台。data.gov 有超过 40 万种各类原始数据文件，涵盖了农业、气象、金融、就业、人口等近 50 个门类，汇集了数千个应用程序和软件工具（图 2-3）。数据的集中、开放、共享及对数据的应用支持，极大地方便了美国各界对大数据的利用，用户可以从数据平台中获取较为严肃的信息，如财政预算支出、人口数量、经济发展状况、空气质量等信息，也可以获取较为"轻松"的信息，如胖子的统计数量、快餐店的数量等。

图 2-3　美国联邦政府 data.gov 网站的界面

类似的数据平台的整合和分享对中国国家治理能力的提升和现代化有重要的作用。以国家审计的工作为例，国家审计天然地内生于国家治理，作为国家治理体系中行使监督权的必需角色。传统的思维运用随机抽样的分析方法进行审计工作，进行数据平台的整合以后，国家审计可以通过跨领域、全数据的方式进行交叉复现式的分析，对重大违规的行为给予精确打击。数据平台建立以后，还可根据关联查询的分析模型，实现审计线索分析智能化和自动化，极大地提高审计效率，真正实现国家审计线索分析的现代化。除了与国家安全相关的数据以外，其余的数据平台应开放给公众，使得公众和社会监督成为可能。公共数据平台的整合与开放，也能增强政府管理者的社会治理能力。

国家统计局也已从研究论证阶段转入实际操作阶段，迎接大数据的来临，并与企业"强强联手"，推动大数据的开发利用。据了解，为了大数据工作布局，国家统计局将在以下方面进行努力：

（1）研究采集互联网信息特别是电商交易数据和价格数据以补充完善调查样本，研究建立商场、超市和电商企业向统计部门提供完整电子化交易记录的制度。

（2）研发企业电子化生产经营记录自动导入统计联网直报系统技术。

（3）加强政府部门电子化行政记录的引用，进一步加强与民政、工商等部门的协作配合，推进电子化行政记录和统计信息的共享。在居民收入、劳动工资等统计中，通过对税务、银行等部门行政记录的分析，评估居民收入、工资、家庭资产等统计数据，特别是评估与校验高收入阶层的相关数据。

（4）与网络公司、科研单位和咨询机构等开展合作，探索利用网络搜索数据建立相关统计分析和计量模型，进行经济形势分析预测。

国家统计局局长马建堂预计，以后凡需要企业填报的调查，都将由企业通过联网直报系统直报国家统计局数据中心；凡需要调查员现场调查的，都将由调查员使用 Pad 采集上报数据；凡电子化的行政登记资料、企业会计及生产经营信息，都可通过开发自动导入系统直接转化成统计资料，最终实现所有调查都通过电子化、网络化手段采集数据，实现从统计

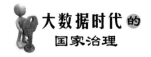

设计、任务布置到数据采集、加工、汇总、存储、发布全流程的现代化。[①]

理想是美好的，现实是无情的。中国各地政府在大数据处理软件方面的协同、管理、易用性仍需要加强，政府内部的业务数据平台整合进程举步维艰。以与行政审批事项相关的数据平台运行为例，公安、流动人员管理、计生、民政、房管、残联、国税、工商等职能部门采集的政务信息依然处于未能统一整合共享的状态，即便是锐意改革的广东顺德也遭遇到了类似的困境。2009年，顺德进行大部制改革，并且以行政审批制度改革为核心，务求优化行政审批流程，提高审批效率，其中顺德商事登记制度改革成为了重中之重，并欲求打造并联审批模式，实现各个业务部分的同步审批，提高审批效率。并联审批要求各个审批部门共享数据，实时互通审批进度。然而，由于在具体的审批事项中，顺德不具备全部的审批权限，部分事项依然保留在佛山市、广东省和国家部委，因此，审批平台的数据共享和整合不仅要畅通顺德区内各个审批部门的信息渠道，同时也要打通佛山市、广东省以及国家部委的系统。在审批平台整合统一的推进中，遭遇到典型破碎化的"条块分割"体制障碍。诚然，各地政府也意识到数据交换和平台整合受到体制性限制，于是，各地政府纷纷着手研究建立大数据局，试图克服信息孤岛，加强政务信息网络系统、政务数据中心的建设、管理、统筹与协调。[②] 然而，搭建统一数据平台有相当的难度，不仅是地方政府的问题，还牵涉到国家层面，政府各部门之间的信息公开共享也有很大的阻力。大数据管理的难题，不是工具性和技术性的问题，而是

---

① 中华人民共和国国家统计局：中国统计，向着"大数据时代"迈进！http：//www. stats. gov. cn/tjgz/tjdt/201401/t20140108_497003. html。

② 如广东省在2014年初成立了广东省大数据管理局，其具体职责为研究拟订并组织实施大数据战略、规划和政策措施，引导和推动大数据研究和应用工作；组织制定大数据收集、管理、开放、应用等标准规范；推动形成全社会大数据形成机制的建立和开发应用；承担企业情况综合工作，负责企业数据收集和存储；组织编制电子政务建设规划并组织实施；组织协调政务信息资源共享；组织协调省级重大电子政务项目建设，组织协调网上办事大厅等电子政务"一站式"服务建设；统筹政务信息网络系统、政务数据中心的建设、管理；统筹协调信息安全保障体系建设；承担信息安全等级保护、应急协调和数字认证相关工作。

体制性的问题。因此，对于大数据管理，中国还需要迈出实质性的步伐。

## （三）大数据时代的制度建设

公民是国家治理的主体之一，政府信息公开透明的制度化是公民有效参与国家治理的前提条件，也是一个社会文明水平的重要指标。正如中国工程院院士、中国计算学会大数据专家委员会主任李国杰所称："作为公共财产的政府数据，本质上属于全民，如果让这些数据回到人民群众中去，当然要在保障国家安全、保护个人隐私与企业商业秘密的前提下，其作用就像当年实行的'耕者有其田'一样，是生产关系的一个大变革，也会促进生产力的大解放。"① 确保政府信息公开化和透明化的顺畅运行，政府信息和政务公开机制应该制度化，这在经济快速发展的中国，依然举步维艰。《中华人民共和国政府信息公开条例》实施 7 周年以来，在大数据时代"倒逼"效应下，政务信息公开的范围越来越广泛。然而，政务公开还不够主动，存在政府网站内容十分陈旧的现象。最为重要的是，选择性和单行度的公开比比皆是。"想知道的不公开，不重要的才公开"成为了政务信息公开的"潜规则"。如公民要申请信息公开，地方政府往往会设置门槛，或者以保密需要等挡箭牌拖延信息公开。中国现有的信息公开的困境在于相关的法律法规不完善、执行力度不强。《中华人民共和国政府信息公开条例》还没提升为国家的信息公开法，现行条例给信息不公开预留了太多空间，影响了信息公开的质量和深度。

以 2010 年通过的《广东省政务信息资源共享管理试行办法》为例，"条件共享类政务信息资源或政务信息资源共享目录以外的信息资源，由需求信息的行政机关向提供信息的行政机关提出申请"（第二十一条）。这事实上规定了你能共享什么，你就可以获得什么信息，而不是规定你不能

---

① 2014 年 2 月 26 日，中国工程院院士、中国计算学会大数据专家委员会主任李国杰在人民大学召开的一场以"开放政府数据"为题的研讨会上做了题为"数据共享——大数据时代国家治理体系现代化的前提"的演讲。

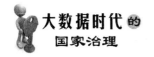

获得什么，其他的数据都可以获得。这预留了很大的操作空间给地方政府。《中华人民共和国政府信息公开条例》也规定，"行政机关公开政府信息，不得危及国家安全、公共安全、经济安全和社会稳定"（第八条）。如何界定"国家安全、公共安全、经济安全和社会稳定"？这些规定都比较模糊，解释权往往在政府手中，容易成为信息不公开的托词。因此，好的国家治理，需要好的制度，模糊不清的制度，使得公众的知情权无法真正实现，无法行使应有的公民参与和监督，进而导致社会对政府的更加不信任。事实上，数据开放的"目录"不是以政府能够供给为导向，而是以群众的实际需求为标准。美国的信息化建设一直秉承着"以公众需求为导向"的理念，德国政府的"让数据而不是公民跑路"，都充分体现了尊重公民和社会需求。制度化的政府信息公开只是第一步，如何让社会民众能够发声、扩大决策参与的深度制度化，是大数据时代国家治理制度化的另外一个重要的阶段。现时的网络、微博、微信等新媒体问政方式方兴未艾，部分地方政府尝试把一些事关民生的公共政策在网上广泛征求民众意见，许多政府官员也要忙于应对来自四面八方的民意。如何让这种民意不再是透明化和责任化政府的摆设，真正制度化成为决策的参考值得深思。

国家治理体系是由一系列的制度所形成的，讲求的是制度化、规范化、程序化、科学化。提升国家治理能力，必须从制度建设的高度来构建一个政府、市场、社会三元互动的治理体系。单纯大数据的数据量和技术是工具理性的，只有在正确制度的引导下，才会发挥出善政善治的效用。在市场机制逐渐完善的中国，更需要加强政府与社会之间互动的制度化建设，保障公民和社会组织在大数据时代下的制度化参与，为健全社会多方共建自治机制提供渠道和平台。

制度的建设还决定了大数据时代的"好"和"坏"。较为乐观的观点认为，在大数据的理念和技术的应用下，经济政策领域和社会政策领域将会大大缩小政府管理者的人工审查，使得行政效率加快、精简机构、裁减开支成为可能，无形之中会减少官员滥用权力的可能性，也减少官员可以自由裁量的权力，使公众、社会和经济领域获得更大的自由度。大数据的应用有助于小政府的回归，这无形对市场经济以及社会治理领域起到十分积极的作用。然而悲观者受到美国中情局前雇员斯诺登的"棱镜门"事件的影响，认为公民个体在面对利用大数据技术的政府面前，变得十分脆弱，公民在国家中，变得"无处可藏"。"棱镜门"让公众都想起乔治·奥威尔（George Orwell）的《1984》中监视一切的"老大哥"政权，政府的管理者不但拥有公权力，还逐渐把魔爪伸到公民的家庭和私人领域，仿佛现代"利维坦"的边界越来越广阔：

> 不论是睡着还是醒着，在工作还是在吃饭，在室内还是在户外，在澡盆里还是在床上——没有躲避的地方。除了你脑壳里的几个立方厘米以外，没有东西是属于你自己的。

这一切都忽略了制度的因素，没有规矩，不成方圆。美国在信息和互联网立法工作之前被普遍认为极其发达。20世纪以来，美国国会、政府先后通过了上百个大大小小的法规，分别对数据的收集、发布、使用和管理等关键环节都作出了具体的规定。然而美国的"棱镜门"事件使得公众对这个立法极其发达的国家信心不足。正如前面所言，大数据的技术只是工具理性的，制度本身承载着价值理性，由此引导工具理性向着不同方向迈进。坏的制度，无论大数据技术运用得如何娴熟，都不会产生良性的国家治理，往往出现的是政府的"数据暴政"和"劣治"。大数据下回归小政府还是重返大政府"利维坦"，归根结底还是取决于制度的本质。如何打破制度化壁垒，整合开放公共数据？如何运用大数据提高政府效能和增强国家治理能力？如何制定大数据时代下政府、企业和组织对信息搜集、储存和利用的"负面清单"？如何解决大数据时代下公众制度化参与问题？如何平衡个人隐私和大数据搜集？这将成为未来10年政府需要重视的国家治理课题。

# 第三章
# 大数据时代的政府变革

正如威廉姆·爱格斯（William D. Eggers）所言，"网络技术正在改变整个政府机构的行为和使命"。新兴的通信技术、计算机技术和网络信息技术的融合与发展改变了知识的获取、传承、积累和创造方式，以及以此为基础的创新活动的形态，并推动了生活方式、工作方式、组织方式与社会形态的深刻变革。[①] 政府形态从侧重于"以政府为中心"的 1.0，经历侧重于"以国民为中心"的 2.0，正在步入侧重于"以每个人为中心"的 3.0。在政府 3.0 时代，政府需要改变过去以报纸、广播、电视等传统媒体来传播政务信息，以实体政府部门提供行政服务的模式，而应该及时与新兴媒体保持同步，构建政府"朋友圈"，来创新政务服务方式，实现政府公共服务提供的"转身"。而要实现政府服务的华丽"转身"，就需要以大数据为支撑，就需要打破传统数据割裂的格局，构建共享的数据平台。同时，兴起与繁盛于企业管理领域的流程再造思想在新公共管理运动中开始侵蚀公共管理领域，政府流程再造作为公共管理改革的工具顺应了人类由工业社会走向网络信息化社会的时代要求。政府 3.0 模式下的流程再造需要利用新媒体来再造公共部门内部业务处理流程、跨部门业务流程和社会服务流程。

---

① 宋刚、孟庆国：《政府 2.0：创新 2.0 视野下的政府创新》，《电子政务》2012 年第 21 期。

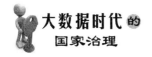

# 一 从政府1.0到政府2.0再到政府3.0

## （一）政府1.0

网络信息技术的出现与普遍运用，就像18世纪、19世纪和20世纪的工业革命一样，预示着经济和社会的转型。但同时，网络信息技术的普及与应用给社会和经济带来的影响与变化，不同于工业时代取代农业时代所发生的变化，而是一场革命性的变化。以专业化分工、科学管理原理和官僚制理论为基础的，适用于工业社会的官僚体制在信息化浪潮中日益呈现出迟缓、滞后、臃肿等问题，西方发达国家的政府部门在20世纪80年代普遍面临着管理危机、财政危机和信任危机。20世纪90年代以来，西方国家普遍将电子政务作为新公共管理运动的改革工具，以期提高行政效率、增强对公众需求的回应性以及缓解财政危机。

早期的电子政务主要以政府网站、管理信息系统（MIS）和自动化办公系统（OA）为代表，着重为公民和企业提供简单便利的在线服务，并提供一定程度的在线沟通功能，这是电子政务发展的初级阶段。整体而言，早期电子政务的特点是单一性、单向性、封闭性、延时性、静态化。许多政府网站甚至只是充当"电子公文"的角色，将物理形态的政府文件转换为电子形态并向公众传达。尽管政府部门可以通过电子邮件、在线咨询等接收公众的意见和反馈，但总体来说这些功能都受到极大局限，电子参与程度一直无法有效提升，[①] 学者们普遍将这一阶段的政府管理和服务描述为1.0模式。政府1.0时代单一的窗口服务只构成政府对公众的单一信息流，这种单项的沟通模式显然无法在公众心中树立起信誉，同时，政

---

① 狄克逊：《迈向电子政务2.0：评估各国的电子政务2.0及其发展方向》，《公共行政和管理》2010年第15期。

府无法对知识、技术和资源进行有效地控制和管理,① 这种简单的政务信息公开和提供单项信息下载的电子化服务已经无法满足 Web2.0 时代公众的需求,Web2.0 时代亟须政府的 2.0 模式。

## (二) 政府 2.0

政府 2.0 是对应于信息时代、知识社会的政府形态,是相对于工业时代及其之前的政府形态而言的。以博客、论坛等社交媒体和 Web2.0 等为代表的新一代信息技术正以前所未有的速度和规模席卷全球,越来越多的企业和个人开始接受并尝试这些新兴技术所带来的高效、便利和即时的沟通模式。② 公共部门在私营部门成功的"示范压力"和信息化发展形成的"鱼缸效应"的压力下,主动通过使用 Web2.0 来增强信息公开力度、网上服务和在线双向沟通,推进政府 2.0 的建设,如图 3-1 所示。

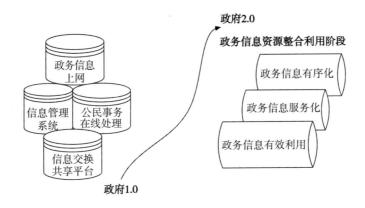

**图 3-1 政府由 1.0 向 2.0 转变**

政府 2.0 这一概念是被誉为 Web2.0 之父的蒂姆·奥莱利(Tim O' Reilly)最早提出来的,正如他所言:"政府应当视为一个平台提供网

---

① 胡海波:《政府 2.0 的国际经验及其对我国的启示》,《现代情报》2012 年第 2 期。

② 马亮:《政府 2.0 的扩散及其影响因素》,《公共管理学报》2014 年第 1 期。

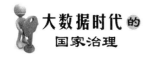

络服务，政府不应只是提供网站，而应该提供在线的个性化公共服务。"①
政府2.0的目标是通过政府后台任务的整合，将工作重心从电子化方式转
移到整合上来，从服务的集成转向流程、体系、信息和其他资源的集成，
意味着政府从条块分割、封闭的架构迈向一个开放、协同、合作的架构，
构建一个无缝隙的、网络化的、整合型的政府。在政府2.0时代，政府并
不需要亲力亲为提供所有的服务，而是作为一个整体、开放的平台，与公
众进行直接的互动与沟通，向公众和企业开放更多的政府信息服务，以促
使更多的创新应用。②

在北美地区，作为电子政务发源地的美国，以其先进的信息技术和发
达的信息产业为支撑，引领全球电子政务发展。2009年1月21日，美国
总统奥巴马在履职首日发表了题为"透明与开放式政府"（*Transparency
and Open Government*，TOG）的第一份总统备忘录，并提出了开放式政
府计划的战略构想，如图3-2所示。"透明与开放式政府"的战略构想就是
要紧密围绕透明、参与、协作三大核心原则，利用信息通信技术来提升政
府透明度，为公众提供更多的参与机会，推动政府间、政府与非政府间的
协作，在巩固民主的同时，改善政府的效率与效能，以新技术探寻民主和
效率的契合点。③ 在开放令中，美国行政管理和预算局（OMB）鼓励各政
府部门采用Twitter和其他社交媒体，以提高政府部门间的协调性，增强
政策透明度，并鼓励市民参与部门决策过程。④

在欧洲地区，英国政府于2009年7月发布了20页的《政府部门推特
使用指南》来规范英国政府部门政务微博的使用。指南要求内阁大臣每天
至少半小时发布一次微博，每天发布2—10条政务信息，还要求公务员每

---

① 何彦彬、白庆华、何继燕：《运用Web 2.0技术改进政府门户网站》，《电子政务》2007年第8期。

② 胡海波：《政府2.0的国际经验及其对我国的启示》，《现代情报》2012年第2期。

③ 朱春奎、李燕：《政府2.0、开放式政府与服务型政府建设》，《上海行政学院学报》2014年第5期。

④ 瞿旭晟：《政务微博的管理风险及运营策略》，《新闻大学》2011年第2期。

天上推特"顶"政府,以加强各政府部门之间、各政府部门与公众之间的交流。英国政府为一款互联网的新技术应用推出官方使用指南,这在互联网历史上的确算是一个里程碑。意大利国家警察局开发的"意大利在线警察局"(OPLS)运用虚拟现实技术,向公众提供一般公共信息,并在线提供公共安全咨询和援助,公众可以在线下载表格、发牢骚、获得公共安全建议、举报违法案件等。①

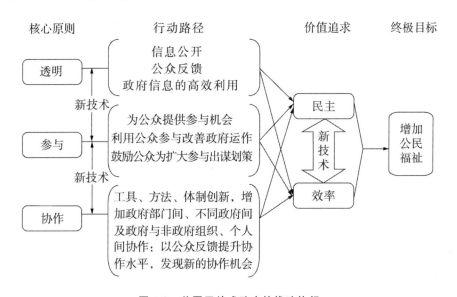

**图 3-2 美国开放式政府的战略构想**

在亚太地区,2010 年 5 月,澳大利亚政府发布文件对该报告进行了批复,正式启动澳大利亚政府 2.0 计划。该报告为澳大利亚政府 2.0 行动设定了三大战略支点:一是以文化变革为核心,政府通过全部领导力推动其执政理念、施政方式的变革,创造一种开放和透明的文化;二是运用Web2.0 技术促进政民互动,形成开放、协作的治理模式;三是开放访问公共部门信息(PSI),鼓励 PSI 的增值利用。②

① 王蔚:《上海政府网上服务,开启 2.0 无障碍时代》,《文汇报》2010 年 4 月7 日第 5 版。

② 政府 2.0 工作小组:政府 2.0 工作小组报告,http://www.finance.gov.au/publications/gov20taskforcereport。

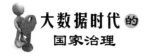

### （三）政府 3.0

进入新世纪以来，信息技术和通信技术取得飞速发展，以移动技术为代表的云计算、物联网等新一代信息技术工具和以社交网络、社交媒体为代表的社会工具开始被应用，伴随着基于社交的 Web2.0 时代的形成，基于移动互联的 Web3.0 的概念也开始被广泛讨论。科技与行政改革的联系无处不在，尽管互联网业界对于 Web3.0 是什么还没有统一定论，作为亚洲国家电子政务建设典范的韩国则率先借鉴这一概念提出了"政府 3.0 时代"的新概念。① 政府 1.0 时代侧重于"以政府为中心"，政府在国家生活中扮演单纯提供信息的角色；政府 2.0 时代侧重于"以国民为中心"，政府角色表现为限制性的信息公开和参与；相对于政府 1.0 和政府 2.0 时代，政府 3.0 时代侧重于"以每个人为中心"的架构上，政府主动公开和共享信息，保障国民的主动参与，同时更加注重沟通与合作。正如韩国安全行政部第一次官朴赞佑所言："政府 3.0 时代与政府 1.0 时代（单纯提供信息）和政府 2.0 时代（限制性的公开和参与）的不同之处在于主动公开和共享信息，保障国民的主动参与，同时更加注重沟通与合作。"②

"政府 3.0 时代"计划是政府 2.0 在韩国电子政府发展中的一种特殊表现形式及韩国政府提出的阶段性发展目标。政府 3.0 更多的是作为韩国政府的政治愿景，而非严格的学术概念，是借鉴互联网领域提出的一个关于韩国政府未来发展的计划。2013 年 6 月 19 日，新晋韩国女总统朴槿惠领导的新一届政府在首尔公开发布了"政府 3.0 时代"计划，这一借鉴互联网领域的新概念，将成为韩国"服务政府"建设的重要组成部分。朴槿惠表示，"韩国社会目前面临着低生产、老龄化、无雇佣增长和两极化等挑战"，"在这种情况下，政府原先封闭式、垄断式的信息管理方式和不透明

---

① 杨涵：《韩国 3.0 政府时代：每年公开亿条信息》，《潇湘晨报》2013 年 6 月 21 日第 A12 版。

② 国际在线专稿：《韩国政府计划每年公开一亿条信息》，http：// gb. cri. cn/ 42071/2013/06/20/6011s4154173. htm。

的决策方式无法跟上时代的变化"。其实,朴槿惠早在竞选期间就提出建设"让全体国民都感到幸福的大韩民国",组建"沟通的政府""能干的政府",因此,可以说朴槿惠竞选时提出的上述战略实际上就是韩国"政府3.0时代"的主体架构。

如前文所述,政府3.0侧重于政府主动公开和共享信息,保障国民的主动参与,同时更加注重沟通与合作。韩国"政府3.0时代"计划的核心是政府将自己拥有的信息在国民提出要求之前主动公开,意味着从以往"政府提供"模式逐渐转变为"以每个人为中心"模式。韩国"政府3.0时代计划"信息公开的目标包括两个方面:一方面,就信息公开量而言,要求将每年公开的信息数量从2012年的31万件增加到1亿件;另一方面,就信息公开内容而言,要求除了安保和私生活保护等法律明文禁止公开的领域以外,剩下的信息都将以整体原文的形式进行公开。韩国信息公开中心所长田振韩(音)表示,"大方向上没错,但如果不改变公职人员们的秘密主义文化与意识,很可能出现只把没用的信息凑够件数进行公开的情况""如实公开国民们真正希望得到的信息以及公职人员们不想拿出来的信息,这点非常重要"。① 政府3.0不仅意味着政府信息的主动公开,还意味着政府工作体系的全面转变,从过去以国家为中心的工作方式向以国民为本的工作理念转型。韩国政府主动公开涉及国计民生的信息和其他一些数据信息,也促进了政务信息资源的共享,打破了传统"官僚制"体制下公共部门之间的阻隔,实现了公共部门的整体整合,最终建立"开放与共享的政府"。而韩国政府主动公开和共享信息更是保障了国民主动参与的权利,促进国民参与政府管理。政府主动公开和共享信息提高了公共政策制定的透明度,提高了基层对政府政策的回馈速度,同时增加了民众对政府的信任。比如在行政服务领域,政府将尽量减少直接介入,鼓励民众利用互联网和手机进行互动和参与。此外,政府和公共部门掌握的气象、交通和教育领域的公共数据也将提供给个人和企业作为商业用途,通过这种

① 金元培:《韩政府推进公开一亿件信息的计划,打破官僚秘密主义成为课题》,http://chinese.joins.com/gb/article.do? method=detail&art_id=105497。

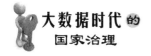

方式来帮助民间创业。另外,"政府3.0时代"也是一项政府为活跃创造经济而制定的支援方案。根据韩国科学技术院(KAIST)和韩国信息化振兴院的调查报告,如果政府能将自己掌握的数据公开,那么可给15万人提供工作岗位,创造出24万亿韩元(约合人民币1270亿元)的经济效益。①

# 二 政府的 "朋友圈" 和服务 "转身"

## (一)政府攻占"朋友圈"

"朋友圈"最新见诸于微博,现成为微信的主要功能之一。截至2013年11月,微信注册用户量已经突破6亿,是亚洲地区最大用户群体的移动即时通讯软件。微信改变了人们的沟通方式,"朋友圈"成为了朋友之间分享照片和心情的平台,信息传播也日益趋向"圈子化"。

随着微信时代的到来,人们的沟通方式发生了重大的改变,信息传播方式也发生了重大的改变,建设微博、微信,构建政府"朋友圈"势在必行。

政府"朋友圈"是政府利用新媒体主动公开政务信息的重要平台。2013年7月,国务院办公厅印发的《当前政府信息公开重点工作安排》列出了信息公开工作9个重点领域,主要包括教育、财政预算决算、"三公"经费、保障性住房、食品药品安全、环境保护等关乎老百姓切身利益、公众关注度高的信息公开领域。② 2014年1月14日,北京开通国内首个政务微博、微信发布厅,微信用户只需添加一个"北京微博微信发布厅"的微信号,就可以集中查看北京各个政府机构和新闻发言人的信息,及时获取

---

① 王刚:《韩国将推动最大规模信息公开》,《法制日报》2013年6月25日第B1版。
② 国务院办公厅:《当前政府信息公开重点工作安排》(国办发〔2013〕73号),2013年7月1日。

政府信息与相关服务。点击"新闻发言人"版块，各政府机构的新闻发言人的头像会显示在页面中，网友可关注其微博动态，还可将新闻发言人"请"进自己的"朋友圈"，与朋友分享政务信息。① 从新闻发言人台上讲，到把新闻发言人"请"进微信"朋友圈"，从只管信息上网上墙见报，到让老百姓看得到、听得懂、信得过，政府信息公开从单向公开进入了更加互动亲民、更加注重实效，从网下到网上，由独唱变合唱的时代。政务微博、微信平台充分整合政府信息资源，将使网友获取更精准、更有效的政策信息。

政府"朋友圈"还是政府利用新媒体为公民提供服务和回应公众需求的平台。广东政协委员孟浩通过其"朋友圈"，与政府一把手直接通话，就是一个很好的证明。2013年年初，就广州"中考新政"一事，孟浩与广州政协委员韩志鹏作打油诗一首："中考新政起波澜，民怨顿生欲掀天；鹏浩策笔疾书紧，哨兵即应细谋篇。"通过微博向广州市教育局局长反映问题。广州市教育局局长屈哨兵"不甘落后"，也赋诗一首："中考因由遇波澜，当听民愿事关天；此固一谢孟夫子，从长计议谋新篇。"正面回应"中考新政"问题。最终，"中考新政"的实施"从长计议"。② 正如孟浩所言："民政、水务、交通、物价、城管、文化、教育、司法、城建……在广州，大凡涉及民生事务的部门，他都有直通单位一把手的电话，可以随时反映情况，一般来说，第一时间都会有结果。"③

## （二）政府服务的"转身"

大数据能够提升政府服务能力，提高政府决策的科学性和精准性，提

---

① 孙宏阳、赵童：《"朋友圈"里来了政府发言人》，《北京日报》2014年1月15日第5版。

② 廖颖谊：《广州中考新政催生问政"打油体"》，《新快报》2013年2月25日第A11版。

③ 黄怡、靳颖姝等：《孟浩和他的"朋友圈"》，《南方都市报》2014年1月19日第AA09版。

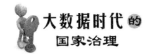
高政府预测预警能力以及应急响应能力，节约决策的成本。2011 年 5 月，麦肯锡全球研究院发布的报告《大数据：创新、竞争和生产力的下一个新领域》研究得出：政府机构与大数据有非常高的契合度，而且拥有非常大的应用可能性。

政府"转身"需要大数据加以支撑。信息化时代，政府掌握着 80％（其中约有 3000 多个数据库）以上的数据，是数据时代的财富拥有者，政府作为政务信息的采集者、管理者和占有者，具有其他社会组织不可比拟的信息优势。[①] 但以往由于信息技术、条块分割的体制等限制，各级政府及各部门之间的信息网络往往自成体系，相互割裂，相互之间的数据难以实现互通和共享，导致目前政府掌握的数据大多处于割裂和休眠状态。同时，由于政府部门业务管理信息系统开发和建设的"部门化"，政府信息系统呈现出"系统林立"和分裂状态，政务信息资源重复采集现象严重，采集的成本偏高。[②]

随着大数据和云计算技术的发展，建设统一的政府信息系统平台成为可能。通过统一的信息平台，实现数据的标准、格式的统一和共享，利用大数据技术，数据获取、处理及分析响应时间大幅减少，工作效率明显提高，有利于压缩政府开支，降低行政成本。同时，对于数据的统一和共享所产生的大数据，通过数据挖掘等技术，能够增强政府社会管理水平。大数据在政府和公共服务领域的应用，可有效推动政务工作开展，提高政府部门决策的科学化水平、服务效率和社会管理水平。政府提供公共服务、促进经济社会发展的职能发挥同样需要大数据支持。政府掌握了大量关于人口、法人和城市空间地理等的数据，提供满足群众需求、有针对性的公共服务需要对所掌握数据的精细分析。凭借大数据，城市公共卫生、教育、城市规划、交通服务能够得到改善，基于大数据分析结论的政府公共服务决策能够更好地满足市民需求。目前，各个地方政府大力兴建智慧城

---

[①] 蔡立辉等：《电子政务应用中的信息资源共享机制研究》，人民出版社 2012 年版，第 123 页。

[②] 赵磊、马丽敏等：《大数据对政府数据管理能力新要求研究》，《上海综合经济》（上海市发展改革研究院院内刊物）2014 年第 3 期。

市，智慧城市已成为国内信息化建设的潮流。"智慧"的关键在于对大数据的研究，只有利用大数据分析，才能实现电子政务信息系统有效整合，实现跨部门的政府信息资源共享和政务协同，让政府的管理服务效能提升，让民众感受到政府无处不在的服务。政府的另一项职能是促进经济社会发展，如在经济异常波动时实施宏观调控，政府对大数据信息的掌握和分析，直接决定了宏观调控的效果。这些都对大数据提出了要求。[①]

统一共享的数据平台是实现大数据发展的重要前提，是实现政府"转身"的关键举措。目前，我国行政管理效率和政务服务质量有待提升的一个重要原因就是政务数据的分裂化，信息资源的共享程度低。要突破这一困局，实现政府服务的"转身"，迫切要求构建统一的、共享的数据平台。具体而言：一方面，要建设好信息化设施基础。没有信息化基础，就谈不上信息化，更谈不上大数据，只有具备了这些基础，才能有效提高政府收集数据的能力。同时，传统的计算存储方式越来越不能适应大数据的发展要求，而云计算技术的出现，为大数据的储存提供了技术支撑。另一方面，要加快大数据库建设，包括基础数据库、专业数据库和应用数据库的建设。对于大数据基础库，代表性的有人口、法人和空间地理三大基础库，主要是用来收集居民、企业和城市空间地理信息，数据量庞大，这些数据的有效发挥需要大数据收集、存储、管理、运用技术的支持。大数据专业库是基于基础库的专业数据库，如教育库、医疗库、交通库等，为方便居民生活提供了条件。专业数据库将使得政府的公共服务职能更加突出，主动为群众提供个性化、更加贴心的公共服务。而应用库是基于基础库和专业库的数据基础，可为社会提供针对性的应用服务。大数据、云计算等新兴技术层出不穷，新应用、新商业模式不断涌现，要求政府向社会、企业开放大数据服务，并引导企业探索创新数据产业业务模式，积极培育大数据产业。[②]

---

① 赵磊、马丽敏等：《大数据对政府数据管理能力新要求研究》，《上海综合经济》（上海市发展改革研究院院内刊物）2014 年第 3 期。

② 赵磊、马丽敏等：《大数据对政府数据管理能力新要求研究》，《上海综合经济》（上海市发展改革研究院院内刊物）2014 年第 3 期。

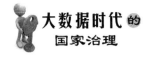

# 三　大数据时代的政府流程再造

## （一）再造的源起：企业流程再造

"再造"概念最早出现在计算机软件工程领域，与信息技术紧紧联系在一起。20世纪90年代，"再造"思想扩展到企业管理领域，使得美国和西方发达国家掀起了一场"企业流程再造"的工商管理革命。1990年，迈克尔·哈默（Michael Hammer）在"Reengineering Work：Don't Automate，Obliterate"一文中列举了位于北美的福特汽车公司应付账款部门是如何重组其应付账款业务流程以减少其管理费用的，可以说是企业流程再造最经典的一个案例。①

如图3-3所示，应付账款部门的工作就是接收采购部门送来的采购订单副本、仓库的收货单和供应商的发票，然后将三类票据在一起进行核对，查看其中的14项数据是否相符，绝大部分时间被耗费在这14项数据由于种种原因造成的不相符上。

而经过流程再造后，如图3-4所示，应付账款部门不再需要发票，并且需要核实的数据项减少为零部件名称、数量和供应商代码3项，采购部门和仓库分别将采购订单和收货确认信息输入到计算机系统后，由计算机进行电子数据匹配。最后结果是应付账款部门的员工减少了75％，而不是原计划的20％。

1993年，美国著名管理学家迈克尔·哈默教授和詹姆斯·钱皮（J. Champy）在《再造企业——管理革命的宣言书》（*Reengineering the Corporation：A manifesto for Business Revolution*）一书中系统阐述了企

---

① ［美］迈克尔·哈默：《再造工作：不是自动化，而是重新开始》，《哈佛商业评论》1990年7—8月。

业流程再造的思想。① 所谓企业流程再造（Business Process Reengineer-
ing，BPR）就是对企业的业务流程进行根本性的再思考和彻底性的再设
计，从而使企业获得成本、质量、服务和速度等方面业绩的戏剧性的改
善，使企业能最大限度地适应以"客户、竞争和变化"为特征的现代企业
经营环境。② 在信息化社会，网络化、信息化进一步推进了企业流程再造
的进程，网络信息技术使企业变革成为可能，并把企业发展推向流程导向
型。但是，企业流程再造不是一般的管理工具和纯粹的技术解决方案，网
络信息技术作为企业绩效改进计划中的核心构成，必须用企业经营目标来
统领网络信息技术的需要，并根据经营目标和预期的变革来选择网络信息
技术解决方案。利用网络信息技术只是为了使现有的业务自动化，这不是
一种实质性的长期增值的做法。③

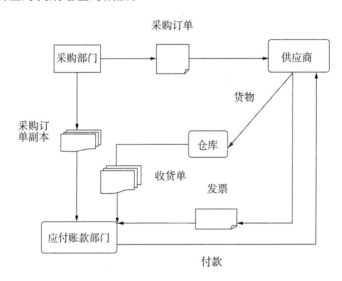

**图 3-3 企业流程再造之前**

---

① ［美］迈克尔·哈默、［美］詹姆斯·钱皮：《企业再造：商业革命宣言》，哈珀
柯林斯出版集团 1993 年版。

② ［美］迈克尔·哈默、［美］詹姆斯·钱皮：《改造企业——再生策略的蓝本》，
杨幼兰译，牛顿出版公司 1995 年版，第 45—50 页。

③ 苏米特拉·杜塔、让-弗朗索瓦·曼佐尼《过程再造、组织变革与绩效改进》，
焦叔斌等译，中国人民大学出版社、麦格劳—希尔教育出版集团 2001 年版，第 10 页。

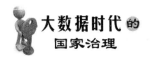
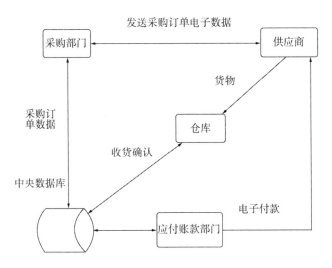

图 3-4　企业流程再造之后

## （二）再造的侵蚀：政府流程再造

　　传统政府管理模式是按专业化分工原则，以科层制组织形态来提供服务，部门之间按专业分工来划分治理领域的模式。这就使得一个完整的公共服务链条被切割成若干管理环节，政府部门之间形成职能边界，职能管理的信息间形成壁垒。图 3-5 就是以新建餐饮企业为例的政府部门传统工商注册流程。在传统工商注册流程中，每个部门和工作人员都只知道自己流程的信息，不知道其他流程的信息；都只负责自己的流程，其他流程与自己无关，从而使得一个完整的企业登记注册流程被割裂得支离破碎，形成一个个孤立的流程。

　　如何才能提高政府服务的效率，方便公众办事，响应公众对政府服务质量和效率日益增长的期望，流程再造就是一个十分有效的举措。

　　政府流程再造是人类由工业社会走向网络信息化社会的时代要求，是指当行政组织外部环境、内部资源及其结构发生变化时，运用公共管理学思想、经济学的市场机制原理和现代化的信息技术，对传统管理模式、组织结构模式、业务模式和服务传递方式进行根本性重新设计、改革，并通过网络信息技术对重新设计和改革后的管理模式、组织结构模式、业务模式和服务传递方式进行固化的过程，从而重构一种科学合理的、有助于提高公共部门发展效能的管理模式。政府流程可划分为三类：一是面向公众的流程，主要是为公众提供产品或服务的流程；二是支持流程，为政府部门内部提供产品、服务和信息的流程；三是管理流程，促使面向公众的流程和支持流程有效配合以符合公众和用户的期望和需要，是政府部门加工输入并转化为输出的流程。

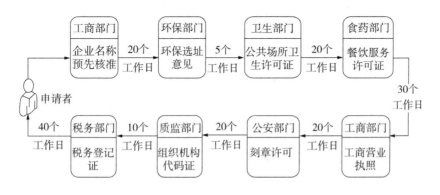

图 3-5  传统的工商注册流程

## （三）政府 3.0 的政府流程再造

在大数据时代，政府 3.0 要求政府以每个人为中心，主动公开和共享政务信息，保障公众的主动参与，同时更加注重部门间沟通与合作。因此，政府流程要更加凸显出多渠道的、多层次的、跨部门的、无缝隙的、全方位的整合，而政府业务流程再造、运行复杂程度与制度性障碍之间存在正相关关系，如图 3-6 所示。由图 3-6 可知，进行层级越高、涉及跨部门越多的业务流程再造，过程就越加复杂，所受到的体制性障碍就越大。按照业务流程再造的难度系数看，政府 3.0 下政府流程再造的内容有：

一是公共部门内部业务处理流程再造。通过部门内部协作，改变各职能管理机构重叠、中间层次多的状况，使每项职能只有一个职能机构管

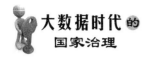

理，做到机构不再重叠、业务不重复。以开办酒类贸易型企业为例，该类型企业需要办理经济贸易部门的审批事项"酒类零售许可证核发"，其内部管理流程如图3-7所示。

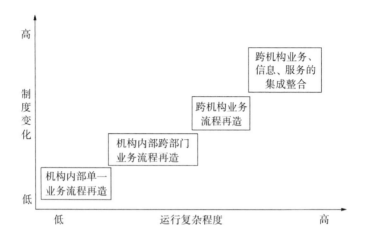

图 3-6 业务流程再造、运行复杂程度与制度性障碍之间的关系

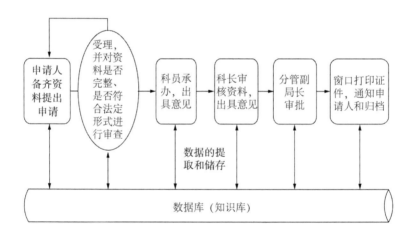

图 3-7 酒类零售许可证核发的审批流程

二是跨部门业务流程再造。再造跨越多个职能部门边界的业务流程，把处理同一个业务所涉及的各个部门整合在一个流程上，使完成该项业务所涉及的各个职能部门、所需要的各个功能环节和机构的人员以及各种资源整合成为一个完整的业务处理流程，打破部门界限，实现跨部门的网络

化协同办公。以开办酒类贸易型企业为例，该类型企业的联合审批，通过跨部门、多事项的业务流程再造和重组，打通了工商、经济贸易、卫生、公安、质量技术监督、国税和地税 7 个部门之间的壁垒，实现了跨部门的业务协同和政务信息资源的共享，从而为公众提供"一体化""一站式"和整体服务，如图 3-8 所示。

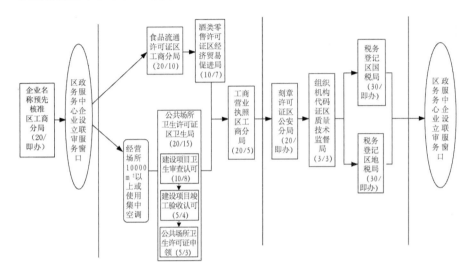

说明：凡是经营场所在 10000m² 以上或使用集中空调的，均需办理《公共场所卫生许可证》。

**图 3-8　新企业设立贸易类（酒类零售）的联合审批**

　　三是社会服务流程再造。最为复杂、最为困难的社会服务流程再造实际就是为了实现公共部门与公众沟通的电子化和网上办事，实现公众快捷、方便地办事。我国政务服务经历了从独立分散式到"一楼集中式"的物理式转变，再从"一楼集中式"向"一站式"的化学式转变。早期的政务服务主要采用独立分散式，即政府部门在各自办公场所为公众提供不同的服务，老百姓办事要经过很多部门和环节，跑不同地理位置的政府部门，如图 3-9 所示。在这种办事模式下，公众往往处于一种被动的状态，需要花费大量的时间和精力。

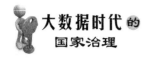

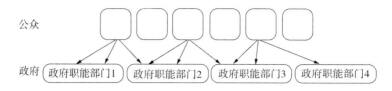

图 3-9　独立分散式政务服务方式

为了解决办公地点分散、企业和群众办事不便的问题，政府部门把与企业和群众密切相关的各职能部门的办事窗口集中设置在一个大楼，所谓的"一楼式"办公应运而生，如图 3-10 所示。从独立分散式到"一楼集中式"的转变虽然减少了以往在各部门之间的奔波与耗时，但是办事的程序基本没有简化，需要填的表格也没有减少，而且大厅与各个部门间相对独立，致使"一楼式"只能办理简单业务，大部分的政府部门未能提供全面的政务服务，这种转变仅仅是一种"物理式"的转变。

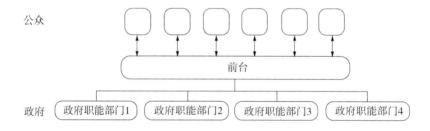

图 3-10　"一楼式"政务服务方式

网络技术的进步和应用软件的广泛运用，使得整合各政府机构的公共服务成为现实。这种整合不仅仅表现为服务的集中，更体现在服务的集成上。在服务集中的同时，服务渠道得到了分散。借助于多种服务渠道，特别是面向公众的网上办事大厅和服务部门的政务服务平台的联合应用，政府实现了跨部门的、无缝的、全天候的服务，即"一站式"的服务模式，如图3—11所示。"一站式"为公众提供了一种全新的服务范式，政府通过网上办事大厅向社会提供高效、优质、规范、透明和全方位的公共服务，打破了时空的限制。因此，这种从"一楼集中式"向"一站式"的转变是一种"化学式"的转变，体现了传统政府从以自我职责为中心转向以用户为中心，从"大政府小服务"到"小政府大服务"的服务转变过程。

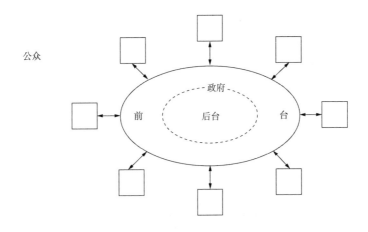

图 3-11 "一站式"政务服务方式

目前，我国政府力图通过互联网络和移动网络新媒体来打造网上办事大厅和微信大厅，使得公众可以通过电脑、手机和平板终端等方式实现网上办事。但是，作为物理实体的政务服务大厅和网上办事大厅（包括微信办事大厅）还是存在整合不足和管理脱节问题，针对这一问题，集合大数据时代政府的主动服务，就迫切要求推进政务服务大厅和网上办事大厅的整合，实现"线下"办理和"线上"办理相结合的 O2O 的电子政务服务新模式，如图 3-12。

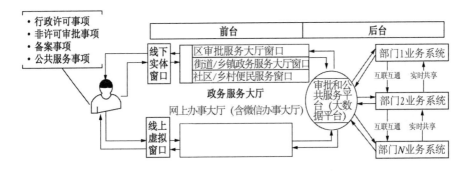

图 3-12 广州市番禺区政务服务的线上和线下办理相结合的 O2O 模式

# 第四章
# 大数据时代的经济治理

　　一个国家的经济发展取决于国家经济治理能力，国家经济治理能力取决于国家经济决策，国家经济决策取决于决策的科学化，决策的科学化往往离不开精确的信息。但随着社会经济的发展，以专业化分工、科学管理原理和科层制理论为基础的、适用于工业社会的官僚体制，日益呈现出迟缓、滞后、臃肿的问题。导致的结果是，在传递过程中，信息遭到严重扭曲，再加上与时代极不相称的落后的数据观和统计方法，信息已严重失真。这已经影响到了社会经济的全面、可持续发展。沧海桑田，世事维新，大数据的理念和工具应运而生，我们又该如何以大数据之"道"去应经济治理之"变"呢？

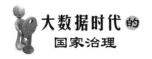

# 一 信息失真与数据治理

中国统计数据的准确性，一直为人们所质疑。2009 年 7 月 28 日，国家统计局发布全国城镇单位在岗职工平均工资数据，这项基于 6.5 万户城镇居民家庭抽样调查所得的信息显示，该年上半年，全国城镇居民人均可支配收入 8856 元，同比增长 9.8%，扣除价格因素，实际增长 11.2%。对此，网友大为不满，有人就公开质疑："为何我的收入和国家统计局的数字总是大相径庭？相比去年，工资没涨，物价倒是涨了，为什么我的收入在统计部门那里就增长了呢？"事实上，这种质疑态度不仅仅存在于一些媒体和社会公众的脑海中，甚至连高层领导对统计数据也是心怀疑窦。

## （一）注水统计与牛鞭效应

20 世纪 60 年代，美国麻省理工学院斯隆管理学院的约翰·D. 斯特曼（John D. Sterman）教授，做了一个著名的试验——啤酒销售流通试验，这是一个类似于大富翁的策略游戏。在试验中，斯特曼将他的那些不同年龄、国籍、行业背景的 MBA 学员们分为四组，分别扮演消费者、零售商、经销商、厂家的角色。斯特曼明确要求，任何上、下游企业间不能交换任何商业资讯，只允许下游企业向上游企业传递订单，也就是消费者只能将订单下给零售商，零售商也只能将订单下给经销商，经销商再将订单下给厂家。结果是：在游戏开始阶段，无论是下游零售商、中游经销商还是上游制造商，都严重缺货，但最后却以严重积货而结束。

更有意思的是，近 50 年来，这个游戏在各著名高校 MBA 的课堂上，被不同国家、不同种族、不同文化、不同经历的学员们玩过上万次。这些人中，固然有一些是从没有过职场经历的学生，但其中也不乏来自生产或配销系统的精英。然而，不管换上谁来玩这个游戏，最后都会发生相同的危机、产生类似的结果。

宝洁公司也发生过同样的问题。在研究它的拳头产品"尿不湿"的市场需求时，宝洁公司发现了一个颇为怪异的现象：该产品的零售额相当稳定，波动性不大，但在考察分销中心向其发来的订货情况时，他们发现波动性明显增大。对于这种怪异的现象，他们向分销中心发出了质询，分销中心给出的解释是，他们是根据销售商的订货需求量向公司订货的。顺藤摸瓜，宝洁公司根据分销中心提供的线索往下追溯发现：零售商往往根据对历史销量及现实销售情况的预测，确定一个较客观的订货量，但为确保不致发生断货，并且能够适应顾客需求增量的变化，他们通常会在该订货量的基础上，作一定放大后再向经销商订货。经销商基于相同的考虑，也会在其汇总的零售商订货量的基础上，再作一定的放大。最后出现的情况是，虽然顾客需求量并没有大的波动，但经过零售商和经销商对订货量一级一级地放大，可怕的市场泡沫就此形成。

这一现象引起了福雷斯特（Forrester）教授的兴趣，他将这种需求在信息传导过程中变异放大的现象称为"牛鞭效应"（图 4-1）。这种"效应"反映了信息链的长度是影响信息失真情况的一个决定性因素：信息链越长，那么信息传递过程中的层级也就必然越多，信息被人为处理的机会就越多。当信息传递到最后一环节时，信息离原始的信息已经有很大的偏差了。

**图 4-1 牛鞭效应**

科层制管理、职位分等、下级接受上级指挥，且层级多，整个信息的传递就如啤酒销售流通实验一样，一级一级地传递，这就部分地解释了传

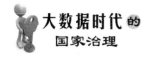

统统计数据为什么水分那么高了。同时，在目前的政绩考核体系下，一个地方乃至一个单位，其官员要想戴稳自己的"乌纱帽"、要想获得晋升，就必须得有硬邦邦的政绩，比如，GDP 增长了多少，招商引资增加了多少，等等。但也正因为考核指标太过于单一，更因为目前在人事上所采用的"一票否决"制，基层囿于自身有限的经济资源，官员们为了迎合上级官员的偏好，以此降低自己丢失"乌纱帽"的政治风险，虚报浮夸便成为他们规避风险的无奈选择，"官出数字、数字出官"的潜规则便开始大行其道。这就令在官僚体制内部本已失真的信息，于流通中进一步被扭曲了。很多官员为了上报的数字好看，往往不惜弄虚造假，以小充大、以少充多，在数字上大做文章，广东省中山市横栏镇的虚报门事件就是典型案例。

2013 年 6 月 14 日，国家统计局曝光了横栏镇在统计上弄虚作假的情况。根据国家统计局官方网站上发布的信息，纳入横栏镇联网直报的绝大部分工业企业的统计数据并非由企业直报，而是由镇经济发展和科技信息局（挂统计办公室牌子）的相关工作人员，在其办公室里先编造出每个企业的虚假数据，然后以各个企业的名义，采用电话拨号上网的方式，将虚假数据填入企业调查表并上报。国家统计局对其所上报的材料予以核实后发现，该镇的工业统计数据严重失实，2012 年，其工业总产值实际值仅为 22.2 亿元，但经济发展和科技信息局编报的年报却显示该镇工业总产值高达 85.1 亿元。也就是说，该镇虚报了近 63 亿元的工业总产值，虚报额几乎是实际值的 3 倍。

这绝不是个案，早于 2012 年 3 月开始，国家统计局就掀起一场"统计打假"的风暴。在这场风暴中，重庆市永川区、山西省河津市、甘肃省玉门市等地就因公然干扰企业直报数据，而先后遭到国家统计局的通报批评。

当然，如果将当前统计不靠谱的板子全打在官僚体制上也是有失公允的，统计不靠谱，方法本身也是一个重要的因素。传统的统计方法过于依赖采样的绝对随机性，但问题在于实现采样的随机性非常困难，采样过程一旦存在任何偏见，其分析结果就会相去甚远。最近，以电视用户为基础进行的收视率调查就面临着这样的问题。这种调查方法因为没有将越来越多只在电脑上而不是在电视上欣赏节目的青年们考虑进来，自然就不可能得到一个正确的预测。

更为糟糕的是，随机采样不适合考察子类别的情况，"因为一旦继续细分，随机采样结果的错误率会大大增加。"《大数据时代》的作者迈尔-舍恩伯格和库克耶显然注意到了这一点，迈尔-舍恩伯格和库克耶认为，"当人们想了解更深层次的细分领域的情况时，随机采样的方法就不可取了。在宏观领域起作用的方法在微观领域失去了作用。随机采样就像是模拟照片打印，远看很不错，但是一旦聚焦某个点，就会变得模糊不清"。[①]

这的确是一种糟糕的应对方法。以开头所提到的 2009 年的"被增长门"为例，个人体验与宏观经济数据之所以不符，这跟我们现行的统计方法有着莫大的关系。国家统计局公布的只是宏观上的城镇居民收入的平均数，由于我国城镇居民人均收入差异较大，高收入群体收入增长较快，中低收入群体收入增长较慢，如果只是从平均水平来看，全国城镇居民收入增长依然保持稳定，但这个数据却轻易地就将中低收入群体收入放缓的事实给掩盖了。

## （二）赋税征收与数据统计

其实人类相信数据、使用数据，是有着悠久的历史的。在人类社会漫长的发展历史中，数据一直是政策制定的依据，决策者其实非常明白，没有数据的支持，一切都将寸步难行。

早在上古时代，原始部落里的部落民众就已经懂得"结绳而治"，他们借助结绳记数、记事等方法管理部落生产活动及日常生活[②]。随着文字的出现，数据的收集和处理技术得到大幅提高，人们在进行数据分析时，

---

① ［英］维克托·迈尔-舍恩伯格、［英］肯尼思·库克耶：《大数据时代》，盛杨燕、周涛等译，浙江人民出版社 2012 年版，第 35 页。
② 东汉武梁祠浮雕上刻有"伏羲仓精，初造王业，画卦结绳，以理海内"之铭文。

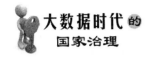

一旦认识到由数据转化而来的信息的价值潜力（很难有人不认识到），就必然会极大地刺激他们去进一步地采集、利用这些数据的野心。也正是因此，人们的数据观开始发生质的转变，他们越来越不满足于既有的数据，想搜集到更多的信息。尤其是政府，虽然它们的目的仅仅只是想借此来摸清自己所统治的区域内社会经济的基本情况，以便于作为其收取租税，乃至控制人民的依据。

无奈的是，受限于当时的数据记录、储存和分析的工具和技术，人们只能收集到少量的数据进行分析，事实上古代的那些普查委员会所能够采集到的信息，仍然只是一个大概而已。参与普查的每个官员其实都很清楚，他们不可能准确地记录下每个人的信息。更重要的是，随着疆域的扩张和人口数量的激增，这种试图穷尽一切数据的想法越来越不现实。

也正是因此，很长一段时间以来，快速、准确地记录和分析大量的数据，对人们而言都是一种莫大的挑战。为了让分析变得简单，人们开始有意识地将相关数据量压缩至最少。这种应对方法，显然"是一种无意识的自省：我们把与数据交流的困难看成是自然的，而没有意识到这只是当时技术条件下的一种人为的限制"①。在这种意识下，人们假定自己只能收集到少量信息。正如迈尔-舍恩伯格和库克耶所感叹道的："这是一个自我实现的过程。"② 于是，数据搜集得越来越少了，人们甚至发明出了一套尽可能少的使用数据的技术，统计学也就应运而生，它的目的就是"用尽可能少的数据来证实尽可能重大的发现"③。在这种观念的影响下，人们开始慢慢养成一种习惯，那就是在决策分析、处理的过程中，都会刻意地减少数据的使用。因此，单类型结构化数据④也就粉墨登场，正式成为决策分析

---

① ［英］维克托·迈尔-舍恩伯格、［英］肯尼思·库克耶：《大数据时代》，盛杨燕、周涛等译，浙江人民出版社 2012 年版，第 29 页。

② ［英］维克托·迈尔-舍恩伯格、［英］肯尼思·库克耶：《大数据时代》，盛杨燕、周涛等译，浙江人民出版社 2012 年版，第 29 页。

③ ［英］维克托·迈尔-舍恩伯格、［英］肯尼思·库克耶：《大数据时代》，盛杨燕、周涛等译，浙江人民出版社 2012 年版，第 29 页。

④ 结构化数据又被称为即行数据，是指存储在数据库里，可以用二维表结构来逻辑表达实现的数据。

和处理过程中最为重要的工具。但也正是由于人们一直在尽可能少地使用数据，从而使得人们的分析缺乏足够的数据支持，也就使得分析不可能全面，正如前所述，它所带来的弊端也就显而易见了。

# 二 "数据混搭" 与经济决策

层级过多、迟缓、臃肿的官僚体制和以单类型结构化数据为主要表现形式的传统数据观和数据方法，事实上已经成为科学化决策的障碍。决策不科学，必然影响到经济决策的质量，进而影响到一个国家经济治理的能力，影响到一国的经济发展。这的确是个问题，但这个问题也为我们透照出了解决的方向：决策必须由基于结果的分析向基于过程的分析转变，以此来突破官僚体制下层级过多的障碍，实现信息收集和处理的扁平化；同时，采集多渠道的信息来综合进行反馈，从单类型结构化数据分析向"数据混搭"转变。如果在过去，受限于当时的数据记录、储存和分析的工具和技术，这的确是个几乎无法完成的任务。但所幸的是，我们如今已处于一个大数据的时代，这就为我们的经济治理之变提供了无限的可能。

## （一）"数据混搭"与"克强指数"

所谓的"数据混搭"，就是指不单纯地依赖某一指标，而是多渠道地采集信息，来进行综合反馈。比如，信用评价方面，过去银行和企业多是从客户的财务报表、企业背景、发展状况这些单类型结构化数据来着手，但国际征信巨头艾可飞（Equifax）显然已不满足于这些数据了。近年来，艾可飞相继推出了大批新产品，其目的就是帮助它那4.6万家企业客户降低风险，同时促进营销。在它所推出的新产品中，有一款产品就非常有意思，它在原有的消费者个人信用评分系统的基础上，又与其水电费支付历史记录相结合，从而建立了一套新分析模型。这套分析模型有助于银行绕

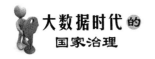

开那些随时都可能违约的不良客户。

正如前美国驻华大使雷德博士所记录的，李克强总理向他坦言道，只有 GDP 数据不可靠，这时，就需要采集多渠道的信息来综合进行反馈，以此来挤掉统计数字的水分，还原出一个客观真实的经济形势。事实上，经济学科班出身的李克强总理也确实是这样做的，这位经济学博士更喜欢通过用电量、全省铁路货运量和新增贷款额三个指标，来观测经济运行状况。

英国老牌财经杂志《经济学人》（The Economist）敏锐地捕捉到了关键信息，他们将李克强所提到的三项指标予以综合，并带入了一个程式，编制出了一个全新的经济指标。这家杂志为了"向李先生表示敬意"，特意将该指标命名为"克强指数"（Li keqiang index）。"克强指数"便由此而横空出世了。

相较于 GDP 这一经济指标，"克强指数"的确有其科学、合理且独到的地方，首先表现在它更加切合经济发展的实际。现阶段的我国，正处于工业化中后期，现代工业生产与能源消耗往往密切相关，也正是因此，耗电量的多与少，可以准确地反映出工业企业生产的活跃程度以及工厂的开工率；而铁路作为承担我国大宗货物运输的最大载体，其新增货运量的多少，既能客观地反映出经济运行的现状，又可反映出经济运行的效率；此外，在融资方面，现阶段我国与欧美国家有着本质的区别，欧美国家已基本实现金融脱媒，当地企业多是通过股票市场来直接融资，而我国则恰好相反，由于资本市场还不够完善发达，企业仍更多地倾向于通过银行来间接融资，也正是因此，银行针对企业类客户的贷款发放量的变化，既能反映市场对当前经济的信心，又可据此判断未来经济的风险度。除此之外，这三大指标在统计上也更为简便、快捷，而且易于核实，因而能更加真实、客观、直观地反映经济发展实际，更加贴近百姓的实际感受。

对于"克强指数"这一经济指标的准确性，《经济学人》杂志表现出了充分的自信，他们在杂志上撰文写道"对于所有那些怀疑中国经济统计数字的人，这个消息应该令他们欣慰"。也正因为这一经济指标的"解释能力强""能直观地反映经济实际"，自 2010 年年底正式推出后，它受到包括花旗银行、摩根士丹利等在内的众多国际机构的认可，国内权威媒体和专家也将其作为分析经济状况的重要手段。

### （二）从基于结果分析向基于过程分析转变

正如在前面提到官僚体制时我们所谈到的，在科层制下，传统的分析手段是身处金字塔最高层的领导根据各基层所上报的数据进行统计，然后进行多维度的分析。虽然这种分析手段在组织、数量乃至于项目方面，都可以做得很精细，但它对于后续的问题溯源分析却是一筹莫展，只能粗略地进行定性判断，这就意味着决策有风险。

那么，我们是否可以从基于结果的分析向基于过程的分析转变，将数据的触角往前延展，一直延展到数据源呢？在大数据时代，这显然并不是痴人说梦。事实上，一些企业已经给我们积累了不少的经验。早在20世纪90年代中期，宝洁公司为防止"牛鞭效应"的再次出现，就试图改变原来的决策模式，变被动等结果为主动介入和挖掘过程。为此，宝洁公司自掏腰包为它的区域总代理都安装了一套与其企业资源计划（ERP）相连接的销售系统软件。通过这套软件，对于区域经销商的销售、库存情况，宝洁公司都能了然于心，每个地方需要什么牌子的洗发水、需要多少，它都很清楚。此外，宝洁公司以此为依据，来决定它的销售政策、广告策略、产量和原材料的采购及自动配送。宝洁公司的创新启发了美的公司，美的公司在此基础上，作了进一步的完善——订单集成和系统集成，以此来直接掌握每个经销商每个品种的具体存货数量，并实现网上直接下订单。这种集成有点像分销资源计划（DRP），但与DRP不同的是，ERP只限于企业内部的物流和货源分布，而这套集成则更体现加强与经销商的互动和信息共享。

当然，受限于当时的信息收集和处理技术，宝洁公司和美的公司的践行，充其量只能算是一种朝着这一目标前行的有益探索，随着大数据技术的出现，越来越多的企业朝着更纵深的方向发展。一家快销产品企业对其促销员要求：对于每一位来选购此种产品的消费者，都

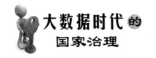

需上去热情地打招呼，并借此机会，收集客户的相关信息。这些信息包括：产品使用的体验、家庭成员数、多久来购买一次等。公司规定即使消费者选择的不是自己的产品而是竞争对手的，也必须尽可能地上前询问其作出上述选择的理由。这样的交流过程，一天无疑将会发生几十乃至上百起，如果处于小数据时代，或者 20 世纪 90 年代末 21 世纪最初的几年，让促销员在现场将这些信息全部记录下来，肯定是件不可能完成的任务。更大的难点在于，终端卖点往往成千上万，采集过来的海量数据又该如何快速有效地处理？但现在与过去显然大不同了，现在，公司采取的方法是现场录音，让促销员背个录音机，然后实时地将相关录音传递到公司总部的后台，由后台的专业人士处理。这些海量的信息，在大数据信息处理机器面前，简直就不算个事。依靠大数据法，公司既可减少促销员的工作量，又可减少信息传递的层级，以此来确保信息的真实性和完整性。通过这种主动介入过程、挖掘过程的方法，公司不仅能够快速地了解当天的销售量这些结构化的数据，也掌握到了消费者评价及如何选购决策等非结构化数据，再加上每天采集到的竞争对手产品的促销活动和价格等信息，如此全面的数据无疑将有助于企业进行更为科学的决策。

事实上，经济治理又何尝不可以如此呢！在大数据背景下，互联网、物联网等的发展和运用，加快了信息化向社会经济各方面乃至于居民日常生活的全方位渗透，数据的来源范围随之越加广泛，数据采集渠道也更为多样。目前各国统计数据的产生流程，主要是借助于手持数据采集器、管理系统、汇总程序，通过层层汇总上报，然后生成各类数据。而在大数据时代，统计数据生产的方式也必然随之改变，政府的"决策支持系统"在各主要资源和产品交易机构、商家的交易平台和销售系统中，加入查询、筛选、萃取、导入等一系列智能技术操作端口，以此作为数据入口来获取所需各种信息。这种转变有助于防止基层人员基于利己原则对上报来的信息作人为选择；有助于减少信息传递的层级，杜绝因信息传递层级过多而造成的"牛鞭效应"。

此外，大数据时代下统计数据生产方式的改变也有助于克服因层级过多所造成的信息滞后问题。正如我们在前面所提到的中山市横栏镇的案例，传统的统计流程是：基层收集信息，然后逐层汇总处理和上报，这都是需要时间的，且这个过程一般至少需要 10 天，也就是说，当处于金字塔顶的决策者拿到数据时，那已经是 10 天之前情况的映像。决策讲究及时，但传统统计已是惯例，每月 10 号前后作出上月的分析报告已是心安理得。信息滞后近两周的时间，这种报表对于身处日新月异的时代的决策者而言，无异于废纸，其后果有时候甚至是致命的。而于大数据时代，从数据入口获取到的各种信息，完全可以适时传回给政府"决策支持系统"的后台予以处理，并生成各类数据。这正是得益于大数据，正是得益于从基于结果分析向基于过程的挖掘这种转变，从而变阶段性的月度、季度报告为实时报告成为可能。

欧洲债务危机的根源，可谓是众说纷纭、莫衷一是，其中一种观点就是说福利主义才是欧债危机的罪魁祸首。这种观点认为，福利主义对社会的危害，主要表现在：一方面是财政开支增多，福利支出的快速增长，使得政府的财政不堪重压；而另一方面则是产出的减少，福利的滥用使得福利政策演变成了养懒人政策，进而导致社会发展缺乏动力。一增一减中，可以想象到的结果——那就是庞大的债务的产生。①

我们知道市场经济基础的精神态度就是自由，就是让自己来掌握自己的命运，而不是将自己的命运交予他人之手。要想享受这种自由，那么你就必须付出相应的责任和义务，那就是你也必须为自己的命运负责，办法只有一个，那就是参与到真正的自由竞争中去，也唯有如此，国家才会欣欣向荣。正是如此，对于政府而言，需要做的就是致力于消除一切有碍于个人自由的东西，同时也应致力于取消一切对经济的限制。只有整个国家的社会生活中蕴藏着最大限度的自由，才能激发个人的创业精神，也唯有如此，自由经济制度才能够得以继续维持下去。

---

① 韩和元：《全球大趋势 2：被债务挟持的世界经济》，中华工商联合出版社 2012 年版，第 53—75 页；韩和元：《下一轮经济危机 2：中国凭什么幸免于难》，北京大学出版社 2013 年版，第 15—46 页。

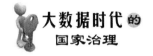
反过来，如果我们的社会政策的目的，是在于保障每个人从一出生就能够给予他全部的安全，保护他绝对不冒任何人生风险，那么它只会抑制人们的工作积极性，滋长人们的依赖心理。

随着危机的进一步恶化，滥用福利所造成的危害，也越来越为人们所关注，美国人在医疗保险上的态度表明了这一点。

美国的医疗保险制度主要由两大医疗福利计划组成：一是专门针对残障人士和 65 岁以上老人的医疗保险计划；二是以贫困人口为对象的医疗补助计划。也就是说，在美国，老者、弱者和穷人，看病都是由政府埋单的。按照计划，医疗保险计划是通过保险来支付，由联邦医疗照顾和医疗补助服务中心（CMS）监管实施；而医疗补助计划则是由政府直接支付，由 CMS 和各个州政府共同实施，分成支付。

根据 CMS 的统计，2009 年，美国在医疗保险计划中，支出额度高达 5023 亿美元，受益人数达 4700 万人；而在医疗补助计划中，支出额度为 3739 亿美元，受益人数达 5680 万人。其中，同时受惠于两个计划项目的人数约为 850 万人。这样，最终受惠人数为 9530 万人。如果这 9530 万人，每人每月去一次医院，那么，一年下来，就会形成多达 11.4 亿份的医疗账单。事实上，真实的数据远比这一假设要高得多，如果单纯地依靠人力去一一审查，CMS 的工作量是难以想象的。

也正是这种漏洞，诱发了大量的福利滥用行为。于 2008 年发布的《财务犯罪年度公开报告》中，美国联邦调查局列举了大量的造假和欺诈行为，这些行为具体包括：开具虚假账单、重复申报、隐瞒收入和存款装穷吃低保，更有人没病也来就医，或者非得将小病当成大病治，或者慢慢医……诸如此类，可谓五花八门、林林总总。为此，美国联邦调查局估计，每年这些涉嫌造假和欺诈的行为，占到医疗支出的 3%—10%。这也就意味着，每年至少有 263 亿—876 亿美元的资金，被人骗走或被无谓地浪费掉了。

那么，面对这种情况，美国人又是怎么做的呢？这个带有数据基因的国度，再次选择了相信数据。早在 2001 年，加州州政府便率先推出了一个基于数据挖掘的项目——保险补助双向核对计划。该计划将医疗保险计划和医疗补助计划两个医疗项目的数据予以合并，以此整合两个计划中有关人员、时间、价格、地点等在内的历史数据信息①。其运行原理是，将两大计划之间的壁垒消解，同时，随着搜集到的跨年度、跨地区的数据越来越多，可以作的分析和对比也越来越多。那么，这时该个体的行为特点就会以一种"关联且稳定"的有序形态，在数据上慢慢地呈现出来。

根据这一原理，CMS 设定的流程是：一旦收到相关人员提交的申请报销的账单，CMS 就会启动该系统，通过计算机算法，将其过去的行为特点与当前申报的材料进行对比分析，进而作出相应的风险评估。当风险评估得分低于预定风险额度时，该申报将转入自动支付环节；而如果风险评估得分超出该额度，那么，该申报将退回申请人，或转让到专门的审查小组，由他们去进行相应的人工复审。这一措施，将治理的重点，由事后追讨前置到了事前防范。由于这个项目效果显著，很快在全国范围得到了推广。

得益于数据挖掘计划，CMS 的打假效率得到了大幅提高。2007 年3 月，CMS 的首席财务官希尔（Timothy B. Hill）在美国国会听证会②上作证指出，数据挖掘项目实施一年多之后，CMS 确定了 2500 万美元的虚假申报，事后的数据挖掘复审环节又追讨了 1500 万美元的超额申报，其中，更有多达 50 多宗的欺诈案浮出水面。③

CMS 有关数据挖掘的项目，还额外地带来了一系列工作流程和方法的改进。譬如：2006 年，CMS 的算法发现，医院不同，其所提交的聚乙二醇化非格司亭（Pegfilgrastim）——一种治疗癌症的注射剂的账单也不同。在有的医院，他们所提交的账单使用的单位是毫克，而有的医院所提交的账单往往又以"瓶"作为单位。一瓶聚乙二醇化非格司亭为 6 毫克，这就

---

① 涂子沛：《大数据：正在到来的数据革命》，广西师范大学出版社 2012 年版，第 75 页。

② 美国国会听证会，又称公证会，是在初步研拟立法政策时收集与分析各界意见资料的一种正式而主要的方法。同意权听证会（一种参议院特有的听证会）、立法听证会、监督听证会、调查听证会或者由前者合并举行的联合听证会，皆有相同的准备流程与规则。听证会通常包含证人的口述证词及国会议员对证人的质询。

③ 涂子沛：《大数据：正在到来的数据革命》，广西师范大学出版社 2012 年版，第 77 页。

意味着以"瓶"为单位的医院，将申报的支出比实际花费扩大了 6 倍。这一发现引起了 CMS 的高度重视，经过反复调查核实，证实了那些以"瓶"为单位的医院，其账单存在着明显的"有意或无意"的人为错误。这项发现，至少为美国联邦政府挽回了 50 万美元的损失。

CMS 所采取的数据挖掘这一措施的效果非常显著，很快就引起了国会大厦的民意代表们的注意。CMS 的这一成功案例，使得美国国会的议员们都坚信，通过数据介入过程挖掘，能够为国家节省更多的开支。事实上，热衷于医疗制度改革的美国总统奥巴马也持有这种观点。就如何利用高端数据分析技术来削减政府的财政开支问题，奥巴马和以时任 IBM 的 CEO 帕尔米萨诺为首的美国科技业执行长协会（Technology CEO Council）的 6 位成员，进行了座谈交流。①

## （三）从经验决策向数据决策转变

大数据带来的最大变革还在于决策思维、范式和方法的转变。过去，受限于信息技术，决策者们在制定经济决策时往往缺少足够的数据支持，甚至就是那点少得可怜的数据，其本身的真实性和准确性都难以保证，这就使得我们的经济决策不得不取决于决策者的经验和直觉。这种决策范式，就如黑夜里凭着感觉在悬崖峭壁处前行一样。天才型决策者固然可以凭借其异于常人的禀赋，来驾驭一切，轻松前行，但对于绝大多数的决策者而言，显然不可能具有这种天赋异禀，这就使得整个国家的经济，处于一种随时可能坠入万丈深渊的风险之中。而大数据时代基于全样本数据的决策，无疑将有助于规避这种风险。

传奇企业家、苹果公司的创始人史蒂夫·乔布斯与癌症斗争的过程，就值得我们参考和借鉴。在治疗癌症的过程中，乔布斯采用了一种与传统治疗截然不同的方式，从而成为世界上第一个对自身所有 DNA 和肿瘤

---

① 路透社：科技业高层会晤白宫官员，提供削减赤字和提振经济建言，http：// cn. reuters. com/article/vbc _ us _ economics/idCNnCT033641420101007。

DNA 进行排序的人。他所得到的不是一个只有一系列标记的样本，而是包括整个基因密码的数据文档。对于一个普通癌症患者而言，医生只能期望他的 DNA 排列与试验中使用的样本尽可能相似，但乔布斯的医生却能够基于他的特定基因组成，按各基因实际所需的效果精准用药。虽然，乔布斯最终还是因为癌症去世，但我们也应注意到的是，乔布斯所罹患的胰腺癌死亡率极高，出现症状后患者的平均寿命仅为 9 个月，而 5 年的生存率更是低至 2% 以下，乔布斯就是通过大数据技术开发出的个性化药物，将生命延长了好几年。

在大数据时代之前，我们的经济决策多是无差别、简单的"一刀切"式的。这种方法与传统的癌症治疗方法一样，固然杀死了癌细胞，但同时也误杀了许多正常细胞。这种治疗方法的结果是，癌细胞虽然得以遏制，但身体其他部位却因此受到了巨大伤害。同样的原理，大数据所提供的高速计算能力，将有助于决策者更加精确而迅速地设计政策方案。"决策支持系统"通过实时监控，能够非常及时地侦知到经济运行过程中的异动，一旦经济运行过程出现异常的苗头，我们只需选定病灶——特定的行业或地区，再根据该行业或地区的特定情况组合，按所需效果进行精准设计。如果经济病变导致政策失效，决策者还可以及时更换另一种政策组合，从而实现整体的精准治理。

也就是说，在大数据时代，决策者们作出的决策，越来越取决于数据及其分析的结果，而不是经验和直觉的主导。只要提供的数据量足够庞大真实，通过数据挖掘模式，就可以较为准确地把握住人们的行为规律，预测经济运行态势等在内的一系列复杂问题。在这个全新的时代，决策者和经济学家都必须抛开传统观念的束缚，而像数据分析家们那样学会倾听数据发出的声音。可以预见的是，伴随着大数据时代的来临，传统的基于经验的决策范式，将逐步地让位给全样本的大数据决策范式。而基于大数据的决策手段，也必然由原来的"决策辅助"这样一种角色，上升至"决策支持"的高度。

伴随着这种决策范式改变的，是决策流程的再造。随着大数据技术的日益成熟，决策支持系统也开始由经济运行信息的"获取—传递—处理—

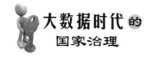

分发"为主要内容和运行轨迹的信息传递流程,向重视大数据处理应用、统一优化管理的经济运行数据的"采集—传递—分析—应用—反馈"的大数据应用流程转变。

决策支持系统通过对海量数据进行开发处理,大幅度提高从海量数据中提取高价值信息的能力,从而实现对经济运行综合态势的实时感知和认知同步,以此来压缩决策和具体政策制定的周期,提高经济治理的快速反应能力。随着数据挖掘技术、大规模并行算法及人工智能技术的不断完善和在经济领域的广泛应用,经济运行信息、决策和政策制定一体化将取得实质进展,从而使得大数据应用流程与决策流程真正做到无缝链接并相互驱动。这种流程体系的建构,将有助于决策支持系统实时捕获重要信息,而决策层则能够及时进行"发现即应变"式的精确应对。

# 三　大数据驱动市场监管

对于 2008 年的经济危机的形成原因,除了货币与经济周期说之外,还包括世界经济发展不平衡说、产能过剩说、垄断说、收入分配不公说、社会责任缺失说,除此之外还有一种重要的观点则认为,金融危机发生的很重要的一个原因就是缺乏市场监管。联合国副秘书长吴红波就持有这一观点,2013 年 5 月 23 日,他在哈萨克斯坦首都阿斯塔纳参加第六届阿斯塔纳经济论坛时就公开表示,2008 年的经济危机的发生,一个很重要的原因就是缺乏应有的金融监管。他认为,全球要想彻底摆脱经济危机,需要解决的首要问题就是监管,特别是有关金融领域的监管。①

香港特别行政区财政司前司长梁锦松先生也认为监管的缺失是 2008 年经济危机的主因,他认为"现在美国的制度是破碎的,在 30 年代的时候金

---

① 吴红波:摆脱经济危机需解决三大问题,http：// finance. ce. cn/rolling/201305/31/t20130531 _ 17120526. shtml。

融危机、'大萧条'发生的时候，我们把不同的行业分业经营，把不同的监管权交给不同的部门达成制衡，但这次危机发生之后，我们没有一个单一的监管机构能够高效地管理本次危机，能够负责全局。市场现在更加融合了，因为衍生产品的产生我们可以交叉不同的产品进行合作，对产品的结构进行很好的架构。日本、英国有金融监管局，负责所有的金融机构的监管，我们也相信不是一个机构或多个机构，每个国家都有自己的情况，至少每一个国家要有一套机制来协调不同监管者之间政策的协调性，这在美国往往缺乏这种协调机制，整个监管体制太分散。"①

这从一个侧面反映了监管在国民经济运行中的重要地位和加强监管的紧迫性。是的，确保公平竞争，监管的确很重要，但显然，一些经济学家只注意到了理性的利己原则会驱使人们自愿交换，以此产生互利结果，但却忽视了理性的利己原则也会诱导企业、商人甚至消费者本身，去破坏这种原则，以谋求其自身利益的最大化②，这就是博弈论者所提到的"囚徒困境"。即尽管每个参与者，在竞争的体制里，都比在其他可能的体制下，要来得更好，但是如果一个人逃脱了竞争施加的限制，表现为它是掠夺（如抢劫、盗窃、诈骗、造假诸行为），而其他人仍然维持秩序内的交换时，基于理性利己原则，他的所作所为亦是无可厚非的。

但我们也应该注意到的是，前者获益而后者受害，这种氛围将会恶化市场环境，造成资源浪费而减少总产出，从而既产生收入分配不公问题，又导致资源配置低效率。更重要的是，正因为存在一方交换而另一方掠夺的可能性，在缺乏政府强制的情况下，理性利己原则决定了人们不会自愿

---

① 梁锦松：美国缺乏单一监管机构高效管理经济危机，http：//finance. ifeng. com/news/special/boao2010/20100411/2034804. shtml。

② 关于利益最大化点这也得到了进化论的支持，达尔文就认为除在不同物种间，和其同外界自然条件之间的斗争外，还存在着一种斗争，那就是同一物种不同性别的个体间，为获得配偶而发生的斗争，而这种斗争在多妻的动物间表现得尤为明显。事实上，在我们的经济交换活动中，就明显地表现出了这种倾向。如果我们将厂商或消费者视为雄性动物，那么在它们眼中，与其对应的消费者或厂商就是它们所预备通过斗争所争取的配偶。且于它们而言，这种配偶数如能像韩信点兵般多多益善则更符合其利益。

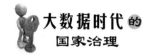

合作、互相交换，在希望自己掠夺而他人交换、害怕自己交换而他人掠夺的心理的支配下，结果必然走向双方相互掠夺。那么整个市场体制就会因此而全面崩塌，最后彻头彻尾地沦为反竞争的保护主义体制，甚至于沦为"零和博弈"的丛林体制。

正如伯姆（Boehm）所说的，维持一个运行良好的市场经济需要持续不断地看护与栽培，就像创建并维持一个精耕细作的公园那样。也正是因此，为市场经济创造并维持适当的规则框架——也就是市场监管，将是秩序政策里的一项真正的、不可推卸的政治任务，这项任务就是"园丁"的工作。对于一名"园丁"而言，他并不需要像一名工程师那样去建造什么东西，他所应该做的是，为那些人们所期待的果实的自然生长，提供有利的环境，同时遏制那些妨碍果实成长的因素的发展。[①]

也就是说，市场既需要培养，也需要监管。我们必须在包容性的基础上，具有相应的底线认识，以此来防范市场风险。就像园丁一样，必须通过适时的"除草"来规范市场环境。对于包容性，恰当的理解是，就像一个好的园丁一样，他不会规定花园里只能种哪几种花、比例如何，而是呵护着每一棵花木，让它们健康成长，最后实现百花齐放。而所谓的"底线认识"是指监管机构必须以市场规则为底线，对那些破坏规则、危害市场竞争的行为和主体予以适时打击，以此来维护规则，确保市场环境的稳定和良性运行。在这方面，监管机构可以主动出击，事先预防风险的发生。根据"底线认识"的逻辑，监管者可以通过对核心变量采取量化跟踪监控，对市场系统内的行为和其潜在的风险进行系统性、规范性和前瞻性的监管。这就好比园丁对花园里的花木进行"体检"，以此来及时发现和控制各种可能出现的风险。一旦发现有潜在风险，监管机构就应适时、精准地出手，以此来确保市场在健康的轨道上发展。

而在整个市场规则中，信用无疑是关键。国家工商总局局长张茅就曾

---

① 弗莱堡学派：瓦尔特·欧肯和秩序自由主义，http://blog.sina.com.cn/s/blog_89b58d0b01010ywz.html。

提到，创新市场监管方式，首要就是着力构建信用监管机制。①

尽管诚实守信是中华民族的传统美德，是几千年中华传统文化的主流，但在当今社会转型时期，信誉失范的现象却很普遍。国家发改委财政金融司于 2014 年 7 月上旬公布的相关数据显示，我国企业每年因为诚信缺失，所造成的经济损失超过了 6000 亿元。有的专家更是认为，我国因诚信缺失，使得无效成本居高不下，在 GDP 的占比中，至少达到 10%—20%。② 难怪本杰明·富兰克林（Benjamin Franklin）会于《给一个年轻商人的忠告》的信中，一再叮嘱道："切记，信用就是金钱。"③

但其影响显然不止于此。信用指的就是社会成员之间普遍拥有的信任，它显然是建立社会秩序的主要工具之一。正如德国著名社会学家尼古拉斯·卢曼（Niklas Luhmann）所指出的："展示信任中的利益交流，显示自己是可信的，对信任的接受与互换，都在致力于强化和普及社会关系，这种社会关系证明既是机会也是约束（至少在长期的关系中）。因此，社会控制的要素是从信任关系之中建立的。"④

伯纳德·巴伯（Bernard Barber）显然持同样的观点，他说："虽然信任只是社会控制中的一个工具，但它是一切社会系统中无所不在和重要的一种。在社会控制中权力若要充分甚至最大程度的有效，就必须有信任在其中。"⑤

从这里我们可以看出，信任同社会秩序有着极其密切的关系，信任在社会秩序的建立中扮演着重要的角色。在市场经济下，当前无论是国内国际的秩序都建立于信用这一基础之上。我之所以敢于买入你的商品，是基于我对你的信任，而你之所以敢收我交付的货币，则是基于你对这个国家

---

① 高敬：《工商总局将运用大数据实施市场监管》，http：//news. xinhuanet. com/2014-08/22/c _ 1112195772. htm。

② 瞭望东方周刊：《企业每年因诚信缺失损失 6000 亿》，http：//jjxxsb. gog. com. cn/system/2014/07/23/013684618. shtml。

③ 海岩：《"切记，信用就是金钱"》，《沿海经贸》2002 年第 2 期。

④ N. Luhmann：*Trust and Power*，John Wiley &sons，1979，99. 64。

⑤ 郑也夫：《信任论》，中国广播电视出版社 2001 年版，第 114 页。

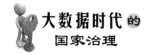

的信任。但这种彼此间的信任如果不在：我对于你出售的商品的质量和数量及价格极端不信任，同时你也对那些有意购买你商品的人所持有的货币不再信任。那么可以想见，我们的整个商业活动，将会受到怎样致命的打击，我们的这个社会还将如何进行正常的运转呢？[①]

为此，有学者就认为，信用根本就是市场经济运行的前提和基础，市场经济的根本就是信用经济。在他们看来，信用体系属于市场经济的一项基础设施建设。也正是因此，有人认为，于当前的中国而言，失信已经成为仅次于腐败的阻碍我国经济发展的第二大因素；也正是因此，在实现中华民族伟大复兴的中国梦的征途上，包括诚信教育和诚信文化建设、信用信息系统建设和应用、相应的奖惩制度在内的国家社会信用体系的建设，更是刻不容缓。而作为一项基础设施，政府自是责无旁贷。

但正如涂子沛曾指出的："政府这个数据帝国，虽然拥有的数据比任何公司、企业都多，但和私营领域相比，在信息技术的应用上，还是明显落后一步、慢了几拍。"[②] 在公共和私营两个领域都有广泛经历的维韦克·昆德拉（Vivek Kundra），于 2009 年 3 月正式出任联邦政府首席信息官（CIO）。走马上任之后，这位来自印度的信息专家对其第一感受发表过这样一段精彩的讲话："联邦政府信息技术的装备和应用，和一流的商业公司相比，就好像手摇电话摆在了线条圆润、光彩照人的苹果手机旁边，不可同日而语。"在数据驱动的信用监管方面，私营领域的确走在了政府前面。

20 世纪 50 年代，美国加州一位叫比尔·费尔（Bill Fair）的工程师和他的朋友——来自斯坦福大学的数学家厄尔·艾萨克（Earl Isaac），共同发明了一个信用评分系统，这就是当前为各大征信机构广泛采用的 FICO 信用评分系统。与生俱来的商业天赋告诉他们，这里面有着巨大的市场前景。1956 年，他们共同创立了以他们的姓氏共同命名的公司"Fair Isaac

① 韩和元：《全球大趋势 2：被债务挟持的世界经济》，中华工商联合出版社 2012 年版，第 168 页。

② 涂子沛：《大数据：正在到来的数据革命》，广西师范大学出版社 2012 年版，第 86 页。

Company"，英文缩写为 FICO，其中文译名为费埃哲。他们的愿景是利用数据分析，来预测风险变量，从而帮助银行控制信用贷款的规模。

如今，费埃哲所开发的信用分析技术，正保护着全球 2/3 的信用卡业务，单于美国，就帮助各类机构实现高达 100 亿美元的审批贷款决策。此外，全球三大商业个人征信巨无霸企业：益百利（Experian）、艾可飞（Equifax）和环联（Trans union）至今仍然首选 FICO 信用评分系统[①]。这足见其数据分析与预测技术的功底。

基于知识产权和商业机密，费埃哲至今没有将 FICO 信用评分系统的计算方法向社会完全公开，这引起了社会的剧烈反弹。为平息人们对它的疑虑，费埃哲不得不公布了一小部分评分方法。根据其所公布的评分方法，这套模型所关注的主要为以下五类因素：客户的信用偿还历史、信用账户数、使用信用的年限、正在使用的信用类型、新开立的信用账户。据有关知情人士透露，事实上在这套模型中，诸如年龄、学历、职业、职位、头衔都是重要因素。以年龄为例，在 FICO 信用评分的主要指标中，40—55 岁人的得分，就往往比 20—35 岁或 60 岁以上的人得分更高，其中45—50 岁的人得分最高。

总之，FICO 信用评分系统关注人的方方面面，它恨不得穷尽每个人的所有数据。其基本思想是：将借款人的信用历史资料与数据库中全体借款人的信用习惯相比较，通过这种对比分析，来检查借款人的发展趋势：是否跟那些经常违约、随意透支甚至申请破产等各种陷入财务困境的借款人的发展趋势相似。也就是说，在他们的理念里，首先抛弃了随机采样的思维，他们追求的是穷尽所有相关数据。同时，他们也放弃了因果的追问，而只在意从中发现相似性。

这种思想很符合迈尔-舍恩伯格和库克耶对大数据时代的要求，在二人合著的《大数据时代》一书里，他们就曾提到，在大数据时代，"我们可

---

① 这三家征信巨头，每家都有自己专用的用户信息收集和管理的系统。为此，费埃哲基于三家不同的系统，为每家单独开发了相关的模型。不同的公司，其评分系统中得出的信用得分也有可能不一样，但结果基本相差无几。

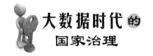

以分析更多的数据，有时候甚至可以处理和某个特别现象相关的所有数据，而不再依赖于随机采样"。除此之外，他们还认为"我们不再热衷于寻找因果关系"①。从这个意义上来讲，费尔与艾萨克及他们的费埃哲公司根本就是"大数据"理论的先驱和最早的践行者。Xoom 公司和广东的深圳市，无疑也是践行者，只是它们所践行的是我们在前面所提及的，以大数据之"道"践经济治理之"变"。

美国 Xoom 公司是一家专门从事跨境汇款业务的企业。2011 年，这家公司注意到用"发现卡"从新泽西州汇款的交易量出现异常，虽然这种异常非常轻微，它所转出的笔数和金额只是比正常情况要多一些而已。如果单独来看，每笔交易都是完全合法的，但公司还是启动了报警程序。最后事实也证明，这的确是一个试图诈骗的犯罪集团。

从这样细微的迹象中，就能够洞察其中的破绽，那么，Xoom 公司到底是怎么做到的呢？一个重要的原因是，它得到了很多拥有大数据的大公司的支持，并为它建立了一套监测系统。这个系统会分析每一笔交易的所有相关数据，从中找出不应该出现的情况。也就是说，那个诈骗集团栽在了大数据手里。Xoom 公司的这种监测能力，正是得益于大数据时代从基于结果分析向基于过程的挖掘这种转变。

得益于这种转变的还有深圳，在监管方面，广东省的深圳市显然也是想有所作为的。2014 年 8 月 25 日，深圳市市场和质量监督管理委员会在深圳五洲宾馆召开了一场主题为"关于大市场监管职能转变及监管方式创新"的征求意见会。会议着重讨论的是，该市市场和质量监管委起草的《深圳市市场和质量监督管理委员会关于推进大市场监管职能转变及监管方式创新的意见（征求意见稿）》（以下简称《意见》），《意见》首先明确提出，要将"大数据"监管应用到市场监管上来。《意见》提到，在特种设备等监管领域，可以通过信息网络技术，实现在线即时监测，做到非现场监管执法。

---

① ［英］维克托·迈尔-舍恩伯格、［英］肯尼思·库克耶：《大数据时代》，盛杨燕、周涛等译，浙江人民出版社 2012 年版，第 17—18 页。

而"数据混搭",也就是从单类型数据向多类型数据转变这种趋势,也在这份《意见》里得到了充分的体现。深圳市的进一步设想是:依托深圳市市场和质量监督管理委员会在日常监管中所形成的市场主体、商品质量、消费投诉、商品价格、行政处罚等庞大的企业信息数据,开展大数据监管专项研究和实践,建立科学的数据分析模型,通过对市场主体准入登记、纳税、社保医保、日常水电消耗等数据的综合比对、分析、监测,科学筛查、及时发现涉嫌违法的市场主体,预警系统性、区域性的市场异常现象。

当然,我们还可以预见的是,基于市场监管的分布化和动态化。在未来,地区与地区、行业与行业之间的界限会越来越模糊,与之相伴的是以属地、业务、机构等为导向的监管的日益弱化。未来的市场监管,将更多地针对数据及数据背后所代表的行为。

# 四 大数据把脉经济运行

2009 年以来,人们对大数据的认识在全球范围内得到前所未有的提升。主要发达国家和国际组织意识到大数据对社会经济发展和管理的巨大价值潜力,相继开展了大数据战略研究。国内在大数据应用上已进行大量探索,涵盖了社会经济发展和管理的方方面面,如宏观经济预警、经济运行监测。也就是说,大数据将有助于我们把握经济运行的脉搏,这在国内外已经取得了一定的共识。

## (一) 商品价格与经济波动

第一阶段:风险资产价格上升。对于 2008 年金融危机的内在运行机制,《全球大趋势 2:被债务扶持的世界经济》一书里给出了这样的解释:央行印制新的货币从而提高了货币的发行量,并把它投向商业领域,扩大

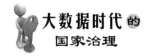

的货币供给量降低了利率。商人被银行的信贷扩张所误导，他们错以为银行体系的储蓄资金要高于它实际的数量。于是他们开始大量地借入这些便宜的资金，但人们对未来经济形势发展的不确定，强化了他们的储蓄诉求，同时货币传导也存在着明显的时滞影响。这也就决定了货币供给的增长，很难在短时间内传递到总需求，特别是日常的消费需求上来。也正是因此，人们出于应付日常的商品交易，需要持有的有交易动机的货币需求很难在短时间内上升。这时要想让货币市场重新恢复均衡，只有通过包括股票和房地产行业在内的风险资产价格的上升才能实现。①

在这样的环境下，商人拿着新得来的便宜资金，就不得不从日常的消费品行业，向那些远离消费者的——股票、房地产这样的"高级生产领域"转移。但这些货币却像蜂蜜一般带有某种黏性，流淌的过程中可能在某一位置鼓起一个包来，然后再慢慢变平。这意味着"那些被释放出来的货币，会以不同的速度，在不同种类的资产或商品之间漫游，结果就在一定时间内，改变了不同种类的资产或商品之间的相对价格"②。

第二阶段：商品价格上涨。正是货币的这种黏性，决定了新的货币必然会由商业贷款人手中，渗透到生产的各环节中——商人们从银行拿到大量便宜的资金，投向了房地产业和股票市场。这样一来，股票、房地产的价格就开始上升，而那些在资本市场募集到了资金的企业，也将扩大它的产能。如房地产商为满足那些投资者的需求，而不得不建更多的房子，这又必然会带动它上下游的相应产业。如此一来，在该领域资产价格上涨的直接带动下，经济增长开始加速。新的货币也将从风险资产价格的上涨中，从商业贷款人手里以工资、房租的形式传导到人们的生产生活中来。而随着经济开始从复苏步入繁荣、就业形势的好转、工资的增长，人们的日常消费需求得到恢复，食物价格和出行成本也开始慢慢上涨。

为了应对商品价格的上涨，人们将不得不重新回归到原有的"投资/消费"的比例上来花费自己增加的收入。也就是人们将不得不减少投资支

---

① 张斌：《宏观经济进入新的三部曲》，中国社科院职务报告，2009 年 8 月。
② 周其仁：货币似蜜，最后还是水，http：// zhouqiren. org/archives/839. html。

出，而增加其在消费上的支出。人们的这种对原有的均衡状态的重新确定，必然导致其需求从资本市场重新转移到消费品上来。为了应付日益高涨的日常商品交易，人们不得不持有更多的货币，这也就导致了货币需求的上升。这时为了让货币市场恢复均衡，就需要风险资产价格下降，以此来减少其对货币的需求，进而满足实体经济中对交易性货币需求的增加。

但可惜的是，这个时点上的商人们，却受到银行信用扩张的误导，把太多的钱放在了股票、房地产等高级的资本商品里面了。而这类商品的生产要得以顺利维持，就必须伴随着较低的时间偏好以及大量的储蓄与投资。但问题是，以"投资/消费"比值为尺度的时间偏好已不随人的主观意志所决定的而上涨了。一方面，人们需要更多的钱去应付日益高涨的商品价格；另一方面，利率开始上涨。这样一来，那些高级生产领域的商业投资，因为缺乏新资金的加入和资金成本的上涨而难以为继。如此一来，必然的结果是"繁荣"随之停止，"危机"也就不期而至了。

从这里可见的是，把握商品价格的趋势，是我们对经济运行作出正确判断的关键因素。


### （二）CPI 指数与大数据追踪

商品价格对经济运行的重要性，事实上早已得到了各国政府的高度重视，美国劳工部每个月都会公布居民消费价格指数（CPI）。这些数据对于投资者、企业家，特别是政府而言，尤其重要。对于联邦政府而言，该数据是其支付社会福利和债券利息的重要参考依据；同样，这一数据也将直接影响美联储的决定——是否要增减银行利率。

也正是因为这一数据的重要性，联邦政府为了得到这些数据，在美国全境雇用了大量人员，向全美 90 个城市的商店、企业和家庭，打电话、发传真，甚至登门拜访，以此来获取商品价格的相关信息。他们反馈回华盛顿的价格信息，可谓是五花八门、多种多样，数量更是高达 8 万种，其中不仅包括牛肉、牛奶、土豆的价格，还包括诸如出租车的票价等信息。为了采集这些数据，政府每年至少花费 2.5 亿美元。

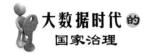

与所有传统统计方法一样，这一数据的局限性也是显而易见的。该数据是否因为官僚制而造成"牛鞭效应"，我们没有对其予以验证，固然无法作出评判。但因为信息收集方法过于陈旧，以及层级因素，这个采集结果存在几周的滞后期，却是公认的事实。对于活跃的经济活动而言，信息滞后一到两个月的后果将是致命的：于政策决策者而言，为了更好地应对变化，他们需要的是能够及时了解商品价格，但如果以传统的依赖采样的方式进行数据收集，政府就不可能及时获得数据了。当政策决策者和他们的智囊们，通过分析相关政府部门或数据处理单位的数据，侦知到经济走势存在异常时，基于经济走势所存在的运动惯性，其实很难有政策回旋的余地了。这种滞后导致经济主管部门在经济出现波动的关键时期反而无所适从，2008 年的金融危机证明了这一点。

为了克服传统统计的这种局限，麻省理工学院的两位经济学家——阿尔贝托·卡瓦略（Alberto Cavell）和罗伯托·里哥本（Oberto Rigobon）提出了一个基于大数据而设立的方案。他们通过一个软件在互联网上收集信息，每天可收集到 50 万种商品的价格。这个项目让他们于雷曼兄弟破产之后就马上侦知到了通货紧缩趋势，而依赖官方数据的人们却直到 3 个月后才知道这个情况。

在这方面，中国政府对大数据的重要性的认识显然不输美国人。2014 年 4 月 8 日，国内知名电商 1 号店利用其自身的"大数据"资源，首次正式对社会发布"1 号店快速消费品价格指数"。这项指数是上海统计部门与"1 号店"在"大数据"方面战略合作的第一项成果。这个指数能够突出反映普通百姓日常消费商品的价格变动，同时也将为社会救助和保障标准等提供数据支撑。

"1 号店快速消费品价格指数"集中体现出大数据产品的特性：首先表现为"快"。经过科学的方法设置，利用"1 号店"的实时交易数据，"1 号店快速消费品价格指数"可实现日、周、月高频发布，能更及时反映市场价格变化信息。其次表现为"细"。"1 号店"在线产品规格数量已经达到 400 万个，能有效支撑价格指数的深度细分。最后表现为"活"。由于完全占有基础数据，"1 号店快速消费品价格指数"分类可以紧跟市场变化。

为了更好地服务于宏观经济调控，上海市统计局不仅在终端消费环节与1号店开展了深度合作，还在生产资料的原材料环节与上海钢联展开了全面的合作。2014年3月，上海市钢联与上海市统计局签署了战略合作协议，经协商，双方共同确定上海大宗商品价格指数，希望充分利用彼此的数据优势，更快、更细、更活地反映上海生产资料价格变化，从而为政府更好研判经济趋势，作出符合实际的决策提供一个较为可靠的先行指标。

### （三）未来可能的预判手段

在第一章里我们曾提到，2009年互联网巨头谷歌公司，成功地侦知到了甲型H1N1流感暴发的时点，并及时地向公共卫生部门发出了预警。谷歌是怎样做到的呢？

在公共卫生部门还没有来得及察觉健康趋势的变化之前，搜索引擎就能利用网上的搜索查询内容来预测这种趋势：在我们用百度、谷歌进行网上搜索的时候，事实上它们已经在洞察我们的身体情况了。谷歌公司正是利用了人们在网上对他们的健康问题寻求帮助的趋势，通过追踪像"咳嗽""发烧"和"疼痛"这样的词汇，经过后台将所有搜索数据予以汇总，以此来估测人们的健康趋势的变化。谷歌保存了多年来所有的搜索记录，而且每天都会收到来自全球超过30亿条的搜索指令，如此庞大的数据资源足以支撑和帮助它完成这项工作。然后他们再将自己统计出的搜索数量与传统流感暴测系统的数据进行对比，这样一来他们便可以估测出人们的身体健康变化趋势。事实上按照这套理论模型，谷歌也真的做到了，当2009年甲型H1N1流感爆发时，与习惯性滞后的官方数据相比，谷歌的预测系统成为了一个更为有效、更为及时的指向标。

这套工作原理何尝不可以引入到经济脉搏的把控中来呢！通过跟踪那些与经济周期相关的关键词的搜索，完全可以确定经济运行的波动。经济主管部门或相应的大数据公司，将相关搜索数据汇总，以此来估测经济运行情况，然后再将其预测结果，与包括中央银行、统计局，甚至某些学术机构、投资银行、智库乃至经济学家个人所设立的监测报告相比对。像公

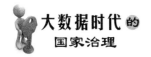

共卫生事件一样，这类用户信息驱动的数据、跟踪记录可以帮助有关部门更快地确认经济是否存在异常。更重要的是，这种模式克服了传统模式的滞后问题，也为相关部门提前介入提供了时间上的可能，于某种程度而言，这将有助于降低经济波动的幅度，进而降低受波及面和受损程度。

此外，NHTSA 的 FARS 系统运行史也可给我们以启示。FARS 系统运行史告诉我们，如果系统搜集的只是孤立的事故信息，那么，其数据必然是无序的。但随着所搜集到的、可作分析和对比的数据越来越多，这时，相关规律就会于数据上慢慢地呈现出来。决策部门则可根据呈现出来的规律，来调整、制定新的政策。

当前经济决策部门的一个最大问题，也许在于对历史上历次经济波动的数据搜集得还很不够。当然，这固然有数据搜集和存储技术的原因，更可能跟人们的自负有着很大的关系。人们总认为自己有别于前人，能够驾驭经济，抹平经济周期，告别传统模式，从而揭开人类经济发展可永续繁荣的崭新时代。这种念头就如同经济周期一样，经常周期性地出现。

不管如何，这种局面的出现，必然的结果是：孤立的、缺乏群体性特点的数据肯定是无序的，人们根本无法从中看出端倪。所以，当务之急就是，我们必须认识到，在现有的模式下，我们还无法抹平经济周期，需要搜集更多的相关信息。可以肯定的是，随着所搜集到的跨时代、跨国界的相关数据越来越多，可以作的分析和对比也越来越多。这时，经济周期这一现象的相关规律，就会于数据上逐渐地呈现出来。那么，下一步该怎么做？当然是我们的决策部门根据这些规律，有针对性地来调整和制定新的政策了。

# 第五章
# 大数据时代的公共服务

　　人类发展的本质是实现人的全面自由的发展，但人的发展程度取决于一个国家（地区）的基本公共服务（Basic Public Service）供给状况。公共服务是 21 世纪公共行政和政府改革的核心理念，是一个随着经济发展、社会进步、政府执政能力增强、人民诉求渐显而语义逐渐变迁的概念，是以服务形式存在的公共物品，即由公共部门提供的满足公民生活、生存与发展的需求，能使公民受益或获得享受的公共产品和服务，包括国防、公共安全、社会保障、医疗服务、公共教育以及公共基础设施等。从理论上讲，如果政府拥有完全的信息，就能通过"计划"完全掌控资源，实现资源合理配置和准确无误的公共服务供给。这一切在前数据时代无异于天方夜谭和痴人说梦。然而，大数据正在刮起一场信息风暴，它已渗透到当今每一个行业和业务职能领域，正改变着我们的生活、工作和思维，改变着市场、组织机构乃至政府与公众的行为方式，为公共服务的便利化、效率化、多元化提供了新契机。

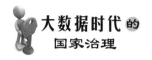

# 一　传统数据时代的公共服务困境

前数据时代，我国基本公共服务供给不足、发展不平衡的矛盾十分突出，建立健全基本公共服务体系面临许多困难和挑战。由国务院发展研究中心、中国社会科学院相关部门的专家完成的《中国公共服务发展报告2006》指出，我国政府公共服务"总体水平偏低、发展不平衡、效率低、水平趋同"。2012 年，国务院印发《国家基本公共服务体系"十二五"规划》（以下简称《规划》），界划了公共服务的范围（见图 5-1），摸清了我国公共服务现状。《规划》提出我国基本公共服务供给不足、发展不平衡的矛盾仍然十分突出，建立健全基本公共服务体系仍然面临许多困难和挑战：基本公共服务的规模和质量难以满足人民群众日益增长的需求；农村、贫困地区和针对社会弱势群体的基本公共服务尚未得到充分保障；体制机制有待于进一步完善，城乡区域间制度设计不衔接，管理条块分割，资源配置不合理，服务提供主体和提供方式比较单一，基层政府财力与事权不匹配，以及监督问责缺位等问题较为突出。毫无疑问，基本公共服务体系不健全，不仅难以保障发展成果惠及全民，不利于社会和谐稳定，而且还会制约经济社会健康协调可持续发展。

## （一）公共服务供给不充分

尽管近年来我国财政收入增长速度较快，2013 年比 2009 年翻了一番（表 5-1），但公共服务供给不足是前数据时代存在的最主要的问题之一。2009 年是我国公共财政支出的一个"分水岭"，也是我国公共服务发展的一个历史转折点。从 2010 年开始，我国公共财政支出呈爆发式增长趋势。拿 2013 年和 2009 年的公共财政支出来看，其中教育支出增长 1004％，医疗卫生增长 543％，社会保障和就业增长 337％，交通运输增长 326％。我国用于公共财政开支所占 GDP 比重并不低（见表 5-2），但如果平均到个人所占比重就显得有点尴尬。

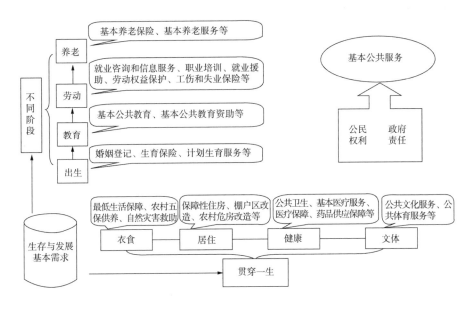

图 5-1　《国家基本公共服务体系"十二五"规划》公共服务范围内涵

表 5-1　全国公共财政支出情况（2009—2013）　　单位：亿元

| 支出项目（年份） | 2009 年 | 2010 年 | 2011 年 | 2012 年 | 2013 年 |
|---|---|---|---|---|---|
| 教育 | 1981 | 12550 | 16116 | 21165 | 21877 |
| 科学技术 | 1512 | 3250 | 3806 | 4429 | 5063 |
| 文化体育与传媒 | 321 | 1543 | 1890 | 2251 | 2520 |
| 医疗卫生 | 1277 | 4804 | 6367 | 7199 | 8209 |
| 社会保障和就业 | 3297 | 9131 | 11144 | 12542 | 14417 |
| 住房保障 | 551 | 2377 | 3822 | 4446 | 4433 |
| 农林水事务 | 3501 | 8130 | 9890 | 11903 | 13228 |
| 城乡社区事务 | 87 | 5987 | 7653 | 9020 | 11067 |
| 节能环保 | 1152 | 2442 | 2618 | 2932 | 3383 |
| 交通运输 | 2179 | 5488 | 7472 | 8173 | 9272 |

资料来源：中华人民共和国财政部（http: // www. mof. gov. cn/zhengwuxinxi/caizhengshuju/index _ 1. htm）。其中，2009 年的数据来自 2010 年 3 月 5 日财政部在第十一届全国人民代表大会第二次会议上的《关于 2009 年中央和地方预算执行情况与 2010 年中央和地方预算草案的报告》。

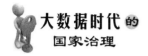

表5-2　我国教育、医疗、社保和交通支出占 GDP 比重情况（2009—2013 年）

金额：亿元　比重：%

| 项目（年份） | 2009 年 | 2010 年 | 2011 年 | 2012 年 | 2013 年 |
|---|---|---|---|---|---|
| GDP | 340903 | 401513 | 473104 | 519470 | 568845 |
| 教育 | 1981 | 12450 | 16116 | 21165 | 21877 |
| 比重 | 0.58 | 3.10 | 3.40 | 4.07 | 3.85 |
| 医疗 | 1277 | 4745 | 6367 | 7199 | 8209 |
| 比重 | 0.37 | 1.18 | 1.35 | 1.39 | 1.44 |
| 社会保障 | 3297 | 9081 | 11144 | 12542 | 14417 |
| 比重 | 0.97 | 2.26 | 2.36 | 2.41 | 2.53 |
| 交通运输 | 2179 | 5488 | 7472 | 8173 | 9272 |
| 比重 | 0.64 | 1.37 | 1.58 | 1.57 | 1.63 |

资料来源：中华人民共和国国家统计局（http：//data.stats.gov.cn/index）。

公共服务总量供给不足在我国农村尤为明显。众所周知，我国是一个农业大国，农村人口所占比重大，根据第六次全国人口普查数据显示，我国农村人口仍有 6.74 亿。新中国成立后相当长的一段时期，国家实施"城市优先农村，乡村支援城市"的发展战略，客观上阻隔了城乡一体化，[①]导致城市与乡村的二元分化以及支农支出占财政总支出的比重一直偏小。长期的以农补工已使我国农业基础设施严重不足，多年来农业基建投资的数额始终偏低。公共财政收支严重失衡，地方政府财政收入来源有限且财政支出远远高于财政收入，一种明显的"短缺型财政"使许多地方政府由"吃饭型财政"演化为"讨饭型财政"，[②]导致公共服务供给总量不足。拿农村公共服务供给来说，农村公共服务供给总量不足突出表现在：农村基础设施建设明显滞后、农村居住环境十分恶劣、农村公共事业发展毫无起色。

---

①　刘兴云：《走出当前农村公共服务供给的困境》，《光明日报》2012 年 7 月 4 日第 11 版。

②　陈潭：《乡镇公共服务供给的体制困境与转轨路向》，《中国行政管理》2008 年第 4 期。

## （二）公共服务供给低效率

长期以来，我国中央和地方各级政府基本上集中了所有的公共资源，是公共服务的唯一提供主体，掌控公共服务事宜的决定、安排和执行。公共服务供给低效率主要表现为：一是政府能力有限而需求又千差万别。众所周知，计划是政府管制经济的一个重要手段，社会财富根据政府的权力指向在社会流动，虽然计划经济时代分配的公平性在政府的计划下得到了较好维护，但是由于计划经济缺乏有效、持续的激励机制和准确的需求信息整合，最终致使经济效率不高、公共服务效率低下且无法满足社会的多样性需求。二是政府机构臃肿、人浮于事。中国拥有一支庞大的公务员队伍，零点研究咨询集团在哈佛大学肯尼迪学院亚洲部的指导下最新完成的《中国居民评价政府及政府公共服务报告》显示，中国公务员数量"超标"近20倍。三是政府部门职责交叉、权责脱节、相互推诿。南开大学周恩来政府管理学院课题组研究结果显示，中国公务员的真正问题是比例、结构不合理，是结构性和运行性的过剩。因此，要改善公务员结构，要把政府绩效和公务员工作水平提升上去。

## （三）公共服务供给不均衡

中国幅员辽阔，经济社会发展极为不平衡，这种不平衡状况被归纳为"三个时代同在"与"三个社会"。"三个时代"即农业化时代、工业化时代和信息化时代。"三个社会"即"不发达社会""发展中社会"和"发达社会"。[①] 2013 年 8 月 5 日，中国社会科学院政治学研究所发布《中国政治发展报告 2013》，揭示了中国现阶段的基本公共服务资源配置不均衡的三大表征：一是地区间的发展不均。城乡二元体制的长期存在，使得农村成为基本公共服务的薄弱环节。财政转移支付体制的不完善，导致地区间财

---

① 陈国权：《社会转型与有限政府》，人民出版社 2008 年版，第 6 页。

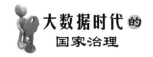

政收入差距问题无法通过财政转移支付得到有效解决，区域经济差距不断拉大的结果，是基本公共服务的差距也在扩大。"西部大开发""中部崛起""振兴东北老工业基地"等促进区域经济发展的战略，侧重点是提高经济发展水平，对社会层面的民生问题关注度较低，并没有改善区域间公共服务供给的差距。二是各类基本服务之间资源配置的不均衡。"上学难、看病难"等社会热点问题最受政府和公众关注，因此，国家在教育和医疗两个领域的投入也比较高，而环境保护和文化体育等领域的投入则相对较少。三是群体之间的不平衡。垄断型行业和机关单位及部分企业员工享受的公共服务水平远远高于下岗职工、失业人员、农民工等社会底层人员。这一方面是由于中国以身份为基础确定享有的权利、待遇和服务的体制还没有改变；另一方面是因为缺乏明确的公共服务标准体系，导致处于社会底层的公民享受到的公共服务水平较低。

### （四）公共服务供给不协同

政府是公共服务的天然主体，长期以来，我国的公共服务基本上由政府一家独揽。但政府垄断信息却又缺乏可靠的数据可资决策，也就是说，政府也无法准确了解公众的真实需求，从而导致公共服务供给中政府"失灵"。如图 5-2 所示，公共财政支出均超过当年财政收入。

图 5-2　2009—2013 年全国财政收入和支出趋势图

资料来源：中华人民共和国财政部（http：//www.mof.gov.cn/zhengwuxinxi/caizhengshuju/index_1.htm）。

随着经济社会的发展，公共服务的供给主体多元化，生产和供给分离成为当今世界潮流。政府、企业、事业单位、非政府组织（NGO）、公民个人等均被纳入公共服务供给主体范围，并且有些学者对不同主体之间的职责做了初步的分工（表5-3）。

表5-3　公共服务供给主体角色定位及职责分工

| 部门 | 实体 | 角色 | 擅长领域 |
|------|------|------|----------|
| 政府部门 | 政府的部委、厅局等 | 直接提供者 | 纯公共服务、全国性公共服务 |
| 非政府公共部门 | 公立学校、公立医院、公立科研机构、代理机构等 | 直接提供者 | 技术性服务、专业性服务、一线服务 |
| | 国营公司、政府企业 | 生产者、经营者 | 生产性服务、收费性服务、公用事业服务 |
| 非营利民间部门 | 协会、商会、学会 | 提供者 | 公益服务、俱乐部服务、互助性服务 |
| | 慈善机构、志愿者组织、基金会、教会 | 生产者、捐赠者 | 公益服务、慈善服务、特定群体服务 |
| | 社区服务机构 | 自组织者 | 社区服务、微利服务 |
| 私人部门 | 私人学校、私人诊所、私营公用事业公司 | 生产者 | 生产、投资、经营、分散性服务 |

资料来源：沈荣华：《政府间公共服务职责分工》，国家行政学院出版社2007年版，第27页。

据统计，法国有60多万个承担社会公益职能的非营利组织（NPO），每万人拥有110.45个；日本有1200多万个，每万人拥有97.14个；德国有20多万个，每万人拥有26.20个；中国台湾有2万多个，每万人拥有9.34个；中国内地则只有18万多个，每万人拥有1.45个（表5-4），远远低于西方发达国家，而且还低于许多发展中国家和地区。尽管如此，政府、企业、事业单位、NGO、公民个人等多元主体竞争提供公共服务时，

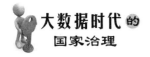

由于公众所需要的公共服务多种多样，公共服务供给链狭长而被动，且缺乏明晰的产权界定及一套对主体规范和引导行之有效的规则体系，致使公共服务容易陷入"公地悲剧"或"集体行动"的困境。

表 5—4　15 个国家和地区每万人拥有的 NPO 数

| 国家（地区） | NPO 数量（个） | 人口数（万） | 每万人 NPO 数（个） |
| --- | --- | --- | --- |
| 法国 | 600000—700000 | 5885 | 110.45 |
| 日本 | 12283444 | 12641 | 97.14 |
| 比利时 | 82000 | 1020 | 80.39 |
| 美国 | 1400000 | 27030 | 51.79 |
| 匈牙利 | 35915 | 1011 | 35.52 |
| 德国 | 180000—250000 | 8205 | 26.20 |
| 印度尼西亚 | 350000 | 20368 | 17.18 |
| 新加坡 | 4600 | 316 | 14.56 |
| 巴西 | 210000 | 16587 | 12.66 |
| 印度 | 1000000 | 97967 | 10.21 |
| 中国台湾 | 20473 | 2192.9 | 9.34 |
| 波兰 | 29850 | 3867 | 7.72 |
| 罗马尼亚 | 12000 | 2250 | 5.33 |
| 埃及 | 15000 | 6140 | 2.44 |
| 中国内地 | 181318 | 124810 | 1.45 |

资料来源：王名等：《中国社团改革》，社会科学文献出版社 2001 年版，第 105 页。

# 二　大数据时代基本公共服务的便利化

大数据的突然降临，正从道德、文化、制度、治理、产业等方方面面重构我们的现实社会。公共服务中曾经面临的一系列困境或许在大数据面前不再是问题。

### （一）出行便利：让车轮在数据上飞驰

进入 21 世纪，中国人曾经奢求的轿车呈爆发式增长，导致交通问题近年来已然成为我国城市化发展的毒瘤，道路交通拥堵问题深深困扰着各大城市。智能交通，让飞驰不再"飞迟"。在智能化系统的分析调度下，即使没有改善交通硬件设施，城市交通系统的效率仍将得到极大的提升。由于解决硬件缺陷方面困难重重而且耗时较长，为缓解当下的交通危机，提升交通系统运行效率成为不二选择。根据美国洛杉矶研究所的研究，通过组织优化公交车辆和线路安排，在车辆运营效率增加的情况下，减少 46％ 的车辆运输就可以提供相同或更好的运输服务。

总部位于西雅图的交通数据处理公司 INRIX 汇集了来自美洲和欧洲 1 亿辆汽车的实时交通数据，除了超过 300 万的消费者在使用 INRIX 移动和车载导航系统设备外，该公司还为全美 11 个洲的运输部门和其他相关机构提供交通信息，其中涵盖了超过 5000 公里的道路。这使得该公司成为政府部门交通信息的主要提供商。它还与世界上大多数的顶级汽车生产商如丰田、福特、宝马等都有合作，通过车载的先进导航系统实时获取交通信息，包括事故、道路施工和拥堵地段，甚至移动电话和路况监控摄像头也是它的数据来源。它建立了一个免费智能手机 App（Inrix Traffic）来为用户提供免费的交通信息，另一方面自己就得到了同步的数据。INRIX 通过把这些数据与历史交通数据进行比对，再考虑进天气和其他诸如当地时事等信息来预测交通情况。

Inrix Traffic 拥有各种实用的功能，首要功能便是交通实况地图，它告知我们目前的交通状况、道路施工情况、事故位置和警方封路等，这还只是大数据的可视化。真正做到大数据分析的是它的"最快路线"和"个性化的交通提醒"服务，通过对各条路线的对比分析，确定最快最省时的路线。路线选择设备不仅为驾驶人提出避开拥堵地点的建议，还能将位置和行驶信息传回一个中心服务器，更加精准地计算拥堵程度。而且它还有

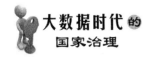
预计所需时间和延误提醒功能，告诉用户可能的延误时间。如果你需要在某个时间到达，它还能告知用户出发的时间，避免了迟到或者是提前太久的尴尬。由于全程联网，用户还可以通过摄像头看到实时的交通状况图像，辅助用户自己做出决策。

然而我们要关注的并不只是它的结果，还应该学习它获得大数据并借此改善交通这一方式。我们也可以建立这样的一个大数据库来收集车流人流的行为数据，预计到 2015—2020 年，北京市六环路以内日出行量达到 4000 万—6000 万人次，数据量十分庞大。拥有这样的大数据库我们就可以分析车流的流动规律，有的放矢，通过四大处理原则：按时间、分地点、抓特点、换方式、解决拥堵问题。上文也表明北京交通具有周期性从主城区到外围住宅区波动的特点，抓住这一特点，就可以在交通流量大的线路考虑修建地铁或采用智能导航分流的措施改善交通状况。

未来几年内，越来越多的汽车将会配置 GPS 和远程信息处理系统，提供一系列个人安全和监控服务。车辆本身就是一个移动的数据库，从胎压到与其他车辆的距离，车辆行驶时的实时数据源源不断地被采集并输入数据库，一旦出现什么异常，系统就会发出警告并在设备需要修理或更换时提醒司机。在紧急响应方面，个人定位数据、实时交通信息以及 GPS 数据传输系统可以让执法部门、火警和急救车更快更有效的执行任务。这些技术让紧急行动的调度员能够迅速识别突发事件报告人的所在地，保证行动组可以尽快响应（通过智能路径选择），并保证他们在危险环境中的自身安全。

上述方法都是针对交通拥堵的解决方案，通过分析乘坐公共交通的人流动态数据，我们还可以改善我们的公共交通服务和站点设计。通过对出行起点、线路和目的地的考察，对于已经饱和的公交地铁线路，我们就可以设计分流线路，同时按照各个地区的人流量合理的设计站点，避免公交车靠站过于集中而和私家车一起陷入拥堵。而对于仅仅是高峰期饱和的线路就可以合理地调配公交车的发车数量，避免再集体去"凑热闹"。新建的住宿区也需要用到大数据来合理规划公交线路，依据各片各点的出行人数确定站点的位置。同样，为了保证各个公交系统的连贯性，每条公交线路的连接处都不能相隔太远，超过一定距离就要再设计连接的"微公交"来确保交通网络无死角，使公众出行更加便利，也防止整个公共交通运转卡死在这尴尬的距离。

### （二）公共卫生服务便利：比博尔特更快的流行病追踪

公共卫生服务，顾名思义，是对于一些危及公众安全的流行病和常见病的预防和救治。然而，流行病极快的传播给这一工作带来很大的难度，连第一手患病资料都无法获得，谈何预测预防呢？

于是，人们把目光投向大数据。大数据最重要的应用就是在预测方面，如果可以将大数据技术应用到流行病的监测、预防和源头追溯方面，会有怎样的效果呢？人们迫切需要一种全新的预测方式。

Google 做到了，或者应该说是 Google 的数据做到了。他们将两个毫不相干的事物——搜索记录和流感预测联系起来，创立了一个系统，专门关注特定检索词条的使用频率与流感在时间和空间上传播之间的联系。在总共处理了 4.5 亿个不同的数学模型后，Google 公司发现有一个模型的预测结果与政府发布的报告的相关性高达 97％。和疾控中心一样，他们也能判断出疾病是从哪里传播出来的，但是更加及时而且一样准确。Google 利用大数据完成了传统方法不可能完成的任务，帮助人们更好地应对流行性疾病。通过 Google 的预测，我们可以获得流行病传播的实时情况，在我们眼中几乎成了静态的图像，数据让流行病不再"流"和"行"。①

事实证明，大数据在病源追踪方面也有极大的作用。流行病由于其不确定性和巨大的危害性，找出致病源是一件艰难而重要的工作。我们需要根据病原体的特点和可能的传播途径来逐步筛选大量的可能致病源，还要

---

① ［英］维克多·迈尔-舍恩伯格、［英］肯尼思·库克耶：《大数据时代》，盛杨燕、周涛译，浙江人民出版社 2013 年版，第 3 页。

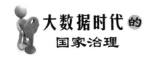

逐步检测排除，需要的时间非常长。然而就如前文所说的，在与流行病作斗争时，时间就是生命，每多一秒钟的延误就有可能意味着一个生命的消逝。

流行病爆发之初，病人通常很少，甚至只有一例，而且信息的传递十分困难，资讯的缺乏给疾病侦探们带来了严峻的挑战，现代科学网络的出现很轻松地解决了这个问题。1995 年，美国疾病预防与控制中心建立了食源性疾病主动监测网（FoodNet），至 1997 年，全美已设立 11 个监测基地，450 多个监测实验室。构建了一个完整的监测网络。2006 年，美国大肠杆菌疫情暴发，在这场与流行病的战斗中，数据让我们取得了不小的胜利。

通过 FoodNet 的数据和一些研究机构的分析，在对 450 种与之相关的食物进行分析后，终于确定菠菜就是感染源。流行病侦探们迅速深入菠菜地寻找线索，最终通过访谈把目标定在加利福尼亚州的 9 个蔬菜农场。但努力都失败了，土壤和水源样本大肠杆菌检验都呈阴性。这时实验室传来好消息，在一袋代码为 "P227A" 的菠菜中找到了样本菌。顺着这一线索，他们找出了流行病的致病源。

一场大规模的大肠杆菌感染暴发，最终仅仅造成 3 人死亡，100 人住院。这一成功主要是由于数据的力量。

### （三）医疗便利：个性化无处不在

随着大数据时代的来临，医疗系统的数据化、智能化势在必行。大数据时代的医疗服务模式将彻底改变，人们将取代医生成为主体，不再是人们到医院去看病，而是医院在第一时间提供医疗服务；不再是我们去买何种药物，而是医药生产厂家按照我们的个人情况生产个性化药品；不再是我们出示病历本，而是系统自动调出我们的各项指标的数据。总而言之，大数据时代的医疗个性化无处不在。

要建立智能化的医疗系统，数据必不可少，常见的医疗大数据来源有：（1）制药和医药产品的科研数据；（2）传感器实时检测到的临床数据；（3）病人的行为和情绪数据；（4）付款人活动（索赔）和成本数据；（5）患者的基因库和分子库。每种数据都有其独特作用。

其中患者的基因库和分子库将是未来智能医疗的基础，与过去医生集中于对疾病的分析不同，一切智能化的医疗措施都将基于对基因库的分析。了解基因库和分子库之后，医生就可以初步了解患者的体质和潜在的过敏原，并对发病原因作出初步的推测。

通过检索制药和医药产品的科研数据，医生可以了解这种药品的有效成分、产品试验的过程、不良反应症状和处置办法等一些基本信息，有针对性地用药并了解每一种药物可能产生的副作用。俗话说"是药三分毒"，只有全面地了解每一种药物才能避免在用药环节出现问题。对于副作用比较强烈的药物，还应告知患者家属可能的风险并征求其意见。

其他的实时数据综合如传感器实时检测到的临床数据及病人的行为和情绪数据，并随时反馈疗效信息，提醒医生是否应该改变治疗方法。这一"反馈、改变、再反馈、再改变"的过程实际上就是大数据时代的医疗研究，数据的实时共享实现了全球所有医生共同研究，各个方向的研究都将同步进行。同时，各个科室之间的界限逐渐模糊，因为生命是一个有机的相互关联的系统，一种病的成因并不是某个独立的器官出现异常，必然是整个系统稳态的崩溃。未来的医疗并不仅仅依靠一个科室，而是多个科室的有机组合，这种组合的标准和核心就是患者，一切以患者为中心，恰恰又体现了未来医疗的针对性。

对付款人活动（索赔）和成本数据的研究目的是促进医疗数据的透明化和医疗产业的竞争，以提高其整体服务水平。提高医疗数据的透明度能为医生和医疗机构指出需要提高的地方，也有助于病人挑选最合适的方法。通过分析医疗机构的操作和绩效的大数据，可以创建进程图和仪表盘，让数据透明化成为可能。这样做的目标是确认和分析临床过程中差异

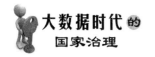

与浪费的来源，公布这些差异也有益于缓解医患之间的紧张关系，事实上医患关系的根源就是信息的不对等，患者了解的信息过少才会产生对医生的不信任感。

由于医疗方式的综合性，各个科室都参与其中，利用的当然也不只是数据库中的某一种数据，往往是多种数据综合使用，从而构建出一幢立体的医疗大厦。这一医疗大厦以个人的基因库和分子数据为基础，任何不符合该基础的上层建筑都要被去掉，任何上层建筑都将依据该基础而调整。接下来的步骤可能会多样化，依照病人的特殊情况而定。

如果是慢性病患者，将形成以实时监测数据为中心的远程患者监测系统。依照传回的病人的体征判断患者是否遵循医嘱，以此改善用药和治疗方案。在 2010 年，美国约有 1.5 亿人患有慢性病，主要为糖尿病、充血性心力衰竭和高血压，这些病的治疗费用占到当年全国费用的 80%，远程患者监测系统对于治疗这些病人非常有效。该系统包括监测心脏的设备，可将血糖含量信息传递给看护者，甚至还包括"芯片药片"——当病人服用药片就发出报告的药物，几乎实时地将数据传回医疗记录数据库。与此作用相近的还有通过社交网络来收集数据的健康类 APP，它们搜集的数据能让医生给你的诊断变得更为精确。比方说，不是通用的成人每日三次、一次一片，而是当检测到你的血液中的药剂已经代谢完成时，会自动提醒你再次服药。一般来说，远程患者监测系统的数据可减少患者的住院时间，减少急诊，增进家庭陪护的匹配度，降低长期并发症发生的可能性。

如果是癌症等具有明显个体特征的病症，则需要将基因组数据纳入进来，构建个性化药物系统。个性化药物的目的是研究基因差异之间的关系、特殊疾病的易染病体质、特殊的药物反应，然后解释说明在药物研发过程中个体差异的原因。苹果公司的传奇总裁乔布斯在与癌症斗争时就采用了基因组研究配合治疗的方式，成为第一个对自身所有 DNA 和肿瘤DNA 进行排序的人。他得到了包括整个基因密码的数据文档，他的医生们能够基于乔布斯的特定基因组成，按所需效果用药。如果癌症改变导致药物失效，医生可以及时更换另一种药物。乔布斯曾开玩笑地说："我要么是第一个通过这种方式战胜癌症的人，要么就是最后一个因为这种方式死于癌症的人。"虽然他的愿望都没实现，但是这种方法还是将他的生命延长了好几年。[①]

前数据时代的医疗服务是以医生为主体的被动式服务（从患者角度）。患者往往是在感受到不适的时候才去选择就医，甚至有上班族拖着病体仍然坚持工作，而很多病在发病初期并无不适症状，只有到很严重的时候才出现病症，这就导致很多病错失了治疗的最佳时间，本来的小病酿成了严重的后果。医生们往往面对的只是患有某一特定病症的人群，注意力集中于该群人的共性上，往往缺少对患者自身情况如特殊体质、遗传等原因的关注。出现突发紧急情况时，医生通常按照自己的经验来处理，就算一个人的资历再丰富也难免会遇到一些陌生的情况，即使是同样的状况也会有细节上的差异，而在危急的关头这么微小的差异是很难被察觉到的。这个时候，传统医疗服务的弱点便暴露无遗：过分依赖医生，过分依赖经验，过分依赖命运。医生就像是和死神在赌博，赌赢了就是妙手回春、华佗再世，赌输了就身败名裂官司缠身。

大数据的核心是预测。大数据时代以实时的数据代替了医生的直觉，通过大量的实例分析，我们可以从细微的数据变化中提前察觉到病症的来临。病症有时并非是直觉所示的那样，而如果按直觉来做决定，后果将不堪设想。

安大略理工大学的卡罗琳·麦格雷戈（Carolyn McGregor）博士和一支研究队伍与 IBM 一起和很多医院合作，用一个软件来监测处理及时的病人信息，然后把它用于早产儿的病情诊断。系统会监控 16 个不同地方的数据，比如心率、呼吸、体温、血压和血氧含量，这些数据可以达每秒 1260 个数据点之多。在明显的感染症状出现的 24 小时之前，系统就能监测到早

---

① ［英］维克多·迈尔-舍恩伯格、［英］肯尼思·库克耶：《大数据时代》，盛杨燕、周涛译，浙江人民出版社 2013 年版，第 36 页。

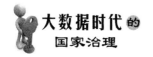

产儿细微的身体变化发出的感染信号。麦格雷戈博士说："你无法用肉眼看到，但计算机可以看到。"惊人的是麦格雷戈博士的大数据分析法能发现一些与医生的传统看法相违背的相关关系。比如她发现，稳定的生命体征表明病人发生了严重的感染，这与医生一般认为的恶化的疼痛才是全面感染的征兆大相径庭。如果医生只是在下班的时候看看婴儿床旁边的记录本，觉得病情稳定就松了一口气，那么他们的直觉可能会犯大错误，直接的代价就是一个小生命的消逝。数据表明，早产儿的稳定非但不是病情好转的标志，反而是暴风雨来临前的平静，就像是身体要它的器官提前做好抵御困难的准备一样。[①]

### （四）信息获取便利：数据化新闻

用语精炼是新闻界一直追求的目标，即用最少的文字刻画最形象的事实。文学界一直有一个"奥卡姆剃刀法则"，亦即"若无必要，勿增实体"。因为这一法则大幅精减文字，就像剃刀一样，所以得名"奥卡姆剃刀法则"。然而在大数据时代，我们的口号是"不要文字，只要数据"。

作为公共服务的一部分，新闻供给人们以信息，帮助人们了解社会的方方面面。然而传统新闻的一些弱点，如表述不够直白、挖掘深度不够等影响了新闻报道的质量。新闻界在数据时代自然也要武装上数据，从而更好地向人们传递信息。

数据往往对人类认知的冲击力很大，人的大脑对数据的感知格外敏锐，用数据传递的信息也更有说服力。美国历史上著名的大法官布兰代斯就曾将数据应用在法庭上，并因此一战成名。1908 年在马勒诉俄勒冈州一案中，布兰代斯为证明俄勒冈州有权通过立法限制女工的工作最长时限，向联邦最高法院提交的辩护词中仅仅只有不到 3 页是传统的法律引证，而

---

① ［英］维克多·迈尔-舍恩伯格、［英］肯尼思·库克耶：《大数据时代》，盛杨燕、周涛译，浙江人民出版社 2013 年版，第 80—81 页。

有超过 100 页的实证调研内容和数据。大量的数据直接反映了长时间工作对劳动女工身体的巨大危害，最后获得了最高法院 9 名大法官的一致支持，也创立一种全新的诉讼模式——布兰代斯诉讼方法。由此可见数据的影响力之大，所以当今新闻发展的趋势必然是数据化。

在美国，社会舆论一直被认为是除总统、国会和法院之外的第四股力量，参与着权力的制衡。因此，数据新闻学受到格外的重视。陶氏基金会（Tow Foundation）和奈特基金会（John S. and James L. Knight Foundation）于 2012 年 4 月 30 日宣布将提供 20 亿美元来资助哥伦比亚大学新闻学院的数据新闻学研究项目，这项研究专注于数据新闻学的三个方面：（1）影响：衡量新的实践及工具如何影响受众及媒体资源。（2）新闻透明度：关注公共数据——哪些是可用的，哪些不是；哪些是有用并与人们的生活息息相关的。（3）数据形象化：衡量哪种形式在传达信息与吸引读者方面最有效。

这三个方面是紧紧联系在一起的，新闻透明度涉及的是数据化新闻的原材料问题，即将政府公布的数据进行选择。数据的形象化指的就是对数据的加工，首先是数据的挖掘，得出数据背后潜藏的事实。其次就是数据的可视化，将这一结果转化为图像，更加生动而且直入眼球，造成极大的视觉冲击。影响说明的是新闻的结果，是新闻造成的社会共鸣。透过数据化的新闻，一切文字的障眼法都将失效，人们所获得的是直接的事实和自我对其的认知，而不是被记者"修饰"过之后的新闻。新闻本来的意义就是如此——报道事实，留给读者的可以是震撼，但不能是"蛊惑"。可以允许有一千个观众眼中的哈姆雷特，但是只有一个莎士比亚；可以允许一千种观点，但是事实只有一个。

数据化的新闻将鲜见文字，多是数据和图像赤裸裸地揭示本质，不管怎么用言辞修饰也不能掩盖走势图的高低变化。什么"大概""据估计""略有"……在新闻中将统统消失，我们要的只是精准的增幅和降幅。同时，新闻还可以附带原始的大数据（当然不是纸质媒体，是网络新闻），

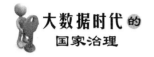

以帮助人们自己构建算法（或者是在专业的网站下载）来分析得出对自己有用的信息。例如在政府财政报告中发现贪污的漏洞，在公司的财务报告中发现逃税丑闻。数据化的新闻帮助人们了解更多的信息，帮助缓解信息不对等的局面，给民主带来帮助。数据化新闻由于其对数据的迫切需要，自然会在本能的驱使下向政府要数据，助力政府信息公开化的进程。事实上美国信息公开的历史就是新闻界对数据追求的历史，美国舆论界对数据的渴求推动了一次又一次信息公开，也帮助美国站在了大数据的前沿。

数据化的新闻将极大地方便公众获取信息，而且是主动地获取信息，不再是前数据时代被动地接受。数据解读的主动权将掌握在大众手中，通过新闻广泛公开的数据将吸引一大批对此感兴趣的各界人士参与研究和讨论，足够多的眼睛将使问题无所遁形，方便我们更全面、更客观、更合理地了解数据背后的事实，让数据真正发声。

# 三　大数据与公共服务网点设计

信息透明的大数据时代，公共服务需求一目了然，管理者可以据此精准地绘制公共服务需求表，并十分经济而有效率地设计公共服务网点。数据的来源便是无处不在的物联网。大数据时代公共服务质量提升的基础就是城市中全面覆盖的物联网，通过物联网，任何事物都可以量化成为数据并加以利用，我们可以量化任何我们想要量化的东西，可以定位人流，可以记录身体健康数据，还可以监测大气数据等。通过大数据的分析，政府就可以构建合理的公共服务网点，提供精确的公共服务。

## （一）选址最优化：大数据规划住宅区设计

或许住宅区的设计并不属于公共服务网点，但是鉴于其承载着公共服务的主体——人，同时又受公共服务的影响，也影响着医疗等其他公共服务的开展，所以还是把它列入公共服务网点中来。况且好的住宅区设计可以大大增加公共服务系统的服务效率，这也在另一方面优化了公共服务系统的设计。

其实住宅区的设计对于我们来说并不陌生，它不是遥不可及的，我们在初中地理课本中就学过初级的住宅区设计。给出一个市区的平面图，标注化工厂、河流、森林和主要商业区，当然还要附带该区域一年的风向统计图，综合上述几个方面就可以得出理想的住宅区的位置。当然这只是理想化的模型，现实世界中影响因素远比这多得多。但不可否认，从利用风向统计图就可以看出上述简单的分析已经具有了大数据的雏形。

大数据时代的住宅区设计，目的不变，变化的只是设计工具和标准。一个人的生活需要很多方面的资源，如水、空气、能源、互联网、交通等。在新设计一个住宅区之前，我们肯定要调查当地的人口数量，因为我们不可能在一个人口已经满负荷的地区再新建住房，同时还要考虑人口的流动，然而这还只是关于人口这一方面。除此之外还有当地的空气质量检测和分析，这也涉及大数据技术。美国就计划在每辆邮政车上安装传感器，以此来检测各个社区的噪声和空气情况，配合地理位置信息形成一幅动态的图像。这样一来美国就能对各个地区的污染状况了然于胸，对处于重污染区的就可以实施搬迁。还有就是交通设施，住房受交通设施的影响极大，若把住房建设在交通主干道旁，单是交通堵塞就让人难以忍受，更何况还有极大的噪声污染，而过度地远离交通干道又会导致出行不方便的问题。种种因素都影响着住宅区的设计，如何达到最优设计，不是通过简单的讨论就可以得出答案的，还是要靠大数据帮忙。

住宅面向的主体毕竟是人，要求的是更安全、更舒适、更健康。这些因素结合到一起就要求住宅的设计不能只考虑一个方面，而要面面俱到。权衡和取舍是必需的，但是额度却很难把握，这就需要数据来做决定。我

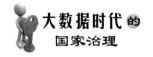

们可以得出目标地区近几年的天气、交通、污染等各方面数据，整合分析，预测出将来可能的情况，然后确定该住宅区的特点和面向的人群。消费者一旦占据了主动，我们甚至可以预订自己喜爱的户型，自己喜爱的居住位置。楼房不再是千篇一律，这样可以使城市少一分齐整的肃杀，多一分个性化的美感，带来不一样的人文气息。

### （二）资源配置最优化：大数据规划医疗网点设计

医疗恐怕是公共服务最为重要的一环，涉及我们的健康问题，所以医院的选址和有限医疗资源的最优配置就变得极为重要，容不得丝毫差错。随着城市日渐繁荣，人口逐渐增加，对医疗服务的需求也不断增加，由于人口分布情况复杂而医疗资源有限，如何选择最佳的地点以提供最有效的服务成为解决问题的关键所在。

美国的一个案例或许能供我们借鉴，这个案例的中心是汽车上的传感器。你或许会怀疑汽车和医疗有什么关系，然而数据就是这么神奇，可以把两个完全不相干的事务联系起来。通过安装在汽车（不再是邮政车）上的空气湿度和温度传感器可以完成对当地大气状况的监测，再加上位置数据，就可以形成一幅动态的全国大气状况图。然而这还只是大数据，通过它就可以提供实时而且是当地的天气情况预测和灾害预警。尽管美国这一研究的初衷并非是用于医疗方面，但他山之石可以攻玉，这给医疗网点设计中如何应用数据提供了思路。

医疗网点设计中一个重要的数据就是病人的分布情况，而获得这一情况是十分困难的，因此，我们可以将某种医疗数据和地理位置数据结合在一起，完成对病人分布的监测。美国就曾将传感器放置到哮喘病人的呼吸器上，监测病人的呼吸情况，同时加上 GPS 定位数据就可以研究哮喘的触发原因和分辨多发地区，加以预防。同样，我们可以跟踪某种特定患者必须使用或服用的某种药物，以完成对病患的定位。

获得患者的分布数据后，接下来就是通过分布图来确定选址了。骨科病患者多的地方应该建一所骨科医院，肝病高发区可以建一所肝病医院。但是这样选址仍然不够合理，因为没有考虑到其他因素如交通和环境的影响。为了综合考虑各个方面因素的影响，我们可以像美国银行对人的信用评分一样，建立一个对建筑的选址进行评分的系统。在输入各种各样的数据和标准后，系统就可以给出某个位置选址的评分。研究内容除了必需的地理和交通因素外，可能还包括拆迁成本、城市整体美观、便捷程度、城市远景规划等。综合越多的因素，我们就能得出越好的选址方案。

以上还仅仅是医院——医疗网点最上层的大数据应用，而从社区开始的医疗服务才是最基础、最关键的。众所周知，疾病的严重程度与时间是成正比的，越到后期，救治的难度就越大，救治的成本也越高。第一时间提供救治极为重要，所以，在社区医院完成初步的治疗非常关键。然而一个小社区医院不可能全副武装，必须有所侧重，这就要依靠大数据了。大数据完成对患者分布情况的测定后，根据实际情况完成对有限医疗资源的最优配置，实现小病能根治，大病能初步治疗，为当下拥挤的大医院提供喘息的机会。

实现一级一级医疗网点的最优设计后，将形成一个完整的体系，从社区医院到三甲医院，每层次都有每层次的职能和相应的配置，都能完成各自既定的职能，避免出现到三甲医院看感冒这种医疗资源浪费的情况。

## （三）安全最大化：大数据分配治安网点设计

大数据最为重要的功能就是预测，它实现了从一般的数据预测到对将来的推断。治安是一个令政府颇为头疼的问题，每次都是在犯罪发生之后公安部门才发觉，每次都是在惨剧发生后才惩处罪犯。有没有什么东西可

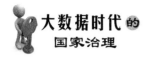

以预知可能的犯罪呢？公安部门发现了大数据。

数据与治安？对于这个陌生的理念，首先从一个案例开始。

纽约，是全世界的金融和商业中心之一，也是美国人口最多、密度最大、多元化程度最高的城市，拥有约 817 万人口，其中超过三分之一是非美国本土出生的外籍人员，这些人来自全世界不同的国家和种族，使用 100 多种语言。因为人口众多，不免鱼龙混杂，这使纽约曾经成为一个臭名昭著的犯罪之都。从 20 世纪 70 年代起，该市黑帮横行、毒品泛滥，治安情况不断恶化。1990 年，纽约市共发生凶杀案 2245 宗、车辆盗窃案 147123 宗，平均每天有 6 个人死于恶性犯罪，每小时有 16 台车不翼而飞。然而 1995 年，凶杀案下降到 1177 宗，车辆盗窃案下降到 72679 宗。这一数值还在不断下降，2009 年凶杀案下降到 466 宗，创下 50 年最低纪录。①

是什么让纽约市的治安有了如此明显的改善？教育、医疗、经济情况的改善的确可以起到一定的作用，但绝不会有这么明显。让纽约警察震慑力如此之大的秘密武器是数据，是明智的数据分析。现实中的纽约警察可不像好莱坞大片里的那样笨头笨脑，被黑帮耍得团团转，他们是一群有智慧头脑的"猫"，通过科学的数据分析，他们可以在犯罪还未发生时就撒下大网，等着罪犯自投罗网。

CompStat 是 Computer Statistics（计算机统计）的缩写，现在已经演变成为一个专有名词，特指一种警务管理模式，创始人为杰克·梅普尔(Jack Maple)。1970 年，杰克·梅普尔刚刚高中毕业，他加入纽约市交通警察局成为一名地铁线上的警察。当时地铁线上抢劫案发生十分频繁，为了追踪抢劫案，梅普尔深入案发现场，并且亲自指挥抓捕行动。在十几年的街头警察经历中，他渐渐领悟到要想改善治安，警方必须掌握主动。在那个时代，计算机和网络还未普及，他在他的办公室里挂了几百幅地图，

---

① 涂子沛：《大数据：正在到来的数据革命》，广西师范大学出版社 2013 年版，第 80 页。

用不同颜色的大头针来跟踪地铁抢劫案发生的时间和地点，分析其中的原因和规律，揣摩第二天可能发生抢劫的地点。梅普尔后来晋升为警督，他就采用这种方法来调配警力。1990 年，梅普尔的方法引起了当时新任局长布雷特的注意，他在仔细研究过梅普尔的方法后十分赞同，在全市应用了这个方法后，纽约市的地铁抢劫案应声下降了 27%，是数据帮助梅普尔战胜了罪犯。[1]

梅普尔应用的还不是大数据和智能化的分析，就已经产生如此巨大的效果。统计学规律表明：数据越大，预测的结果将越准确。如果我们收集数年来每种案件的发生地点和时间的数据，也可以像梅普尔一样制作成一张表来直观表达。当数据足够多时，各个独立的点就会汇集成一片，加上时间这一维度的变化，图像就变为动态的趋势图，反映出案件发生的规律，预测未来可能的犯罪地点。

通过这一系统，我们就可以合理地设置城市监控系统中摄像头的位置，加大对案件最频发的位置的监控力度。同时还可以依照图表显示的规律，相应地布置社区派出所和警察岗哨，以便能够在第一时间赶到案发现场，处理案情。到时就不再是我们自己拨打 110 报警电话，而是警察早就准备好包围圈等着罪犯现身了。而且这一系统既然可以预测案件的发生地点，自然就可以预测犯罪分子可能的逃跑路线，提前在其逃跑的路线上预设置路卡，埋伏下警察。随着数据的不断增加，预测结果将越来越精确，相信在这一系统的作用下，犯罪分子将无处可逃。

除了一个城市自身的纵向比较分析，我们还要加强不同城市和地区之间的横向交流，跨越行政边界合作。城市的发展其实也是有规律可循的，不同的城市只是处在不同的发展时期而已。我们可以结合一些比较发达城市过去在对应发展时期的犯罪记录来推测将来可能会发生的犯罪，虽然实

---

[1] 涂子沛：《大数据：正在到来的数据革命》，广西师范大学出版社 2013 年版，第 78 页。

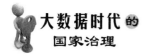

际的情况可能有所不同，但大致上是一致的，不同的部分可以依据自己的实际情况作出对应的修改。通过横向数据和纵向数据的共同对比，预测将会更加精确。而地区和城市之间的数据共享有助于打破区域的封闭，帮助更好地打击犯罪，毕竟正义是没有边界的。

# 第六章
# 大数据时代的城市管理

我们都有过这种莫名的烦躁：在交通拥堵时段，焦急地张望着公共汽车来临的方向，却不知道下一辆公共汽车什么时候到来；驾驶着汽车，不知道自己能否及时开过绿灯，赶回家早早休息；在人山人海的商业购物中心，内急到来时却对附近公共厕所一无所知，奢望"如厕"的幸福；在炎热的夏天，忽然停电或停水，却不得不忍受炙热的烤灼，出门缴纳水电费……这些日常生活中的种种经常让我们感到失落，这种体验的焦虑已然困扰到我们的生活与工作。我们不喜欢无法预测和掌控自己的生活，但对城市运行和发展给自己带来的困扰无能为力。毫不奇怪，不断扩张的城市化吸引着更多物资设备和大量人口涌入，日趋拥挤而又紊乱的城市空间加剧了这种恶性体验。我们能够摆脱城市病的感染吗？什么"药物"能够治愈城市病呢？许多时候，城市繁荣带来的机会让我们欣喜，但城市管理的种种诟病却制约着我们对美好生活的向往。身处城市世纪，我们亟须一颗饱含能量的魔方使城市社会秩序走向可能的标准化、规范化与常态化。

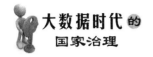

# 一　大数据与智慧城市建设

为了有效应对城市化进程中的社会问题，2008 年 11 月，IBM 提出"智慧地球"概念。为了实现这一愿景，IBM 将"智慧地球"的支撑点瞄向了正在不断变迁的世界城市，并提出建设"智慧城市"。在 IBM 看来，智慧城市即充分利用所有可用的互联化信息，从而更好地理解和控制城市运营，优化有限资源的使用情况的城市。并认为技术在处理当前许多城市面临的难题时具有极其重要的作用，试图通过"物联化""互联化"以及"智能化"等手段构建智慧的城市。① 在此基础上，IBM 认为"智慧城市"需要具备四大特征：全面感测——遍布各处的传感器和智能设备组成"物联网"，对城市运行的核心系统进行测量、监控和分析；充分整合——物联网与互联网系统完全连接和融合，将数据整合为城市核心系统的运行全图，提供智慧的基础设施；激励创新——鼓励政府、企业和个人在智慧基础设施之上进行科技和业务的创新应用，为城市提供源源不断的发展动力；协同运作——基于智慧的基础设施，城市里的各个关键系统和参与者进行和谐高效地协作，达成城市运行的最佳状态。② 从信息的采集、传送、存储和处理的路径来看，智慧城市具有感知层、网络层和应用层三个层次，并包括智慧的水资源管理、智慧的公共安全、智慧的交通、智慧的建筑和智慧的能源等具体内容。

目前，各国纷纷制定智慧城市计划或进行智慧城市建设。如 2009 年 9 月，美国迪比克市与 IBM 共建美国第一个"智慧城市"；新加坡"智慧国 2015 计划（iN2015）"；2009 年 7 月，日本政府 IT 战略本部推出"i-Japan

---

① IBM. 智慧的城市：理解 IBM 智慧城市的基础，http：// wenku. baidu. com/ view/46c940d6240c844769eaeeb7. html.

② IBM. 智慧的城市，http：// wenku. baidu. com/ view/9f4fd6fdba0d4a7302763aaf. html.

战略 2015"；2012 年，欧盟挑选出大约 30 座城市作为建立智慧城市的首批试点；2011 年 6 月，韩国首尔市发布"智能首尔 2015"计划等。就在 2013 年 8 月，我国住房城乡建设部公布《2013 年度国家智慧城市试点名单》，确定 103 个城市（区、县、镇）为 2013 年度国家智慧城市试点。可以说，智慧城市的浪潮席卷了世界大部分城市。政府、企业、社会组织和市民纷纷参与进这场声势浩大的城市变革队伍中，使得智慧城市建设目标更明确、内涵更丰富、方法更独到。这已经不仅仅是一场技术变革带来的城市新体验，它也将是信息化时代里城市文明与城市文化繁荣的代表性符号。

在智慧城市建设过程中，无疑需要更具智慧的利用信息，而这种智慧来自于大数据。也就是说，大数据作为一种采集、存储与分析海量数据的技术，它是智慧城市建设的基础。从智慧城市的发展来看，大数据主要能够发挥以下作用：首先，大数据为智慧城市建设提供强力的决策支持。智慧城市是一个复杂多变的巨型系统，而大数据对相关性、混杂性和整体性数据的关注，能为城市管理者在智慧城市建设中的公共决策提供技术支撑。众所周知，在传统的城市管理中，城市规划与城市建设间往往缺乏有机统一，而引入大数据技术，通过对城市经济、文化和环境信息进行整合、挖掘与深度开发，可以指导城市管理者更好的决策和开展智慧城市建设。其次，大数据提升智慧城市公共服务水平。长期以来，城市公共服务供给与公众需求间的不对接，导致城市公共服务水平普遍不高。通过运用大数据，收集个体享受各种类型公共服务的频率，以及公开发布的相关信息等，进而分析公众的公共服务偏好与评价，可以让公共服务供给更好地契合公众需求。同时，基于智慧交通、智慧医疗、智慧教育等公共服务实时和长期数据的整体分析，还可以为改善公共服务质量提供思路。再次，大数据增进智慧城市建设主体间的协同治理能力。对于智慧城市建设来说，必然要求政府部门、社会组织、企业等向社会开放更多数据。通过利用跨部门、跨区域和跨行业数据，最大程度开发、整合和挖掘城市管理数据，从而实现不同城市子系统及要素的数据融合和业务协同。

总体来看，当前智慧城市建设还处在政府主导的网络基础设施建设阶

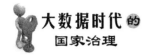

段。在这一运用大数据技术的初始时期，人们对于智慧城市带来的美好生活还只能够"浅尝辄止"。但不可否认，现阶段以海量数据汇集为基础实施的智慧城市建设已然改变了以往的城市管理模式，使城市公共事业管理方式在更为广阔的视野中得以优化，也使城市管理运行更加专业、更加有效、更加经济。

# 二 公共厕所管理的数据服务

毋庸置疑，我国城市化和城市发展取得了长足的进步，但是城市公共厕所建设却严重滞后。联合国环境报告指出，中国城市人均拥有厕所的比例居世界末位。按照国家卫生城市标准，每平方公里至少要有 30 座公厕，繁忙闹市区每隔 200 米应有一座，次要干道每 500 米应有一座，但全国尚未有任何城市达到此要求。如何提高城市公共厕所的现代化服务水平，推动城市公共厕所文明建设进程，进而打造和提升城市品牌与形象，已经成为各级城市政府关注的焦点问题。

## （一）城市文明与公厕治理

《马桶的历史——管子工如何拯救文明》一书的作者霍丁·卡特更是认为：是马桶拯救了人类文明。随着时代的进步，作为城市主体的人的文明程度的提高，城市地区间流动性不断加快以及私厕文化中隐私权利的诉求，公共厕所不再是古罗马时代里露空的如厕之地，公众也决计不可能经得住中世纪和维多利亚时代里的刺鼻气息，甚至不可能忍受长距离的奔赴公共厕所。随着各国生态文明建设与政治、经济、文化和社会建设位于同等战略高度，大数据时代的来临，智慧城市建设的推进，为更好的城市公厕治理提供了新契机。

## （二）公共厕所的数据查询

如今，城市修建了越来越多的公共厕所，不仅加大了对公共厕所基础设施建设的投入，还有专门工作人员负责公共厕所保洁。此外，人们的如厕行为越来越文明，过去脏、乱、差的公共厕所的环境得到极大的改善。不断提升的城市公厕数量和规范化的公共厕所设计、管理与维护，已经让人们享受到了如厕时的方便与舒心。

值得一提的是，智能时代的到来丰富了人们的出行体验，移动设备上出现了众多简洁快捷的移动应用程序，让公众生活更加精彩。在大数据时代，找厕所也逐渐不再是件让人着急的事。从城市公共厕所服务的主要供给者——政府来看，政府部门通过广泛收集公众反映的公共厕所服务中的不充分和不便利问题，建立公众如厕问题数据库，进而针对城市公共厕所供给不足、优化和改进建议的大数据进行统计与分析，形成整体上供给城市公共厕所服务的最佳决策。另外，政府还可以通过统计某些公共厕所的使用人数、使用时间等数据，建立公共厕所大数据的个案库，寻求改进当前公共厕所服务的举措，从而优化公共厕所服务。从城市公共厕所服务的需求者——公众来看，人们便捷如厕至少包含两个方面的内容：人们需要足够的公共厕所进行如厕和能够在最短的时间内找到公共厕所位置。前者可以通过政府加强供给来满足，后者则需要政府部门和社会部门更加重视公共厕所服务供给中的细节，例如，北京、广州等城市管理部门纷纷研发具有查询公共厕所分布和进行公共厕所导航的便民软件，让公共厕所服务更加便利化供给（见案例1和案例2）。

【案例1】据《北京青年报》报道①：2014 年 4 月 21 日，手机软件"北京公厕查询"在北京市市政市容委网站正式上线。用户在安卓、苹果等智能手机上打开该软件，可查找到距离最近的 20 个公厕。"北京公厕查

---

① 周敬启：《北京公厕 APP 上线可查附近 20 座公厕》，《北京青年报》2014 年 4月 22 日第 A11 版。

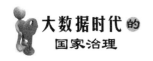

询"软件,是基于 IOS、Android 操作系统开发的公厕查询软件,以完善北京市公厕引导服务。市民可登录北京市市政市容委官网,或在 App store、91 助手、Android Market 中搜索"北京公厕查询"(见图 6-1),即可免费下载。北京青年报记者体验后介绍,软件显示为蓝色的厕所标志,点击"立即体验"后,该软件主界面即显示出当前位置附近的 20 个公厕。随机点击一个公厕后,按照提示摇动手机,手机短暂震动后显示前往该公厕的最短路线,整个查询过程,用时 10 余秒。(资料有删减与修改)

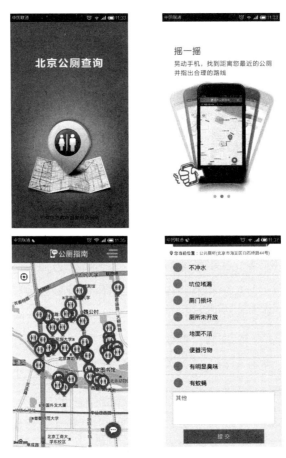

图 6-1 北京公厕查询

【案例 2】据《广州日报》记者全杰针对广州市主要商圈公共厕所分布

调查①，在广州各大商圈中，北京路商圈和上下九商圈的公厕分布最为密集，布局也较为合理，市民使用率高，受到市民最多认可。北京路商圈分布公厕一共有22个，光是北京路步行街就有近10个公厕，且有清晰的指示牌。在北京路步行街外围地区，还分布着最少12个公厕，最远在泰康路和教育路上，都有3个公厕分布。公厕方便程度能与北京路商圈相媲美的还有上下九商圈。上下九步行街分布了8个公厕，除了沿路的公厕，外围还有近20个公厕包围步行街。另外，上下九步行街沿路还有陶陶居、莲香楼等餐饮食肆设有厕所，方便如厕。（资料有删减与修改）

事实上，公共厕所作为城市管理的一件小事，已经逐渐受到整个社会的重视，它一改以往迟缓的发展步伐，日益成为各个地区在数字城市中不可或缺的重要内容。尽管我们国家还只有极少城市研发APP软件来解决找厕所难的问题，但是城市政府在公共厕所建设中贯彻以人为本的原则，以及建造者营造更加舒适的如厕环境、供给者提供更加贴心的公厕服务、享受者逐渐学会遵循公共空间的行为规则，我们有理由相信，随着城市政府运用大数据来改进公共厕所的供给质量，以及城市管理者日益重视汇总和分析公共厕所民情，公共厕所发展将迎来新的突破。

# 三 垃圾围城与垃圾智慧处理

目前，全国三分之二城市遭遇垃圾围城，中国城市生活垃圾产量还将不断增长，预计到2015年、2020年，城市垃圾产量分别达2.6亿吨和3.23亿吨，全国垃圾产量以每年8%—10%的速度增长，与GDP增速匹敌。② 垃圾处置不当已经给周围居民生活带来了极大的影响，尤其是以垃

---

① 全杰：《导厕APP内急问手机》，《广州日报》2014年3月12日第A13版。
② 三分之二城市遭垃圾围城，垃圾焚烧发电潜力巨大，http：//www.hbzhan.com/news/detail/88959.html。

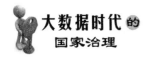

垃圾填埋场为中心延展的隐性污染范围，极大地加剧了其他领域的治理成本。十八届三中全会提出，推进国家治理体系和治理能力现代化，垃圾处理水平作为考验政府治理能力的一项重要内容，面对垃圾围城危机，我们国家的出路在哪里？

### （一）垃圾分类的国外经验

"德国生活垃圾可分为四类：日常生活类垃圾、塑料包装类垃圾、纸类垃圾、生物垃圾。但实际操作中并不是'一分为四'那么简单。如玻璃瓶和电子类垃圾需要单独处理；纸巾属于生物类垃圾而非纸类；摔碎的镜子和红酒瓶不属于同一种类；灯泡、酒杯、茶杯和玻璃瓶子不能扔到同一个垃圾桶。"[1] 在科学实验般精确的垃圾分类法之外，德国垃圾成功处理背后还有以下重要策略："一是以法律法规来保障垃圾分类工作；二是吸引私人资本参与，推动垃圾处理的市场化和产业化；三是培养民众垃圾分类意识，如要求幼儿园老师向孩子们灌输垃圾分类知识；四是挨户投递说明书，每年年初，市政府都会将新一年的《垃圾清运时间表》以及《垃圾分类说明》投到各家信箱。"[2] 图 6-2 为日本垃圾分类标准示意图。

而韩国政府则通过制定垃圾管理规定，要求公民严格区分生活垃圾和食物垃圾，并针对过去排放量较大的食物垃圾采取负激励措施来降低韩国垃圾总量。一方面，贯彻落实《废弃物管理法》，在韩国各地方自治体中实行"从量制"，以食物垃圾按重量计费来减少城市垃圾排放量；另一方面，韩国市政管理各单位确立各自垃圾清运时间，并严格规定公民扔垃圾时间，要求公民按照垃圾分类标准投放垃圾。其实在韩国，不按分类，将垃圾装入塑料袋后乱丢的人也不少，对此，韩国是教育宣传和惩罚并举，教育宣传措施包括学校教育、播出刊登广告等，惩罚措施是通过丢弃物品

---

① 综述：全球垃圾分类面面观，http：// news. xinhuanet. com/world/2014-06/29/c _ 1111368402. htm。

② 《回天——垃圾与文化》：《德国：垃圾处理是一种生活态度》，《杭州（我们）》2013 年第 3 期。

或摄像头找出丢弃者后，处以 20 万韩元至 100 万韩元的罚金。[1]

在日本，垃圾问题曾一度给政府和民众带来剧痛，但垃圾填埋和垃圾焚烧带来的惨痛经历，并未阻止他们探寻更好的垃圾治理之道。最重要的是，他们逐渐意识到，技术革新并不能根除垃圾问题，需从垃圾分类（见图 6-2）入手，综合利用多种方式实现涵盖产品生产、使用到废弃整个过程的垃圾处理。综观日本垃圾处理经验，主要有以下内容："从垃圾分类来看，投放规定严格、按图轻松分类和处理路径明晰；从处理方式来看，过程实现减量、技术日趋多元和方式因地制宜；从运营模式来看，政府主导垃圾处理、员工是公务人员和为环境舍得投入。"[2] 日本按照明晰的垃圾回收制度、极致的垃圾分类设计和严格的垃圾处理标准，以及整个社会的高度参与，实现了垃圾突围。

| 垃圾类别 | 垃圾详单 |
| --- | --- |
| 不可燃性垃圾 | 塑料制品（洗发香波、洗涤剂容器、食品包装盒、玩具等）、聚乙烯制品、乙烯合成树脂制品、尼龙制品、泡沫苯乙烯、橡胶类（运动鞋、雨靴、凉鞋）、合成皮革制品、陶瓷器皿、剃须刀片、电灯泡、镜子、水晶玻璃、伞、座椅、暖水瓶、喷雾罐、涂料罐等 |
| 可燃性垃圾 | 厨房垃圾（残羹剩饭、果皮、茶叶末、鸡蛋壳）、纸盒、烟头、一次性筷子、牙签、皮革制品、落叶、草木树枝、卫生纸、纸尿布等 |
| 资源型垃圾 | 纸类（报纸、广告纸、包装纸、各类包装纸箱等）、衣物布匹类、金属空罐类（各种饮料罐、食品罐等）、玻璃类（牛奶瓶等各种玻璃容器、碎玻璃）、餐具类（饭锅、水壶、自行车、钢制家具等）、家用电器类（电视机、洗衣机、电冰箱、立体声响、空调、炉子等（有些物品需征收回收费）） |
| 有害性垃圾 | 干电池、日光灯、体温表等 |
| 超大型垃圾 | 家具类（木制桌子、木制椅子、橱柜、梳妆台、床、地毯等）、建筑材料类（门、窗等） |
| 不能收集的垃圾 | 摩托车、榻榻米、轮胎、废油等 |

图 6-2 日本垃圾分类标准

---

[1] 万宇：《韩国：食物垃圾按量计费》，《人民日报》2013 年 6 月 3 日第 21 版。

[2] 孙秀艳：《垃圾处理：向日本学什么？》，《人民日报》2010 年 4 月 8 日第 20 版。

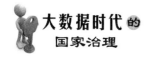
美国则奉行和推广垃圾"减少（Reduce）、再利用（Reuse）和回收（Recycle）"，即深入人心的"3R"原则。"美国规定了很多不可随意丢弃的垃圾种类，要扔旧家具，至少提前一天与指定收取机构电话预约回收日期，届时将旧家具放在家门前，会有专人收取。要扔电子产品，需送到专门回收中心，或预约专人上门回收。要扔电池等有害废物，可以上网找到离家最近的回收点，有时还能从中得到返现，比如每加仑废机油可以获得40美分。垃圾分类不但保护环境，也在美国经济中扮演重要角色。据统计，2011年美国废料回收再生原料超过1.35亿吨，相关产业提供了46万个工作岗位，产生综合经济效益870亿美元。"①

## （二）垃圾分类的数据化管理

当世界发达国家将垃圾变废为宝时，我们国家还在忍受着垃圾围城的剧痛，垃圾作为一种重要的资源并未得到合理的利用。有鉴于此，国内大中型城市纷纷投入垃圾焚烧厂建设，但因公众对"二恶英"的恐惧和垃圾焚烧厂的"邻避效应"，爆发了一系列群体性事件，如广东番禺、杭州余杭、上海虹桥等。其实，垃圾焚烧确实可以减缓垃圾困境，这也是发达国家的主要做法和主流方向。关键是我国垃圾处理技术并不成熟，还不能很好的控制垃圾焚烧过程。加之选址总是以郊区为主，而不是像发达国家一样位于城市中心，可供大家随时参观和了解垃圾焚烧信息。这些都导致尽管垃圾数量剧增，但是各地政府依然延续着过去落后的垃圾填埋方式。要想结束这种垃圾处理困境，我们应当借鉴国外垃圾分类经验，以垃圾分类处理为突破口，逐渐改善我国垃圾围城困境。从我国2003年开始推行垃圾分类10多年的历程来看，总体成效并不明显。公众没有养成垃圾分类习惯，甚至不再像过去一样利用家庭垃圾获取额外收益，这就导致了人们有意无意在从事乱扔垃圾的"事业"，垃圾分类逐渐走出社会视野，退化成

---

① 全球垃圾分类面面观，http：// news. xinhuanet. com/world/2014-06/29/c _ 1111368402. htm。

专门从事垃圾营利行业人员的原则。在整个中国社会，垃圾分类成为了父辈们勤俭持家的象征，我们对垃圾分类漠不关心，更不会将它视作一种社会责任与社会担当。而政府则沉醉于公众消费带来的经济增长，鼓励企业制造更多产品满足公众，对推广垃圾分类却投入甚少。不仅没有严格的法律约束，也缺乏有效地惩戒机置，一味迎合公众对社会环境带来的伤害。

　　由此，我们要提高垃圾处理能力和实现垃圾收集能力，就要重视垃圾分类工作和垃圾的重新利用。要认识到"城市废物危机不可能完全依赖政府末端处理的方式得到解决，需要基于产品的全生命周期理念重新建立和分配生产者、消费者以及政府等主体之间的环境法律责任——即确立产品导向型环境法律责任——来从源头上加以解决"。[1] 我们认为，克服垃圾处理难题的突破口在于利用大数据形成政府主导，企业和居民共同参与的协同治理体系。政府应在分析现有法律效力的基础上继续发挥好"有形的手"的作用。首先，地方政府要以现有垃圾产量、类型数据为基础，形成更具实践指导意义的城市生活垃圾分类政策体系，建立更为科学精细的技术标准体系，如垃圾分类标准要充分考虑居民的认知能力和执行程度。如台湾将应回收废弃物明确为 15 大类、36 项、60 多种，十分清晰。深圳市目前也在应回收的器物上以文字和图画的形式注明内容[2]。其次，考虑建立垃圾管理数据系统，运用海量数据分析市民垃圾分类参与率，以及垃圾产生总量与成分比例，进而合理配置垃圾处理设施和人力资源，并通过向公众及时展示"城市垃圾收运时点、线路、场所和各类资源回收主体目录、布点和运营状况，以及后端处理设施规模、运营情况、在线监测数据等资讯"[3]，增进公众对垃圾无害处理的信任度和加速垃圾分类处理工作进程。最后，营造有助于垃圾分类的道德环境，通过公开实时的垃圾数据来改善政府与居民之间互动欠缺、亲和不足的局面，突破"信息孤岛"，借此大

---

　　① 胡苑：《"垃圾围城"求解：论产品导向型环境法律责任》，《华东政法大学学报》2012 年第 4 期。

　　② 綦文生：《城市生活垃圾分类策略探讨》，《人民论坛》2014 年第 5 期。

　　③ 陈晓运：《垃圾管理"接地气"，何妨试水"大数据"》，《南方都市报》2014 年7 月 31 日第 GA02 版。

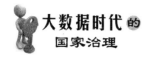

力营造垃圾分类的社会风气。企业主体包括产品生产商和回收商，一是建立产品数据库，对产品进行跟踪与定位，为实现环境责任追究奠定基础，鼓励生产商采用易于分解、拆解或回收再利用的材质，将产品中所含的再生资源进行比例量化，并在产品包装处标明"回收标志"分类，从而推动清洁生产"大趋势"。二是重视垃圾回收商的资源回收量和垃圾处理量等长期数据和实时数据，综合利用激励和限制手段管住垃圾处理的起点和末端。居民是推动垃圾分类的直接动力，居民在日常生活中可以垃圾制造量和分类处理率等数据为依托，一方面向政府输入治理建议，另一方面积极发挥作为直接行动主体的源头减量作用和实践绿色消费理念。总体来看，当前我国社会组织在垃圾减量和分类处理方面的作用存在较大的提升空间，低碳、环保型非政府组织和社会企业可以探索大数据解决方案，弥补政府和市场失灵造成的治理缝隙，为垃圾处理作出贡献。至此，以大数据采集和处理为基础，逐步建立以政府为轴心，多元主体协同参与的垃圾处理格局。

# 四　公用事业管理的大数据应用

## （一）大交通数据与城市分流

交通管理是大多数城市面临的最严峻的问题之一。毋庸置疑，日益扩大的城市化进程，以及城市与乡村人口流动频率的加快，需要更好的道路管理技术来满足公众对良好出行体验的需求。而且，严重的交通拥堵带来的能源损耗、环境污染和出行成本的增加，"倒逼"着城市政府必须找到经济而又有效地解决交通拥堵的良方。在大数据时代，公共交通挑战着城市治理智慧，也推动了新一轮交通革命的爆发。其中，最为显著的就是智慧交通系统的发展与成熟。

"智慧交通系统（Intelligent Transportation System，ITS）是目前世界上交通科学技术的前沿，是利用先进的电子技术、信息技术、传感器技术、物联网技术与系统工程技术对传统的交通系统进行改造而形成的一种信息化、智能化、社会化的新兴交通系统，可在同等条件下大大改善交通状况。交通智能化被国际公认为信息时代交通运输业的一场变革，是 21 世纪经济技术的制高点之一和最大规模的产业之一。"① 智慧交通具有以下特点：第一，它是以公众为中心建设的网络。交通大数据的整合最终是为了服务于作为道路使用者的公众，它是一种先进的科学技术手段，并且及时向道路使用者提供交通信息，让公众摆脱交通拥堵困境和享受公共服务的便利化。第二，它是对城市整体交通状态的实时把握。智慧交通系统利用物联网对整个城市大范围和全方位进行交通监测，并运用云计算系统输出实时而又高效的交通状况，公众则通过移动互联网同步接受相关交通信息，从而达到人、车与路的高度协调与统一，极大地提高公共交通的利用效率。第三，它要求交通管理的各子系统之间和子系统内部协同合作，从而实现道路使用者与道路管理者之间的信息对称。鉴于城市交通系统的复杂性和部门之间的信息壁垒，需要运用大数据思维对交通信息的采集、融合和分析实现信息共享，开放交通大数据管理平台，增进部门之间的协调，以动态可视化的交通运行状况服务于道路使用者。从本质来看，智慧交通系统就是一种充分利用现代信息技术，破除道路使用者、道路管理者和道路网络之间的障碍，在大交通数据下多元互动、智能管理，达到一种资源消耗最少、系统安全性能最高、环境污染降到最低、道路使用更加通畅的交通管理服务状态。

目前，智慧交通系统的发展与应用主要集中在美国、欧盟、日本等发达国家和地区，其中美国主要注重 ITS 安全设施的建设，日本注重 ITS 诱导设施的建设，欧洲注重 ITS 基础平台的构建，其他一些国家和地区的 ITS 注重示范工程的建设，其中，美国、日本和欧盟智慧交通系统建设情况见图 6-3。②

① 中国电信智慧城市研究组：《智慧城市之路：科学治理与城市个性》，电子工业出版社 2011 年版，第 345 页。

② 中国电信智慧城市研究组：《智慧城市之路：科学治理与城市个性》，电子工业出版社 2011 年版，第 347—352 页。

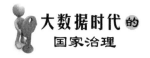

| 美　国 | 日　本 | 欧　盟 |
|---|---|---|
| • 出行与运输管理系统<br>• 出行需求管理系统<br>• 公共交通运营系统<br>• 商用车辆运营系统<br>• 电子收费系统<br>• 应急管理系统<br>• 先进的车辆控制和安全系统 | • 安全驾驶支援系统<br>• 高级导航系统<br>• 自动收费系统（ETC）<br>• 交通控制优化系统<br>• 提高道路管理效率系统<br>• 行人引导系统<br>• 提高商业车辆运行效率系统<br>• 公共交通援助系统<br>• 突发事件探测系统（IDS） | • 高效安全交通系统计划<br>• 道路基础设施计划<br>• 交通无线数据通信网<br>• Telematics<br>• 其他举措 |

**图 6-3　美国、日本和欧盟的智慧交通系统建设情况**

自 1999 年 11 月成立国家智能交通系统工程技术研究中心（National Intelligent Transport Systems Center of Engineering and Technology, ITSC），到 2013 年交通运输部确立"综合交通、智慧交通、绿色交通、平安交通"发展战略，我国智慧交通的发展进入以用户需求和体验为导向的新时期。如今，互联网、物联网、车联网建设使城市公路交通服务信息化和实时化成为可能，部分城市居民已经开始享受这种全新的体验。尤其是中国电信运营商与城市政府、企业等合作提供公共服务，越来越受到公众的偏爱。就大数据在城市交通中的运用，请看下面网易的一则报道：

## 广州联通打造"智慧交通"

2013 年"世界电信日"主题为"信息通信技术与改善道路安全"，旨在充分利用信息通信技术，为便捷出行、行车安全、道路管理等大众交通生活创造更多便利。而在过往人们的观念中，开车打电话、使用各类电子设备却是诱发各种车祸的因素，"如何利用移动互联网使我们的交通出行更安全"成为信息化产业人的新梦想。

为此，广州联通充分利用云端数据分析、即时信息发布、综合信息服务等三大优势能力，与广州市交委、广州市公安局合力探索出助力公共交通管理效能提升、丰富旅途体验、创新便捷贴心服务的一站式智能交通解决方案，让市民出行倍儿轻松、更安全。

### 信息交互——交通出行更轻松、更便捷

为给广州 1270 万市民提供便捷、贴心的出行服务，广州联通联合市交

委推出"沃·行讯通"免费手机应用，以最简化、最便捷的方式为客户提供路况信息、实时公交、停车服务、的士查询、出行规划、地铁信息、航空信息、铁路信息、客运信息、驾培信息、交通资讯11个功能模块。融合市内700多条公交线路、10000多辆公交车的实时路况及到站信息，仅需通过手机网络查询、搜索等简单操作，便可查询广州中心城区实时路况、停车场服务、实时公交、客运、地铁、驾驶培训等信息，方便市民监控实时交通状况。让客户足不出户，即可随时随地随手掌握全方位的交通资讯，让出行更轻松、更便捷。

**警民互通——交通驾驶更放心、更安全**

为给市民提供更便利、更安全的信息化驾驶出行服务，2013年1月，广州联通和广州市公安局联合推出"沃警民通"免费警务信息软件，用户可登录广州联通相关官方页面下载升级。该软件包括"警事要闻、办事指南、车管助手、交通执法、出入境业务、治安业务、户政业务、技防业务、安全知识、警民互动、手机报警、个人应用"12个功能模块。用户可通过这些模块实现：实时监控路况、了解最新交警发布讯息、车管所定位、警民互动、驾驶证/机动车、交管业务办理进度、驾驶人违章记录查询等多项实用功能。警民互通，让人们的交通驾驶更放心、更安全。

**互联驾驶——无人驾驶梦不再遥远**

中国联通与宝马公司合作的"互联驾驶"项目已经成为移动互联网助力驾驶信息化的标杆，影响力巨大。作为宝马汽车信息化项目"互联驾驶/Connected Drive"的一级供应商，联通不仅为宝马公司提供基础的3G移动通信服务（MNO）；另一方面，更整合自身信息服务能力和宝马的其他供应商的专业能力，共同提供 Telematics 服务平台系统集成（TSP）、呼叫中心（Call Center）和信息内容服务（Content）等整合的汽车信息化服务。实现驾驶者语音控制、人车对话，并提供24小时的旅程咨询服务，紧急救援协助和道路救援服务，BMW 授权经销商自动预约保养，BMW资讯在线的实时新闻、天气、股票信息、百度地图搜索、远程助手等。截至4月30日，联通已经在9个省推广了数万台乘用车车载终端。互联驾驶的极致便是安全便捷的无人驾驶，这个梦也离我们越来越近了。（资料：有删减与修改）

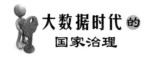

实际上，将具有数据总量大、数据类型多和处理过程快等特性的大数据技术运用到城市公共交通中，快速抓取和处理非结构化的公共交通数据，并实时针对采集数据进行分析和预测，可以在更短的时间内得出交通拥堵趋势，让道路使用者作出最优公共交通路线选择。清华大学计算机科学与技术系吴建平教授就认为"容易造成拥堵的往往是路口，通过大数据技术采集足够数据之后，即可掌握每个路口的车流量，通行效率。通过运算，不但可以动态调整不同时段路口的红绿灯等候时间，还可以向附近司机发送交通现状与短期预测图，如发生拥堵，或发现拥堵的苗头，可提前为司机规划新线路，引导车辆分流到其他路口"。① 由此可见，大数据技术的运用使得大交通数据不仅是一种海量数据的集合，更能够为城市分流作出智能分析，在不需要扩建已有交通基础设施的基础上，就能够实现城市公共交通更加畅通的运营。同时，针对经过一定时间城市交通数据集合、分析和预测后，也有利于城市管理者利用从大数据上获得的有价值信息，为后续城市交通建设作出更加科学的决策。

### （二）水气电的数据供给

我国众多大城市都已经或即将陷入水、气、电等资源不足的困境。例如，北京长期以来就是依靠向河北等周边省市借水来满足城市居民用水需求。即使是在中小型城市，这个问题也只是相对来说有一定程度的缓和，但现实情况也不乐观。加之人们环保意识不强、企业用水污染较大、水资源利用和重复利用率较低以及我国电气技术管理存在诸多不足，节能评估体系并没有得到较好的执行等影响，优化水、气、电供给与消费成为城市治理转型的重要内容。而从城市居民角度来看，人们对"水、气、电"一体化服务需求日益增长，尤其是原来水、气、电分别付费的方式，给城市居民带来诸多不便。加之面对日益明显的能源危机，水、气、电涨价不仅给城市居民带来较重负担，也对政府部门寻求水、气、电合作单位带来了

---

① 佚名：《用"大数据"解决道路拥堵》，《贵阳晚报》2014年4月19日第A03版。

巨大挑战。所有这些都逼迫城市政府必须合理配置资源，以更加高效节能的方式整合水、气、电供给，以精细化管理来供给水、气、电服务。

大数据时代的来临及大数据技术的应用，使"水、气、电"供给的自然垄断性发生了一定程度的松动。更重要的是，城市管理者可以利用大数据探索更好地服务于公众生产与生活的管理方式。比如说，"基于先进的传感器技术、通信技术、计算机技术、控制技术等技术的有效集成，从系统全局的层面，以海量数据分析为支撑，通过科学分析提高水管理水平，实现缓解水资源短缺压力、提高水环境质量、保证用水安全、降低异常事故率、提高公共服务水平、节能降耗、提高水管理效率等目标的智慧水管理，从信息技术的复杂度和技术领先性来看，它既不同于传统水管理中主要基于间歇的检测和历史经验的'后溯性'管理，也不同于智能管理中基于实时监测数据和多部门协同的'实时性'管理，而是一种更加强调'前瞻性'，通过预测、优化、模拟等技术实现的主动管理"。[①] 无疑，这种基于数据模型统计作出的供给决策，有利于城市供水能够以更加合理的价格和更好的服务质量满足公众用水需求。

对于城市燃气行业来说，尽管自身改革的复杂性和其他可替代能源的压缩，使得公众对城市燃气服务预期和供给实际之间出现裂缝，但是"基于大数据和互联网思维，城市燃气企业既可以使更为丰富、更为强大的外部数据为我所用，也可以成为数据供应、整合与加工、数据应用等多环节的数据业务提供商，颠覆传统能源提供商的单一角色定位，向能源顾问、能源合作伙伴、数据商转型，业务模式创新拥有广阔的空间"。[②] 在一定程度上，"城市燃气信息化是智慧城市的重要基础，其本质就是基于精准位置的地理信息时空中，对管网设备、人员、作业、用户和流程进行实时的数字化管理，采集业务数据、管网数据和用户数据等大数据信息源，通过数据识别与分析为管道运营管理提供决策支持，形成管理上的良性闭

---

① 岳梅樱等：《智慧城市实践分享系列谈》，电子工业出版社 2012 年版，第 38—39 页。
② 张卫华：《大数据时代的城市燃气企业业务模式创新》，《能源》2014 年第 5 期。

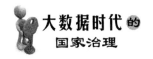

环。"① 有鉴于此，城市政府在针对城市燃气这一技术密集和资产密集行业进行业务系统、基础网络和办公网络化建设后，也应积蓄足够的动力及时推进服务信息化进程。

另外，城市政府借用信息网络产业优势与原有的城市供电实体相结合，对推动城市电力行业发展具有重要作用。随着大数据技术在城市电力行业应用日趋成熟，电力行业发展及其管理将更加智慧化，并通过逐步改变原有的发电、输电、用电、配电的方式，甚至是行业重组，进而在使用大数据进行相关分析下提升城市供电绩效。毋庸置疑，"对于电力行业而言，电力大数据将贯穿未来电力工业生产及管理等各个环节，起到独特而巨大的作用，是中国电力工业在打造下一代电力工业系统过程中有效应对资源有限、环境压力等问题，实现厚积厚发、绿色可持续性发展的关键"。②

总之，城市政府固然要通过技术手段解决水资源匮乏、石油储备不足和电力资源有限的困境，更重要的是要运用大数据技术来继续推进城市公用事业的数字化和智能化建设，进而以便捷的数字服务惠民。目前，众多城市在融合多部门公共服务内容以后，已经开始实施水气电的数字缴费和网络查询。例如，在南京，市民通过水、气、电户号，可在网上办结待缴费事项，而且能收到自来水公司、供电公司与煤气公司发送的免费验证短信，确保网络缴费的安全性；在郑州，公众在无线城市平台便民信息栏目中输入自己的账号后，既可以随时随地查询水、气、电费用去向，也可以随时随地缴纳水、气、电费。这些无疑都让城市居民缴纳水气电费摆脱了时间和空间的限制，而且有利于公众查看和备忘支出内容，为人们更好的城市生活提供了保障。我们相信，随着物联网的发展以及大数据技术在城市公用事业中的运用日趋完善，城市生活将更加美好。

① 燃气行业将成为北斗应用和大数据的新蓝海，http：// miit. ccidnet. com/art/32879/20140414/5425709 _ 1. html。

② 中国电机工程学会电力信息化专委会：《中国电力大数据发展白皮书》，2013 年 3 月。

# 第七章
# 大数据时代的社会治理

  伴随云计算、物联网、移动互联网等信息技术应用的发展，社会民众以自觉或不自觉的状态融入到了数据制造的生产队伍中，数据信息得到了爆炸式增长，信息世界进入了全新的大数据时代。大数据时代给社会治理提出了新挑战也带来了新机遇，大数据时代的社会治理创新必须适应公共需求的新变化，必须健全处理社会矛盾的有效机制，必须强调以大数据应用为基础、以平安社区建设为核心、以提高政府管理效能和公众满意度为目的。

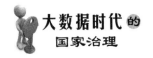

# 一　大数据与网络舆情

　　所谓网络舆情是指在互联网上流行的对社会问题的不同看法的网络舆论，是社会舆论的一种表现形式，是通过互联网传播的公众对现实生活中某些热点、焦点问题所持的有较强影响力、倾向性的言论和观点。

　　大数据镜像下的舆情特征就是舆情论点的社会化（Socialization of data）①。现在的网络技术从以往即时性不强的博客、论坛、贴吧等模式到即时性很强的微博、微信，从 2G 通讯为主的 PC 互联网到 3G 的移动互联网再到 4G 时代的物联网。技术使得人类社会实时产生的数据成为了影响社会治理的重要因素，社会舆情随之高涨起来。"马航 HM370""昆明火车站砍人""郭美美赌球""文章出轨"等事件经过网络发酵之后，引起了网民的高度关注与参与，大数据再生产的舆情狂欢成为了网络生活方式的一种显著标志。

　　论坛、微博、微信的出现，为网民找到了一个可以发表自己观点甚至有可能引起相关部门关注与重视的平台与渠道，同时也为即时地获取大量数据信息提供了场所。在这种舆情场域中，通过点赞和转发参与到数据的传播中去，导致大量观点在网络平台上碰撞与共舞，不同的观点通过组合与拆分构造了网络狂欢中的"舆情大派对"。网民交织的民意和情绪在吸收碎片化信息的同时，也在用碎片化的语言传播着舆论焦点和社会公共事件。因此，进行相对系统的网络舆情数据收集、数据呈现和数据研判就很有必要了。

---

　　①　郭晓科：《大数据》，清华大学出版社 2013 年版，第 21 页。

### （一）网络舆情的数据收集

有效收集网络舆情数据是引导与管控网络舆情，维护社会稳定的基础保障。大数据语境下的网络舆情数据具有产生终端多元化、产生渠道便利化、产生主体大众化的特点，给网络舆情数据的采集带来诸多的挑战。在大数据时代，网络新闻、论坛、博客及网络交流软件成为了网络舆情的载体及主要信息源。

（1）网络新闻。随着网络技术和应用的高速发展，新闻媒体传播机制的改革加快，读取网络资讯已渐渐成为人们获取信息的一个重要来源。每逢涉及突发事件、重要会议、赛事活动或其他各种社会热点问题时，网络新闻专题总能吸引大量网民访问。因此，网络新闻专题是突发事件网络舆情数据收集和抽取的重要信息源。

（2）网络论坛。网络论坛是信息时代网络民意的集散地，具有极强的互动性，网民可以自由无阻地在网络社区中发表帖文，及其他带有个人观点的各种信息。因此，网络论坛是网络舆情数据采集的重要领域。

（3）网络交流软件。网络交流软件包括微信、微博、博客、QQ等。关心时事和参与舆论热点评论的网站数量越来越多，特别是社会名流和明星的微信、微博，其访问量成千上万，诸多网络舆情的"意见领袖"，自觉或不自觉地影响着网民对时事政治、经济政策与公共事务的态度与行为。

收集网络舆情数据的主流技术是主题信息收集技术，是一种基于站点地图的网络舆情数据收集方法，该方法构建出了含有监测网站各版块突发事件热度的站点地图；接着在站点地图的指导下，对收集任务队列进行优化和适时更新；最后借用主题收集技术实现对网络舆情相关网页的收集，从而较好地适应监测网站的动态变化，实现对网络舆情数据精确、快速地收集。

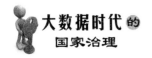

### （二）网络舆情的数据呈现

网络舆情通过网民在互联网上发布和传播的能够反映舆情的文字、图像、音频、视频等信息来体现，其中又以文字信息为主。也许大家耳闻过"立二拆四""秦火火""郭美美事件""888万包机看奥运事件"等案例。但除去这种娱乐炒作的案例，一个社交媒体的真正爆点是什么？一个网络舆情的真正爆点是什么？答案就是社会事件。究其原因，是热点社会事件涉及政治、经济、民生、娱乐等多个方面，同时，如此高的关注度也反映了这个社会的人对基本权利的需要，包括昆明火车站事件中对生存的争取和祈求、"富士康11连跳"和"马航事件"中对安全的思考和关注、"药家鑫案"和"李天一案"中对公正的期待和关注、"我爸是李刚"中对社会道德底线的拷问和对公权力的监督。这些都不是通过简单的炒作手段就可以达到的。所以说，大数据对于网络舆情的数据呈现的帮助就是巨大的了。

网络舆情在大数据时代具有即时性、传播性、全民性特点，根据这几年的典型案例我们建议网络舆情数据呈现需有效规避以下禁区：

（1）大数据时代网络舆情忌"雷语"。"不管你信不信，反正我信了"，"镉超标大米，不是毒大米"这些句子不仅让人直接想起是什么事件，更直接秀出了当今某些官员的人性下限。如此不接"地气"的敷衍和不负责任的语言极大地影响了政府的公信力和形象。

（2）大数据时代网络舆情忌"被动应对"。在很多突发性的负面舆情的处理中，首先想到的便是"捂盖子"。通过压制传播平台、删除相关内容、找寻传播源头等方式进行控制。最后却错过最佳处置时间，导致负面舆情蔓延。

（3）大数据时代网络舆情忌"虚情假意"。面对突发负面事件，涉事部门担心网民添乱，担心说错话而不敢及时或不屑于发布信息来解释。加上个别网络媒体推波助澜，从而让相关部门陷入更大的被动当中。

解决这些问题最主要的就是利用大数据的特点提高官方本身的舆情基

本功。正视舆情、快速反应和多引导。"平安肇庆"的"口径库"就是一个很好的先行案例①。

## （三）网络舆情的数据研判

从人民网《网络舆情》的政府应对能力打分体系②（见表 7-1）到清华大学国际传播研究中心李希光教授研究的社会舆情研判预警系统③（见表 7-2），我们可以看到各阶段关于网络舆情的研判过程。

表 7-1 《网络舆情》政府应对能力打分体系

| 事件 | 官方响应 | 信息透明 | 地方公信力 | 动态反应 | 官员问责 | 网络技巧 | 总分 | 应对能力 |
|---|---|---|---|---|---|---|---|---|
| 广州萝岗否认 600 万建天桥投用两年即拆除 | 7 | 4 | 1 | 0 | 0 | 0 | 12 | 橙 |

说明：蓝色表示政府应对总体较为得体；黄色表示政府应对有待加强；橙色表示政府应对存在明显问题；红色表示政府严重失当。

表 7-2 舆情系统架构、流程与关键技术解决方案

| 舆情系统架构 | 工作流程 | 关键技术解决方案 |
|---|---|---|
| 信息采集系统 | 信息定向采集 | 基于网络爬虫技术 |
| 元搜索系统 | 信息全网采集 | 元搜索引擎技术 |
| 数据处理系统 | 信息预处理 | 对信息进行结构化预处理，文本挖掘技术 |
| 智能分析系统 | 定量描述与风险识别 | 舆情模拟与分析，重点人物和机构关联分析 |
| 风险预警系统 | 发出预警信号 | 宏观舆情风险指数研究，微观敏感舆情识别研究 |

---

① "@平安肇庆"深挖"口径库"卖萌有尺度，http：// www. people. com. cn/n/ 2014/0416/c347759-24902705. html

② 屈俊美：《广州市萝岗区投入 600 万建天桥用两年即拆除》，《网络舆情》 2014 年第 14 期。

③ 郭晓科：《大数据》，清华大学出版社 2013 年版，第 43 页。

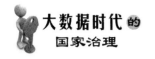

综合起来，是网络舆情研判呈现定性与定量的双重特点。从应用领域来说，人民网的《网络舆情》是特定的政府机构，对网络信息进行监测，针对敏感性信息进行采集和出具舆情报告，对政府负责。政府是舆情工作的起点也是终点，这就要求相关人员有较高的政治觉悟和舆情预警嗅觉。奥巴马将"大数据"比作"石油"的言论和麦肯锡全球研究所《大数据》报告大热后，政府便开始重视舆情价值，研判舆情内容，并着力于提升自身应对舆情的能力。政府舆情应对能力的提升必须依赖于舆情内容研判的准确性。事实上，网络舆情也可以建立一体化的舆情数据研判组团模式。如图 7-1，只有将理论、技术和应用组团形成统一的标准，共享真实的数据，才可以促进舆情研判的蓬勃发展。以采集的大数据支撑理论研究和开发，再以理论指导各类社会应用，其产生的数据反馈给大数据库形成良性循环。随着人民网网络舆情监测室推广的 CETTIC 网络舆情分析师职业培训不断发展，网络舆情的数据研判体系也日趋完善。

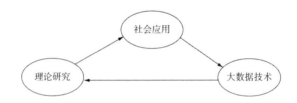

**图 7-1　组团式大数据舆情一体化模型**

网络舆情的研判需要加强以下方面：第一，设置网民情境，不要再不接"地气"地采取高压和删帖政策，而要更多地走群众路线，融入网民群体，站在网民的角度了解民意，在这一点上雷军的小米手机的成功就是很好的案例。第二，调整工作模式，在新的传播环境下，"自媒体"造就了每一个人都是媒体的模式，以往的工作模式就必须随之改变，对照理论、技术、运用三个维度严格考核政府的反应能力、引导能力、控制能力，政务微博、微信运营能力以及对其他媒体的协调能力。第三，重视舆情监测，重点开发新的大数据舆情分析技术，由于网络舆情的大数据特性，需要不断创新舆情分析技术才能有效释放其价值。

# 二  大数据创新社会治理

社会治理是对社会的经济、政治和文化等事务进行的组织、协调、指导、规范、监督的过程。创新社会治理，是中国应对社会转型、化解社会矛盾、协调利益关系、维护社会秩序所面临的一项重大战略任务。针对目前社会治理领域普遍存在的服务理念滞后、决策机制不够科学、部门协作亟须加强、工作方式待改进与工作效率求提升等问题，大数据技术从认识、理论、方法、实践和效果评估等方面都能给人以启发。大数据技术通过对海量数据的快速收集与挖掘、及时研判与共享，成为支持社会治理科学决策和准确预判的有力手段，为社会转型期的社会治理创新带来了机遇。[①]

## （一）流动人口管理

流动人口是市场经济条件下，促进社会化大生产的关键组成部分与重要贡献力量。大数据时代，推动和创新流动人口管理尤为重要。

1. 运用大数据保障流动人口子女的教育质量

目前，流动人口的主力军多为"80后"，这个年龄阶段不同于上一代"单枪匹马闯天下"，而是以整个家庭为单位转移流出。这样增强了流动人口的稳定性，也避免孩子因为留守发生意外。但整个家庭流出会引发子女教育的难题。当下，流动人口不仅面临着子女不能与当地孩子接受同等教育的问题，还面临着教育质量得不到保障的问题。优质教育是家庭教育与学校教育共同促进的，特别是基础教育阶段。那么，在这样的背景下，建

---

① 唐胜宏、刘振兴、王培志：《利用大数据创新社会管理》，《光明日报》2014年7月7日第11版。

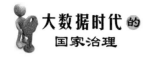
立起家庭与学校的联系就显得尤为重要。科技的发展和信息网络时代的到来，为父母和学校都带来了福音，信息化既为学校管理增添了新的手段，也为学校家长工作的开展注入了新的活力，信息平台给学校工作带来了更多的方便和快捷。有些家长因为工作关系，没时间与老师定期见面，网络信息平台的出现就让学校和家长有了更多的沟通与接触，老师通过家校平台把学生的在校情况、课堂表现、作业情况等写好，然后发送到家校通的信息平台上，家长可以随时随地登录该平台，及时了解子女在学校的情况。

2. 运用大数据创新流动人口就业培训

在就业培训方面，由于国家的相关政策和财力支持的不足，大多数流动人口技能培训质量不高。我们知道，占流动人口大多数的农民工群体，其文化程度普遍较低，在这个日趋科技化、精细化的时代，相应的技能培训显然尤其必要。开展流动人口技能培训，既可为"用工荒"的企业提供合适的人才，又可有效解决流动人口的就业问题。在大数据的背景下，网络培训不受时间、地点的限制，对于"用工荒"所急需的技工熟练工，则可以点对点地通过培训机构发布给需求单位。不但为流动人口提供了便利，更为流动人口就业提供了更广阔的空间。最主要的是做到了物尽其用，避免资源浪费，也加快了社会发展的进程。

3. 运用大数据加强流动人口的社会保险管理

由于户籍的限制，流动人口在各个社会保障项目上的待遇都比城镇居民要低，特别是在养老保险方面。由于其流动性大，奔走在不同的城市、不同的企业之间，而新的工作城市不承认原来的缴费记录，所以很多流动人口只得从旧工作地的保险单位退出，在新的工作地重新参保，对于他们来说这样很麻烦，因此很多人选择了退保。近年来国家推进了养老保险跨区域的转接，并开通养老保险转移和接续的网络信息平台。截至2013年2月，全国已有24个省（自治区、市）连接到了养老保险跨地区转移接续的信息平台，当流动人口的养老保险需要转移时，就可以利用这个信息平台把数据转移到新的地方，这样既简化了行政流程，增强了信息传递的完整性和准确性，也为流动人口提供了更方便快捷的服务。

4. 运用大数据提升流动人口的医疗卫生服务水平

流动人口工作强度大、工作时间长、工作环境差，这就使得他们的身体很容易出现各种问题。当他们得病后，一般是"大病扛、小病拖"。在北京接受调查的流动人口中，71.1％没有参加任何形式的医疗保障项目。生病时，有37.79％的农民工会自己根据病情到药店买点药吃，32.01％的农民工上正规医院看病，20.45％的农民工去个体诊所看病。[①] 可想而知，流动人口的医疗卫生情况是很令人担忧的。随着社会经济和科技的发展，提升流动人口的健康服务质量是非常必要的，这就可以通过信息网络技术把流动人口的行为与健康管理数据汇集成大数据，通过对大数据的分析除了可以提升医疗价值，还可以为流动人口提供个性化的医疗服务。在基因科学的医疗模式上，通过对流动人口病因进行分析，对患者健康信息进行整合，为疾病的诊断和治疗提供更好的数据支撑，进而建立流动人口健康知识库，从而提升流动人口健康状态。[②]在大数据的覆盖下，随着流动人口主体的年轻化和网络使用的高频化，他们不仅可以看懂被医疗服务机构掌握的身体健康数据，更有可能利用网络搜索相关词条，学会如何防治、如何禁忌和选药、如何跟医生交流。在医疗得到保证的同时，也缓解了医患关系的社会问题。[③]

5. 运用大数据优化流动人口的计生管理

在大数据的时代下，提升流动人口计划生育管理的信息化，建立信息共享、管理互补、服务互动、计生知识宣传的多部门协作的机制是非常重要的。利用科学技术手段，统一数据标准，采集流动人口信息，加强省际交流与合作，完善流动人口计划生育服务网络，跟踪查询流动人口的相关

---

① 国家统计局课题组：《城市农民工生活质量状况调查报告》，《调研世界》2007年第1期。

② 王有才：《医疗大数据的机遇与挑战》，《医疗大数据高峰论坛（华东站）》2012年第11期。

③ 医患关系的产生主要源于医患的信息不对称，医患之间缺乏交流，没有一个权威的平台建立一个数据交流通道，缺乏信任的基础才会变得那么尖锐。大数据此时更可能变成医疗事故的权威解释和证据，大大保证了流动人口的医疗卫生信息对称和相关权益。

信息，及时做好信息的变动登记。如今身份证变得越来越重要，高科技含量越来越高，其附加数据的功能也越来越多。由于这个系统本身就有大数据的雏形，所以流动人口不论走到全国哪个城市，只要输入其身份证号，有关生育的信息均可在线显示。这样就方便全国各地有关部门及时掌握流动人口生育情况，并为他们提供基本的计划生育服务。此外，有关部门还可通过通信运营商短信收集相关信息数据，开发 APP 宣传计生知识、提供计生服务。

### （二）医疗与健康管理

说起大数据与医疗健康管理，有人会提到大数据的"智慧医疗"。关于"智慧医疗"，更多人则会联想到医疗数据的透明度、医疗案例档案与医疗资金的统筹利用等，也有人曾提出 2011 年我国正式实行类似大数据的"电子病历"。但为什么医患矛盾在近几年更激化了呢？主要原因如下：

第一，国家科技资金投入不能满足需求，还存在重复建设的现象，国内信息技术水平与技术开发能力较先进水平有差距。红旗操作系统、"即刻"搜索的失败有效说明了这个问题。

第二，部分政府机构、科研单位等部门过于保守，将信息数据当作私人的资源进行囤积不愿公开，政府的信息不透明加重了"信息孤岛"恶化。

第三，数据收集严重不足，数据的利用价值很低，我国虽然推行户籍和档案制度的信息化管理，但效果有待提升。

第四，政府的公信力不高。缺乏权威的数据认证机构，从那些针对国家统计局的"被平均"现象，可以看出民众对政府公布的数据不够信任。

由此可见，我国在公共医疗上对于大数据的应用还任重道远。虽然大数据在"智慧医疗"上的应用还需时日，但也可以化被动为主动，以三星 Gear2 为代表的智能可穿戴健身医疗设备的推出，很大程度上推出了个人级的大数据应用。专门针对各种无线移动终端，支持 IOS、安卓等主流手机系统，辅以手机内 APP 各种健康软件来达到健康的目的。

诸如上文所述，大数据将提供一个前所未有的整合医疗与健康管理行业价值链的机会，对医疗健康构架内的各个利益关联方都意义重大。对国家而言，充分统筹利用现有的医疗资源、减少重复投资，实现医疗管理的透明化、医疗信息和流程的规范化，将极大提升医疗与健康管理水平。对医疗机构而言，可以共享大数据，并基于患者的临床诊断检索最佳的治疗、用药方案和指导病例的诊断标准。对于药物、医疗器械生产商而言，整合物流数据、临床数据和国家的政策，能更好改进医疗用品价值链的研发，并减少中间利润环节，做到有口碑、有效果。对个人而言，可以保障个人健康的同时减少对医疗的依赖度，以及获得最经济和最具疗效的医疗方案。

### （三）环境监测

有人说骆家辉带给中国最大的"贡献"之一就是 PM2.5，让国人惊诧于自己生存环境的恶劣。李克强总理在政府工作报告中强调，要像"向贫困宣战"一样"向污染宣战"[①]。"向污染宣战"，首当其冲的就是环境信息的情报数据，这些数据包括污染的严重程度、类型、交叉程度、分布区域、危害、所波及的人数等各种具体数据，以及基于数据之上的综合分析和预测，而大数据正是实现环境信息化应用的重要手段之一。那么大数据该怎么助力环境监测呢？

早在 2006 年，NGO 组织"公众与环境研究中心"发布了公益性的"中国水污染地图"和"中国空气污染地图"，这其实就是大数据的早期成果。而大数据技术的发展使环境监测数据采集和环境监测数据传输系统得以完善。从环境信息数据库中挖掘出数据的价值，建立评估和预测预报模型，这就是大数据的核心应用。再如《安德的游戏》拟真训练系统一样做

---

① 治霾治污提速亟须大数据思维，http：// news. xinhuanet. com/mrdx/2014-03/17/c_133190836. htm。

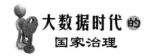

成可视化的真实环境数据模拟，将大大降低环境管理的风险和成本，使之能在环境风险尚未出现前就让管理者做好防范。

正如司机被众多交通探头所限制而文明驾驶一样，有监督才有管理。无论是云计算还是卫星的遥感技术都可以全覆盖和精准监测环境并进行记录。让环境监测部门可以实时监测某一地域的环境信息。发现违章即时记录并作出反应。

环境保护是没有隐私的，每一个人都在为环境大数据作着贡献。长沙在2014年8月份通过各种媒介发起"随手拍不文明驾车现象"的活动，让不文明的驾车现象得到全民的监督，并对随手拍的民众进行奖励。同样，对于环境监测工作一些照顾不到的问题，也可以通过大数据采集社交信息数据、公众互动数据等，帮助环保部门提高工作效率。并借助社交媒体的海量用户和海量数据，进行环境监测科普宣传与互动，激发全民的支持。大数据时代，为环境监测提供了有效手段，伴随大数据技术的成熟，一旦环境信息数据完成了整合与共享，那么环保监测也变得简单，国民的生活环境也将大大改善。现在要做的，就是选好方向，利用好大数据这个工具。

# 三　社区治理与网络化管理

党的十八届三中全会将"国家治理体系和治理能力的现代化"列入全面深化改革的总目标，表明我们应树立大数据思维，构建全新的公共治理结构与公共服务体系。

## （一）社区犯罪防止的数据预警

防止犯罪事件特别是大规模暴力犯罪事件发生，是维稳工作的重要内容。以大数据为手段，通过提取人们行为的时空规律性和关联性，进行犯罪预测。例如，美国加利福尼亚州桑塔克鲁兹市使用犯罪预测系统，对可能出现犯罪的重点区域、重要时段进行预测，并安排巡警巡逻。在所预测的犯罪事件中，有三分之二真的发生。系统投入使用一年后，该市入室行窃减少了11%，偷车减少了8%，抓捕率上升了56%。作为城市的重要组成社区——公共危机管理的重要载体、各种公共危机事件发生的第一现场，它对城市整体公共危机管理具有重要的基础性意义。

社区的治理最主要还是以人为本，社区的户籍管理必须要往信息化、数据化管理推进，整合流动人口和出租房、酒店的信息，建立起流动人口信息数据库，按照"人户一致"的原则进行信息定位。同时，注重流动人口资料的准确性和及时更新，并增强检索查询的速度。建立社区微信或其他的管理信息收集平台，收集辖区的个人数据；鼓励辖区居民使用手机等通信工具，采集个人信息，比如心率数据、视力数据、记忆和智商程度、地理位置信息、社会关系数据、饮食数据、购物数据，等等。这些数据既可以一目了然地显示社会自然人的精神和生活状态；也可以提供给罪案预防监控中心，来预防自杀和犯罪发生；还可以及时看到是否有求救或有问题急需解决的，对其进行针对性的救助，并找到解决问题的方法，从而将某些不良情绪消除，实现社区的和谐稳定。目前关于社区治理的研究绝大多数属描述型，也许只有在大数据时代，才可以真正做到社区治理结构从描述型研究走向解释型研究。

## （二）数据运用的网络化管理

图7-2是网络化流程模拟图，从图中我们可以看出，网络员既是信息的采集、监测和提供者，也是决策系统的实施者，提供数据的同时也要接受数据案例的指导。分区网络指挥中心对辖区内数据进行研判、应对、资料储备和上传数据到大数据库方便检索。网络决策系统负责整个流程的运转和协调兄弟部门进行组团式服务，既指导工作也承担责任。

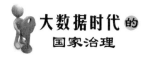

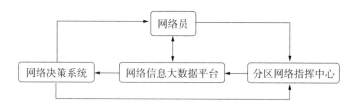

图 7-2　网络化管理流程模拟

早在 2013 年，长沙市城管系统就提出了"组建大城管，打通体制梗塞"的口号，进行数字化城管的系统升级。以"重心下移、属地管理、监管分离、权责对等、理顺职能、整体联动、公众参与、共同治理"为基本原则，打造了一套全新的城市管理服务体系，有联机的指挥中心、联机的案卷数据库、联机的操作平台。数字城管平台、社会综合管理平台以及社会服务平台均采用了统一的技术架构、数据结构、应用模式、业务流程、安全保障机制、标准交换格式。其操作人员均呈现年轻化、专业化和高学历化，并定期组织交流和培训来完善系统的 BUG（漏洞）和发掘系统数据的新价值。其目的就是为融合各个平台数据和服务功能，为多元网络化管理和组团式服务奠定基础。

大数据时代的社会治理，建立多元的网络化管理和组团式服务，有利于城市资源的优化。让社区为业主提供优质的服务，让交通能更便捷地方便民众，让环境能远离污染，等等。在这条路上我们需要借鉴更多发达地区的先进经验和案例，结合本土社会结构的实际，从应急性管理向预警性管理转变，从目前粗糙的感性管理向精细的量化管理过渡。我们期待大数据在社会治理方面大有作为，并坚信大数据会在政府简政优化、提升公共服务方面大放异彩。

## （三）平安社区建设

2013 年 5 月 31 日，孟建柱同志在深化平安中国建设工作会议上强调"在更高起点上全面推进平安中国建设"。统观全局是建设好平安中国，落实到基层便是建设平安社区。我们知道，即使是一个社区的平安建设，也不仅仅是一个政府部门、一个组织或一个企业能够完成的，它需要多方面、各类组织共同发力。而平安社区的建设是多中心治理的应用，多元主体的构成能够充分利用社会各阶层在公共事务管理中的综合力量，并形成互补优势。多中心协同治理框架下的主体不仅包括政府与企业，还包括非营利组织、社区本身、大众传媒等，通过多主体的协商互动以及多元化意识的融合，实现集体的合作，以促进社会的和谐发展。

众所周知，多中心协同治理，企业是不可缺少的重要部分。2014 年 6 月 26 日，在北京召开的首届国家治理高峰论坛上，腾讯是唯一的企业代表，它作为大数据事业上有技术有资源的互联网领军企业，充分显示了民营企业参与社会治理的积极性，表明了在"全面深化改革，推进国家治理体系和治理能力现代化"的时代背景下，民营企业已经认识到大数据在国家治理中的重要价值，为承担起数据治国的技术支持者的社会责任，不断推动数据治理技术、模式的创新，为大数据发展营造良好的生态环境。①腾讯在论坛上还提出了大数据服务国家治理的新理念：让老百姓一起大数据。种种迹象表明，在大数据时代，网络信息平台不但在经济领域，而且在民生领域也发挥了非常好的参照作用，互联网行业有责任为国家治理提供大数据作为依据。我们知道，这几年来，百度、阿里巴巴等互联网公司都在尝试大数据的挖掘和服务，腾讯也积极推动中国大数据行动。因此，政府部门或其他具有公信力的机构应该倡导各大互联网公司相互合作，并为社会治理建立一个开放的"数据池"，为社会化大数据服务打下深厚的资源基础。

在信息多元化的时代，现代人运用报纸、电视及网络等多种媒体来获取信息已成为了一种基本的方式。特别是在公共危机面前，民意调查显示，在"非典"期间，公众获取到的抗击非典疫情的信息 90％以上来自新

---

① 首届国家治理论坛举行，腾讯推"大数据中国"概念，http：// news. china. com/finance/11155042/20140627/18593214. html。

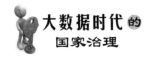

闻媒体，公众对新闻传播的满意率达到 96.6％。在突发性公共危机中，新闻媒体倍受关注。受众在这种情况下往往会基于对媒体的信任，主动寻求有官方背景的主流媒体来廓清视听，调整认知、决策行为，形成观点。[①]公共危机发生后，人们在生活、思维方式上必然会有所变化，心理上也会产生一定压力。这就导致了对各种信息十分敏感，而且对信息真假的辨别能力相对降低，因此谣言也会相对增多。危机爆发后会减弱原有的组织传播力度，因而媒体的舆论宣传会成为人们知情的主要渠道。新闻媒体快速地在网上大量地发布事态的真实发展状况，不但满足人们对知情权、求知心理的需要，还制止了流言，并降低了人们的恐慌心理。对危机事件进展的报道以及相关的后续报道也要客观公正、整体真实，从而调动受众冷静的思考，让受众对危机事件有一个真实、全面、清醒的认识。媒体可以引导正确的社会舆论，稳定社会的发展。

---

① 姚少宝：《突发性公共危机中的媒体作用》，《青年记者》2004 年第 11 期。

# 第八章
# 大数据时代的教育革命

最早提出大数据时代到来的全球知名咨询公司麦肯锡称："数据，已经渗透到当今每一个行业和业务职能领域，成为重要的生产因素。人们对于海量数据的挖掘和运用，预示着新一波生产率增长和消费者盈余浪潮的到来。"维克托·迈尔-舍恩伯格和肯尼思·库克耶合著的《大数据时代》直接把人们带入到一个激情燃烧的信息化时代。大数据激发了人类社会一直潜藏的数据规律和分析价值，大数据时代的数据量已经从 TB 级别跃升到 PB、EB 级别乃至 ZB 级别。大数据把全球卷入了一个以数据、数据分析与预测为特征的时代，面对汹涌如潮的大数据的重大影响，为了探寻教育的变革方向，适应大数据时代的新状况，大数据时代的教育也在除旧迎新，探索华丽的数字化转型，一个大数据教育创新的时代已经到来。从教育研究者、策划者到开发者，从教育决策者、主办者、管理者到一线教师和学生都将面对大数据时代新的挑战，教育教学理念、教育教学流程和教育教学技术都将发生翻天覆地的可喜变化。大数据能给教育带来什么样的变革？在教育变革的大数据时代，谁掌握了教育大数据，谁就把握了教育的未来。因此，需要遵循教育规律，借着大数据充分挖掘教育数据背后的金矿和价值信息，顺应技术进步潮流，建设大数据教育平台，制定大数据教育战略决策、策略和参与探索新形势下教育案例的成功实践，不断提升教育服务经济社会的能力。

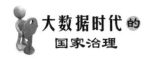

# 一 教育理念的刷新

教育理念是教育研究者、设计者、实践者乃至整个民族经过长期理论和实践方面的不断蕴蓄而形成的关于教育价值取向的理性信念。

大数据时代的技术进步使得数据信息的收集、存储、交换、挖掘和使用等都成为可能，在这种情况下知识被解放出来了。

数据解放知识后，人本身终于成为教育的出发点和归宿，这就为个性化教育指引了实践方向；数据驱动下的决策，将使资源配置从"拍脑袋"到最优方案，为教育决策提供了科学依据；数据发掘了潜能，幕后教师成就了学生主体地位，这也就为教育评价拓展了新的思路；数据支撑下的管理可以实现人性化的过程管理，使人的价值成为世界上的最高价值。

## （一）数据解放知识：人的本身才是教育的重点

随着技术的进步，大数据时代对数据信息的收集、集成、存储、交换、分析、融合、建模、预测、挖掘和使用等都成为可能，于是知识被解放了。大数据时代，人的本身才是教育大舞台上的聚光灯真正应该照耀的重点。

教育对培养目标的关注在几千年的教育实践中大致经过了几个重要的阶段，从历史的长河摄取几个关键的视点就会发现，人类教育经历了教育原生态的生存本位教育、"知识就是力量"的知识本位教育、"二战"后的能力本位教育、克服应试教育弊病的素质本位教育几个阶段，最后随着技术的进步可能需要回归到大数据时代的人本位教育。

大数据时代生命哲学视野下的人本位教育关注的重点应该是让学生学会成长（也就是 learning to be）、学会做人。知识、能力、素质都是成长过程中的应有之义，是人本身成长过程的智力体操，是手段不是目的，千万别忘了在这个锻炼成长过程中的主体是人！大数据时代将彻底改变人本身，大数据技术将连接人与人、人与物、人与神、人与一切外部世界，把人从人与人、人与物、人与神、人与一切外部世界之间的关系转变成整体的、完整的人和技术协同进步、完善的关系，未来将成为一个人类和技术共同进化、完善的"混合时代"，人类将由抽象的数字存在逐渐充实丰富为更加实体的可把握的数据存在。正是有了这种技术进步的便捷性、超越性和可操作性，才有可能使人本身以及人的成长过程的进步、变化和完善成为大数据时代教育的焦点。

## （二）数据驱动决策：资源配置从"拍脑袋"到最优方案

随着信息技术的高速发展与普及、教育理念的秉持、教育环境的设计、教育时空的转移、学习场景的变幻、教育数据的采集等，在云计算、物联网、大数据的背景下，以大数据为支撑的新型现代教育治理与科学决策逐渐成为一种未来的趋势。传统的政策调研和观点式决策逐渐向以多元丰富政策证据为支撑、大数据为助力的现代教育治理模式转变。

挖掘和分析教育大数据需要将教育实践活动中产生的大量半结构化（文本、图片、音乐、影像等）和非结构化的大数据转化为类似结构化的多维数据表格或关联数据，然后利用计算机和高度智能化的处理软件进行高效处理，以便寻找出大数据所隐藏的关联、规律和高附加值。SPSS、SAS 和 NCR 等许多数据分析软件公司所开发的高级数据挖掘工具为大数据的处理提供了便捷的数据挖掘方法和技术，1999 年欧盟起草的《跨行业数据挖掘过程标准》（*Cross-Industry Standard Process for Data Mining*，CRISP-DM）也可资参考。根据教育大数据所反映的教育需求来确定决策目标，然后从教育大数据中提取与教育决策目标相关的数据集或数据链，用数据挖掘算法或软件工具进行不同方式不同层次的挖掘，在多个教育目标决策方案中寻找到"最优方案"。如果通过数据挖掘寻找到的"最优方案"与决策者需求的"最优方案"不一致，可结合教育决策者的决策支持智能知识（环境、目标、本能、经验、规范、常识、情境等）进行二次挖

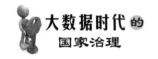

掘，最后做出数据驱动的决策，从而避免"拍脑袋"的直觉性决策失误。一般来说，一个好的决策至少要有三组以上的有力数据支撑。因此，教育主管部门进行教育决策时一定不能绕过数据支撑的"好望角"。

### （三）数据发掘潜能：幕后教师成就学生主体地位

大数据时代的教育教学是面向学生的，学生是具有无限扩展潜能的资源用户，与学生相关的各种资源数据库蕴含着巨大的教师教学的价值、学生学习的价值和潜在社会商业价值，而且这种资源数据库的发展是稳定的、持续的。在大数据时代，传统的以教师为中心的教学观受到了前所未有的冲击和挑战，取而代之的是以学生为中心的自主学习观和资源价值发展观，教师逐渐从前台转向幕后，扮演学习动力激励者、学习资源提供者、疑难困惑讨论指导者、心理咨询辅导者和学习项目设计者的角色。在这种观念的指引下，学生的积极性获得了极大的激励，潜能得到了极大的挖掘，独立思考的习惯和能力得到了极大的培养，创新精神的火花时时在闪烁，在学习行为实现的过程中不断产生成功的喜悦和满足。

大数据时代的教育教学活动的背后是云计算、云存储和大数据平台，云存储中用于教育教学的文本、图片、视频、音频、动画等信息资源是海量的，通过搜索引擎输入关键词就可以轻易找到，这就使得以"用视频再造教育"为主要特征的云时代的崭新学习方式成为可能。这种学习方式在现代教育教学理念的指引下，可以充分地实现学习过程的人性化，学生可以自选范围、自设目标、自定进度、自设难度等级系数，不懂的地方可以反复观看教学视频，有困惑可以在网上和同学自由讨论，遇到特别难的问题在网上就可以向教师请教，需要特别帮助的学生还可以让教师提供面对面的个性化直接讨论和辅导，学习质量可以得到进一步提高。

大数据时代的教育教学促进了教学反思和教师专业发展，促进了教师评价模式的完善。教师设计和建设教学资源的过程，也是一个不断定位、纠偏、反思、研讨、自审、自省、完善的过程。经常性的教学反思可以促进教师专业发展，让教师实现从"教书匠"向"人类灵魂工程师"和"设计大师"的转变。传统教学中的教师在课堂上就好像是演员，上课时的表演以备课时设计好的具体教案为蓝本。大数据时代的教学中，教师就变成了学生学习的导演，设计、组织、指导、帮助学生进行自主学习，释疑解惑，拓展学习深度。对教师的评价从讲课水平改变为设计、组织与指导水平。[①]

### （四）数据支撑管理：人性化的过程管理

管理就是服务，是心甘情愿的服务，是润物无声的服务，要做好服务，光有心思还不行，还要有技术。大数据时代的数据支撑为服务插上了腾飞的翅膀，让服务过程更加人性化，特别是面向弱势群体的服务更应该如此。华东师范大学管理层利用学生就餐时产生的大数据，组织开发了一套用来分析、预测和发现家庭经济困难学生的预警系统。再如，上海市黄浦区卢湾第一中心小学研发了独具特色的"云手表"，尝试利用网络平台和数据库来收集学生运动数据，以实现量身定做的体育课程项目训练的差别化个性化教学。

# 二　教育流程的再造

未来的教育主流可能是：视频成为主要载体，教育资源极其丰富，翻转课堂、按需学习、终生学习、不以年龄画线、远程教育的提法将消失、距离不再是问题，教育在学校之外发生，等等。翻转课堂、大型开放式网络课程（MOOC）和微课程是大数据变革教育流程的第一波浪潮，优质视频开启自主学习，免费网络课程引领教育解放，微课程在中国的蓬勃兴起将促使中国式信息化教学发生深刻变革，对教育大数据的率先实现和深刻挖掘将抢占未来的发展先机，将助力旨在改善学生学习成绩的教学改革。

---

① 金陵：《大数据与信息化教学变革》，《中国电化教育》2013 年第 10 期。

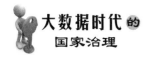
### （一）翻转课堂诞生：优质视频开启自主学习

传统课堂是教师在学校讲授课程内容，布置课后作业，学生回家后自己做作业练习巩固教师在学校讲授的内容。翻转课堂就是让学生课前在家学习教师精心准备的短小精炼的视频教学片，或者通过互联网寻找优质的教育资源，自主完成知识点的学习，不再单纯地依赖教师在课堂上传授知识，自主做好必要的知识准备，然后学生回到学校课堂面对面交流，在课堂上完成教师精心设计的作业、进行课程研讨"工作坊"或者在实验室做实验，通过课堂上教师对学生提出的问题的理解把握以及教师与学生、学生与学生的相互讨论、活动与交往、化解疑难、解除困惑，在教师指导下拓展知识、运用知识、创新知识，从而使学生成绩提高，学习信心增强，教育教学效果理想。翻转课堂从根本上颠覆了夸美纽斯所确立的传统课堂教学，开拓了人性化学习方式，从而提升了学习绩效。

翻转课堂之所以广为流行是因为它创造了人性化的学习方式。一方面，学生在家挑选和查找合适的教学资源，可以随意地根据自己的进度、节奏、习惯、步骤、方式等进行暂停、倒退、快进和重复。如果忘记了以前的内容，可以调取视频重看，也可以根据兴趣通过网络广泛地涉猎与此相关的知识。即使在困惑的地方多花一点时间也是值得的，因为一旦对概念有所领悟和理解，认识就会产生质的飞越。另一方面，教师也可以在面对面的案例教学中不断积累经验。在学生做作业的过程中，教师可以通过管理平台及时发现学生的理解程度和有困惑的学生，并且可以采取措施适时介入，给予这些学生一对一的个性化指导，从而保证了所有的学生能够同步并进。

### （二）MOOC风暴来袭：免费网络课程引领教育解放

MOOC（汉译为"慕课"）是大规模开放式网络课程（Massive Open Online Courses）的简称。MOOC起源于美国顶尖级大学开设的网络课程，随后出现了 Coursera、Udacity、edX 三大课程提供商，与全球顶尖级大学合作免费提供高等教育课程，比如 Coursera 与全球 62 所大学有合作关系。这些课程提供商还准备与加拿大、墨西哥、欧洲、中国、新加坡、日本和澳大利亚的顶尖大学合作，推出更多的 MOOC 课程。

值得一提的是，免费线上课程最远可追溯到 1961 年巴克敏斯特·富勒关于教育科技工业化规模的演讲和 1962 年美国发明家道格拉斯·恩格尔巴特在"扩大人类智力之概念纲领"中首倡的电脑网络辅助学习。他们关于免费线上课程的思维火花点燃了后来者的创造力，改变了教育世界的现状。

MOOC 有自己独立的学习系统和管理系统，能够整合兼容多种网络应用软件并能利用多种形式的数字化课程资源，无论何时何地都可以联网享受免费的国内外顶尖级著名大学课程，这能够极大地满足人数众多的课程学习者的学习需求，但需要学习者有较强的自主学习能力。MOOC 教学有自动评估工具，学习 MOOC 课程可以获得学分，也可以在有老师监考的教室里测试，达到充实生活、丰富职业生涯的目的。斯坦福大学 Sebastian Thrun 与 Peter Novig 教授所开设的"人工智能导论"课程，有来自 190 个国家超过 16 万人网上注册学习，最后 2.3 万人完成了整个课程学习。[①] 当然入学率高的同时辍学率也高。

MOOC 的最初目的只是为了通过技术手段完善课堂教学效果，而不是为了彻底地抛弃课堂教育。第十六任麻省理工学院校长苏珊·霍克菲尔德说得好，"在线教育不是住宿制学院教育的敌人"，而是"令人鼓舞的教育解放联盟"[②]。网上大学的兴起，驱动着教育领域前所未有的革命，世界各顶尖级大学纷纷响应。

面对汹涌而至的全球性 MOOC 浪潮，中国的一些 985 大学、211 大学等也不甘落后。2012 年被称为大规模开放式网络课程元年。2013 年，上海市推出了"高校课程资源共享平台"，30 所高校的学生可以在课程资源共享平台上选择自己有兴趣的课程，取得学分后可以在 30 所高校通用互

---

① 蔡文浏、汪琼：《2012：MOOC 元年》，《中国教育网络》2013 年第 4 期。
② 李纪元：《MOOC 背后的理念》，《中国教育网络》2013 年第 4 期。

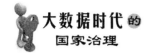

认。2013 年 5 月，清华大学、北京大学决定加盟 edX，从此清华大学、北京大学的学生在选修相关课程时多了一个"edX"课堂可供选择。MOOC 出现后，萨尔曼·汗"用视频再造教育"的学习梦想变成了现实，并迅速推广到世界各地的高等教育领域，而且发展到可以通过选修 MOOC 获得学分、取得学位，标志着 MOOC 已经进入正规教育的范畴。①

### （三）微课程蓬勃兴起：中国式信息化教学变革

微课程（microlecture）是指为了实现单一主题内容的教学需要而精心录制的数分钟的教学声音解说或教学视频图像（通常 1—5 分钟，最多不超过 10 分钟），这种带有具体结构的课通常用于在线学习、自主学习或移动学习。目前从微课程的规模来看，这种课程形式在中国最为流行，神州大地富有生机的微课程开展得蓬蓬勃勃。

从历史上看，美国新墨西哥州圣胡安学院的戴维·彭罗斯（David Penrose）2008 年首创"微课程"这一概念，他把微课程比喻为"知识脉冲"（Knowledge Burst）。后来人们戏称其为"一分钟教授"（the One Minute Professor）。

职业教育领域应用微课程比较多，我国的范国玉是企业微课程培训技术创始人。随着智能手机的普及，微课程深受欢迎，因为微课程短小精悍，可以充分利用现代社会已经被碎片化的时间，并在较短的时间内获得较大的信息量和知识量。

微课程的开发技术，通常有 PPT 式、讲课式、情景剧式，时间在 5 分钟左右。学生可以在家利用微课程资源自主学习，可以在学习过程中记下自己的困惑，以便与教师、同伴、同学一起讨论、交流、辩论。微课程的灵感来源于翻转课堂，也与心理学上的视觉驻留现象有关，利用了人类能有效集中注意力的时间在 10 分钟这一概念。如果一个微课程的视频时间太长，可以将其再细分为几个更细小的片段，形成微课程系列，每片段的时

---

① 金陵：《大数据与信息化教学变革》，《中国电化教育》2013 年第 10 期。

间控制在 10 分钟以内。否则，有可能会产生视觉疲劳、听觉疲劳、思维疲劳和审美疲劳，不利于学习效果的保持。

2012 年 9 月，第一届中国微课大赛由教育部教育管理信息中心举办。2013 年 5 月，由中国教育技术协会、全国高等学校现代远程教育协作组、中国学习与发展联席会联合举办了首届全国微课程大赛。2014 年 3 月，第二届全国高校微课教学比赛启动，旨在推动高校教师专业发展和教学能力提升，促进信息技术与学科教学融合。这些全国性大赛助推了如火如荼进行的微课程信息化教学，这种势头将有效促进基础教育领域的微课程信息化教学。

大数据成就了微课程，微课程凸显了大数据，二者相得益彰。目前，北京、广东、上海、江苏、浙江、山东、山西等十多个省、市、自治区纷纷开展微课程实践。微课程实践的不断积累，将形成微课程群，微课程群的应用又会形成新的教育应用数据，将有利于大数据分析与挖掘、发现与预测的创新应用。①

### （四）分析大数据助力教学改革：改善学生的学习成绩

利用教育大数据分析学生的学习情况或许不再是梦想，目前国外有些公司已经成功地进行了教育数据分析的商业化，如 IBM 公司曾与亚拉巴马州的莫白儿县公共学区就教育大数据进行过合作。现在教育大数据分析市场行情非常火爆，原因是美国的高中生和大学生的重修率、退学率居高不下。据报道，高中生退学率高达 30％，大学生的重修率达到 33％，无法正常毕业的大学生占 46％。如果商业化分析公司能从教育大数据分析的金矿中发现一些令人兴奋的价值，那么对满脸困惑的教育主管部门来说或许将是一种福音。因为联邦政府《不让一个孩子掉队法》规定，如果学生学习状况不佳，受到惩罚的将会是地方政府。如果这些专业公司借助技术支持所开发出来的新的分析工具软件能够在学生基础数据的基础上通过对教育大数据的分析建立起一系列预警，使得教师、学校和教育当局能够尽早采

---

① 金陵：《大数据与信息化教学变革》，《中国电化教育》2013 年第 10 期。

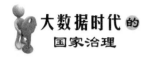

取措施干预和及时决策，进而改变这些退学率、重修率、非毕业率居高不下的窘况，对于重振学生、家长、教师、学校和教育当局的教育信心将是非常有帮助的。

在美国教育大数据领域的商业化运作公司中，"希维塔斯学习"是一家新兴企业，该公司致力于建设宏大的跨校学习数据库，通过开发分析软件对这些海量数据进行分析和理解，找到学生的分数、出勤率、辍学率和保留率的发展趋势，发现哪些课程是无用的甚至是有害的，让该分析软件用户能够提前知道影响学生辍学和学习欠佳的原因，并通过运用预测性分析、改变学习资源供给、投放干预措施、机器学习等来提高学生的学习成绩。

加拿大"渴望学习"教育科技公司推出了新的"学生成功系统"，已有1000多万名加拿大和美国的大学生用户。该教育大数据服务系统能根据过去的学习数据来预测并改善未来的学习成绩。"学生成功系统"通过在线监控学生对电子化课程材料的阅读过程、电子版作业的提交、在线与同学交流、完成相关的考试与测验等教育大数据，持续、系统地对每个学生的教育数据进行仔细分析。老师会得到不同学生阅读相同材料所花费时间长短等详细信息，而不再是分数多少与作业等级等终结性评价。老师获得这些具体、详细信息就能对问题进行及时诊断，找到问题所在，谋划改进的策略，并且在此基础上根据大数据中所建的"模"大致预测出学生的期末成绩。

## 三　教育技术的腾飞

1970 年，托夫勒在《未来的冲击》一书中预测，未来教育的发展方向是：小班化、多师同堂、在家上学、在线和多媒体教育、回到社区，培养学生适应临时组织的能力，培养能做出重大判断的人、在新环境迂回前行的人、敏捷的在变化的现实中发现新关系的人，形成在未来反复、或然性和长期的设想下的通用技能。相对于传统数据宏观的教育情况，大数据主要体现在微观层面。大数据使"经验式"教学模式变为"数据服务"教育模式，可以根据数据关注每个学生的微观表现，通过学生相关数据的分析，有针对性地调整教育方案，从而实现个性化教育。大数据与传统的数据相比，就有非结构化、分布式、数据量巨大、数据分析由专家层变化为用户层、大量采用可视化展现方法等特点，通过教育技术的腾飞，适应个性化和人性化的学习变化。具体来说，可以通过物质载体助推技术飞跃，让电子书包生成教育大数据；通过事先及时干预，为高危学生建立学习预警系统和补救措施；通过共享协作学习，建立线上线下多元互动模式；通过技术筛选金沙，从教育大数据中提取价值。

### （一）载体助推飞跃：电子书包生成教育大数据

由于大数据信息技术的飞速发展，不久的将来每个学生将会拥有一个电子书包。电子书包中的各个 APP 学习软件，能够根据学生学习的实际情况生成海量的学生学习行为数据，这些教育数据有的是结构化的数据，有的是半结构化的数据，有的是非结构化的数据。电子书包所生成的教育数据符合大数据大量化、多样化和快速化等几个基本特征，通过无线联网的电子书包中的分析软件能够对这些不同类型的教育数据进行实时处理，这些教育大数据的分析处理为后续的学习分析、个性化学习和多元学习评价提供了数据和技术支持。

学生的学习成效受多方面因素的影响，教育大数据则似乎更应该关注学生学习时个体行为表现方面的变化，关注学习行为背后微观变化方面的数据分析，关注学生个体的课堂反应情况。学生学习行为方面的种种细微变化，都可以通过对学生使用电子书包时，所产生的大量结构化的、半结构化的和非结构化的数据信息进行分析和挖掘后探测出来，以便探寻真正影响学习成效的因素，进而为改善学生的学习成效提供实证支持。

对学生的学习行为进行分析的目的是理解、改善和优化学生的学习及其发生的具体环境，对学生本身及其所处情境的各种数据进行一系列测量、收集、分析和报告，为的是对数据背后隐藏的学生学习行为信息进行深入挖掘、理解、分析和有效应用。电子书包中的教育大数据记录了学生

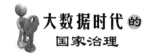

的学习行为信息，通过对学习行为分析过程内容框架的挖掘、理解、分析和运用，准确把握收集数据、信息加工和结果应用等一系列循环过程，能够为学生个性化学习内容的定制、学习环境的改善和智慧性信息服务提供有力的科学依据。

《剑桥学习科学手册》指出"学生尝试对自己正在发展的知识进行表达的时候可以学得更好"，说明反思对于促进学习者进行有效学习具有重要作用，而电子书包系统记录的学生学习路径数据信息和学习分析器等可以作为学生自我反思的工具，从而为促进学生的有效学习提供支持。

电子书包要实现创新教学甚至是变革教育的目的，就需要在个性化、移动性和按需服务上体现其价值，支持学生在课内和课外的个性化学习，并为学生提供个性化学习服务。而电子书包中的教育大数据可以为学习者提供个性化学习过程监控与指导、个性化学习资源推送和个性化学习社区推荐等个性化学习服务。此外还要对学习者进行多元深层次评价。[①]

## （二）事先及时干预：为高危学生建立学习预警系统

大数据时代的教育数据是分层的，每个层次都蕴含富有价值的数据。键击层、回答层、学期层、学生层、教室层、教师层和学校层等虽然是不同功能的分层，但都存在普遍联系和发展，深入挖掘就能预先找到隐藏在学习行为背后的联系和本质，就有可能建立学习预警系统，建立基于过程的学生评价机制，发现有问题的学生及时采取有力的补救措施，而不必等到最终测试成绩出来。具体可采用预测建模、分析软件和协作学习，收集、整合和分析学生的学习数据，集成多渠道来源的学习数据来帮助分析识别学生的表现和成就，帮助教师、学生、家长和专家一起工作，快速识别需要帮助的学生，确定并实施教学干预计划，给予及时的有效干预，并

---

① 章怡、牟智佳：《电子书包中的教育大数据及其应用》，《科技与出版》2012 年第 5 期。

持续跟踪学生进步，以确定干预方案效果，避免学生因学习失败而辍学。①

位于美国第安纳州的普渡大学（Purdue University）是最早的大数据"淘金者"之一。该校自行开发了一套大数据分析工具，即"课程信号"（Course Signals），利用大数据分析学生在以往积累的个人教育数据库，预测课程学习过程中即将遇到的各种问题来预警学习进程，跟踪学生学业进展和实时提醒学生，实时对课堂教学进行反馈，避免到了中期和晚期才意识到学生没法完成学业，帮助学生顺利完成课程学习。该系统允许教师在课程一开始就预测某个学生能否完成这门课程，以便尽早实施干预，增加课程评估中的 B 和 C，减少 D 和 F，避免课程学习失败。

普渡大学还创设了一个以课堂为中心的社会化学习环境，允许学生们用 Facebook 创建在线研究群组，以及用 Dropbox 云储存分享文档。来自这两个应用程序的数据流将被收集整合进"课程信号"系统，以创建更丰富的信息源。当然，与一门学科无关的行为，可能会对另一门学科不利，也可能对第三门学科有利。因此，对于生物学、微积分或古典文学，不能采用统一的算法。

### （三）共享协作学习：自适应模式线上线下多元互动

大数据时代的共享协作学习立足于大数据、云平台和物联网，利用多媒体和网络信息技术营造一个智能化的学习者学习和生活的时空环境，搭建一个开放高效的教育管理平台和教学互动模式，实现优质教育教学资源的共建共享、信息资源的协作整合、智力资源的传承互动，促进学习者对学习和生活的时空环境的自适应、自选择和自塑造，促进学习者的自主式、协作式、探究式学习，促进师生之间的高水平互动，促进线上线下的多元互动，形成学习者全面、和谐、充分和可持续发展的适应环境、解决

---

① 张渝江：《迎接大数据给教育带来的挑战》，《中小学信息技术教育》2013 年第 10 期。

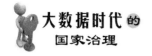

问题和创新创造的能力和智慧，实现学习者个体价值、利他价值和社会价值的统一。与大数据时代的个性化自适应协作学习相一致，"以学习者为中心"的学习理念，颠覆了传统的"以教师为中心"的教育理念，其深远的意义就在于抓住了学习的本质，让学习永远成为一个充满激情、张力、动态和平衡的过程，其目标是"教育要为学习者的智慧发展服务"①。

美国纽约市教育部门主持开发了一项教改项目 School of One（SO1），该项目面向全体学生，密切结合大数据分析手段与学习理论中的学习适应性技术，为个性化班级学习营建良好的教育教学环境。通过大数据收集学习者的学习行为数据，预测学习者即将发生的行为和结果，以此来不断支撑和满足各具特色的学生的学习需求，帮助学习者提升绩效。SO1 建立在大数据技术基础上的学习分析算法很有特色，计算机系统会根据不同学生的身体素质、家庭背景、气质类型、兴趣爱好、知识积累、学习态度能力、学习目标方式等特点，并结合教学方面的标准内容、可利用的教室、合适的学习技术等，为每个学生推送新颖别致的学习路线图、难易适中的课程材料、指导有方的教师和统筹兼顾的时间表。系统还可以根据每个学生的实际状况对这些安排自动做出调整，教师也可以人为地修改系统生成的各项安排和时间表，以确保每个学生在最佳状态下进行有效学习。学生的活动方式主要有大班教学、小组讨论、面对面教学、团队项目、虚拟学习、自主学习、实时远程辅导等。然后通过广泛地收集数据，分析学生的学习历史数据、背景数据、当天评估数据、哪些内容在统计学上对哪类学生最有效数据等，这些数据有助于教师和计算机更多地了解和掌握学生的信息，使预测和安排进度更准确，从而更有效地服务每一个学生个体。教师本身也是所营建的教育环境和学生学习环境的一部分，技术只是教师教和学生学的一种手段，教师作为引导者和辅助者在学生学习过程中仍然大有可为、不可缺少，从真正意义上实现了在线教学和面对面辅导的结合，

---

① 祝智庭、沈德梅：《基于大数据的教育技术研究新范式》，《电化教育研究》2013 年第 10 期。

大数据技术手段和教师教育智慧的结合，效果是非常明显的。美国教育发展中心对 SO1 项目进行了独立评估，评估结论是，2010 年 SO1 项目学生的数学成绩大大高于没有参与这个项目的学生。在 2009 年《时代》杂志评选的 50 项最佳发明中，SO1 项目是唯一的一项教育创新。[①]

使用大数据技术驱动计算机自适应教学的还有美国的 Carpe Diem 学校。学校通过大数据技术综合法分析处理学生使用设备和软件产生的交互数据，统计学生网页访问流量，从这些隐藏的数据背后挖掘出学生个体和学生总体详细的学习行为。结合显性的学生学业表现和学习行为，教师和智能计算机系统可以得出一个对学生的基本评价，系统程序可以帮助甚至替代教师初步作出诊断性判断，可以自动跟踪学生的学习行为，必要时作出指引性提示，对学生作业的对错作出及时反馈。大数据技术驱动计算机自适应教学是对现有基础教育阶段教育教学技术和模式的颠覆性改造。据报道，这项技术在亚利桑那州的试点学校取得了巨大的成功。这所学校把自适应技术支持学习、辅导、小组项目和课堂教学相结合，为每位学生提供高度个性化的教育。学校有 7 个年级 240 名学生，只配备了 1 名数学老师和 1 名助教，学生的数学成绩却非常好。由于已经成功地用技术取代了教师的大部分劳动，因此，其教育成本低得惊人，每名学生每年仅 5597 美元，远低于得克萨斯州为每名学生提供的每年约 7000—7500 美元的成本。Carpe Diem 学校被《商业周刊》和《美国新闻与世界报道》评为美国最好的高中。[②]

从韩国的情况来看，移动在线教育的发展如火如荼，势头非常好，份额达到整个在线教育的 40％，特别是移动互联网的语言学习类课件大有市场。韩国很多人通过手机 APP 和平板电脑等移动社交软件进行学习，购买手机或平板电脑时供应商一般都会搭载这些移动学习软件。据科技博客 geekosystem 报道，韩国方面从 2015 年开始将废除所有的纸制教材，不再

---

① 张渝江:《迎接大数据给教育带来的挑战》,《中小学信息技术教育》2013 年第 10 期。

② 张渝江:《迎接大数据给教育带来的挑战》,《中小学信息技术教育》2013 年第 10 期。

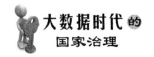

出版纸制教材，学生在校内和校外都要实行电子的在线学习方式。[①]韩国政府做出这个决定主要是因为，一直以来传统教育方式都是老师在课堂上输出知识，学生则处于比较被动地接受知识这么一个状态，如果以电子的在线学习方式让学生来学习的话，就会更能照顾到个性，学生可以根据自己的个性选择自己的学习内容和进度等。

### （四）技术筛选金沙：从教育大数据中提取价值

目前从大数据中筛选提取价值主要有五种可资借鉴的技术：通过预测来预料未来事实的可能性；通过聚类来发现自然形成的数据集中点；通过相关性挖掘来发现各种变量以及它们之间的关系，并对各种关系进行解码，方便今后充分利用这些数据和关系，比如学生通过各种途径寻求到的帮助与问题的正确回答之间是否存在正相关；通过升华人的判断来建立可视的机器学习的模式；通过用模式发现新变量数据并利用通过大数据分析开发出的模式进行"元学习"（meta-study）。"元学习"是指对学习本身进行学习，是在元认知框架下学习心理学新概念。"元学习"能力唤醒学生的主体意识，促进学生自觉调控自我学习的过程、能力和效果。

在这些技术的帮助下，基于大数据的学习分析系统能够卓有成效地提高学生成绩。研究者们相信这些技术将帮助教育工作者更加有效地指导学生朝着更加个性化的学习进程迈进。[②]

大数据时代教育领域数据存量庞大，各类学习管理系统中学习信息和学生信息也逐渐增多。这些数据信息的充分利用极大地影响着学习、教育、知识信息传递、教学决策和相关学习优化服务等重要方面，逐渐演变成教育研究者、实践者和学习者最为关注的内容。

---

① 韩国拟 2015 年全面弃用纸质课本教学，http：// www. xwcbj. gd. gov. cn/ news/html/hqrd/article/1309933037115. html，2011-07-06。

② 胡德维：《大数据"革命"教育》，《光明日报》2013 年第 5 期。

# 第九章
# 大数据时代的公共外交

公共外交是由一国政府对别国公众展开的、旨在提升本国形象的活动，其目的是促进相互沟通与增进友好。"冷战"结束后，世界并没有进入大同与和平，反而出现了很多新的冲突与紧张态势，如美国与部分伊斯兰国家的冲突、美国重返亚太导致美国及其盟友与中国之间的紧张形势等。这些问题的出现使得公共外交的重要性得到凸显，很多国家如美国、英国等已经把公共外交作为其国际战略的重要部分。进入 21 世纪后的中国发展迅速，成长为全球第二大经济体，与之相伴随的是国际地位得到相应提高。但是我们也看到国际上不少国家针对中国进行了很多负面宣传，如把中国在非洲的商业行为描绘成"新殖民主义"、将南海紧张局势归于中国的强势所为、将中国境内的恐怖活动归结为中国政府对少数民族的歧视性政策。这些评论说明中国的外部形象急需改善，中国需要加强公共外交。中国也一直在采取诸多措施，如通过政府网络平台的建设、推动主流媒体的海外报道、引导企业开展公共外交、支持少数民族参与公共外交等。在这些措施下，中国的公共外交势头加强了，公共外交话语的传播力增强了，但是中国公共外交的影响力并没有相应提升。究其原因，是中国公共外交措施的出台缺乏科学与细致的评估，主要基于直觉与经验的判断，没有真正做到对症下药。数据分析有助于增强外交决策的准确性，中国公共外交要提升质量，需要借助数据的分析进行科学化的决策。

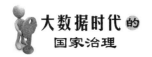

# 一　走向大数据时代的公共外交

　　国家权力包括硬实力和软实力，国际政治中国家之间的博弈素来是硬实力和软实力的综合较量。传统上国家之间的博弈取决于硬实力，但是"冷战"之后软实力逐渐受到重视。软实力主要包括外交、制度与文化。国家之间的斗争重点不再是一城一地之得失，不再是重兵压境，也不再是逼迫政府改朝换代。多少案例证明，攻城略地、更换政府均不能带来被征服国对征服国的服从，民众归心才是制胜之道，软实力提升更具长久意义。公共外交作为外交中的主要部分，自然也是软实力的重要组成部分。尤其在今天的互联网时代，公共外交更是提升软实力的核心要素。

## （一）传统的公共外交

　　传统的公共外交一般包括以下形式：文化交流，如"文化年"、艺术表演等；教育交流，如留学生项目、国外访问学者项目；媒体传播，如美国之音对外的新闻节目等。

　　传统公共外交是如何决策的？一般而言，它不像政府外交那样具有非常明确的外交客体和对象。公共外交呈现出典型的主体多元化、目标分散化、决策粗放型特征。公共外交主体既有政府部门，也有非政府部门、公众。公共外交针对的不是具体的某一个事件、某一个政治团体，而是一个群体，着眼于未来。如美国之音长期以来就着眼于培育国外民众对美国价值观的认同和好感。公共外交的决策不可能完全是政府部门严密论证的结果，通常根据某一需求进行基于直觉和经验的评估，然后执行，这也导致其质量和效果难以估计。

## （二）互联网时代的公共外交

随着 20 世纪开始的信息技术革命和 21 世纪互联网的普遍推广，社交媒体开始进入公共外交领域，成为重要的平台，微博、Facebook、Twitter 等新型平台成为主要工具。借助这些社交媒体，政府、非政府组织、公众共同参与到公共外交中来，公共外交进入了典型的"电子外交"时代。

就中国而言，随着互联网使用的推广，截至 2013 年底，中国网民的数量已经达到 6.18 亿，互联网普及率达到 45.8%，[①] 网民数量居全球之首。中国网民中年轻网民较多，网络已经成为信息传播的主要渠道，网民大多开设微博。在这一波新的趋势下，为了对华展开公共外交，美国、日本、法国、英国等国家驻华使领馆大多开通了新浪微博、网易微博等平台。如何成功运用微博影响中国公众已经成为各国政府关注的问题，外国对华的公共外交已经进入了典型的"微博外交"时代。

网络外交一度被称为公共外交的"新利器"。在电子社交媒体和网络平台的推动下，公共外交已经远远超越了传统的形式和内涵，进入了电子外交时代。传统的宣传形式在弱化，电子外交带来的是全方位、立体式、近距离、即时性的公共外交。网络平台的确能够以前所未有的规模和时效传播信息，这是传统的公共外交手段所不能比拟的。随着电子媒体的使用，每天通过互联网传递的信息出现了海量增长。但是随之而来的是"信息爆炸"，人们逐渐发现在海量信息中反倒失去了阅读的方向，甚至无法辨认信息真伪，美国、日本近年来的信息吸收率仅为 10% 左右。[②] 在这样的背景下，网络信息的影响力大打折扣，出现了矛盾的现象：一方面，公共外交在网络平台助推下，对外的信息传播力得到空前增强；另一方面，公共外交的影响力不一定随之增强。

---

① 截至 2013 年底中国网民达 6.18 亿手机网民 5 亿，http：// www. techweb. com. cn/ data/2014-01-16/1381927. shtml。

② 马兵：大数据时代舆情服务的机遇与挑战，http：// news. xinhuanet. com/ne- wmedia/2013-06/26/c _ 124915256. htm。

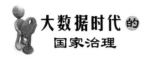

### (三) 大数据时代的公共外交模式

外交模式一般包括外交主体、外交客体、外交平台与形式这三大要素。就公共外交领域而言，外交主体是指本国政府和人民，外交客体是指国外公众，外交形式和平台一般指文化交流、非政府组织、教育交流等，在互联网时代，网络成为最主要的外交形式。

大数据时代的公共外交模式（见图 9-1）在外交主体、外交客体和外交形式上与传统外交无区别，最主要的区别在于外交决策。公共外交的决策过程将会更加严谨和细致，不再是依据直觉和经验的决策，而是由数据分析专家和电脑工程师辅助的决策。技术专业人员首先对数据进行分析、查询，并形成决策报告，提供给决策部门。也就是说，大数据时代公共外交的对外信息传播将遵循严谨而科学的决策程序，针对特定议题收集海量数据，然后对数据进行分析，确保对外传递的信息客观而有效，而且符合特定对象的阅读欣赏兴趣。数据的分析结果将有助于决策部门准确的提出公共外交目标、制订公共外交计划。在这种基础上形成的公共外交效果必将得到提升，不仅提升了公共外交的传播力，也提升了公共外交的影响力。总之，大数据之"大"对于公共外交有两层含义：一是处理大量的信息；二是使公共外交的影响力无限扩大。真正实现既有传播力，又有影响力。

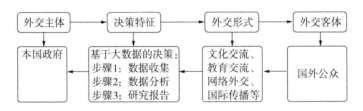

**图 9-1　大数据时代的公共外交模式**

就具体的决策过程而言，一般分为三步：第一步是数据的收集。数据的收集经过数据的抽取（extraction）、转换（transformation）和装载

(load)，即 ETL 过程，按照规则、分类和相关性等要素，合并到数据仓库中。[①] 第二步是在数据中对信息进行查询、检索和分析。需要利用到搜索引擎、数据挖掘或文本挖掘等技术。第三步是撰写分析报告。经过对信息的分析，最后将获取的信息以前景预测报告和建议报告的形式递交给决策主体。基于大数据的公共外交决策过程是一个专业化、技术化的过程。首先，它需要庞大的数据源，数据源可能来自政府内部的部门数据，也可能来自外部数据。其次，它需要专业技术人员的严谨分析。最后，需要处理政策业务方面的专家和人士辅助数据专业技术人员形成分析报告。

# 二　大数据时代的公共外交特性

大数据对于公共外交的意义绝不仅仅是公众通过社交媒体的互动产生海量数据。如何整合这些数据并从中进行分析和研判，对未来公共外交的目标进行精准的定位和资源投放，这才是它将深刻影响公共外交的地方。

## （一）大数据时代公共外交更具客观性

传统的公共外交中，外交主体都是倾向于根据自己的直觉和经验来决策，决策过程具有主观性和粗放型特征。大数据时代，公共外交的这些特点将得到改变。凭借大数据储存的海量信息，公共外交的实施者可以运用有效的搜索方法对数据进行搜索和加工，从中获得洞见，然后形成决策。进行调查的机构可以对海量数据通过分析工具进行精准分析，然后推送准确信息。数据挖掘技术颠覆了传统的统计抽样方法。统计抽样方法尽管可以通过选择有代表性的样本而做到简单和无限接近客观，但是由于其整个

---

[①]　韩松洋：《网权论：大数据时代的政治营销》，电子工业出版社 2014 年版，第 211 页。

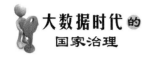

过程涉及问卷设计、信息采集、数据分析等多个阶段，自然导致其结果滞后于客观现状。大数据时代的调查基于网络数据的挖掘，不再需要设计问卷；信息采集不再需要抽样，数据挖掘是实时性的，不再具有滞后性。[①]真正做到最大可能的充分利用数据，最大可能的扩大调查面。这种方法足以弥补传统公共外交主观性和粗放型的不足。当一国面临另一国的不实调查结果，可以通过对大数据的精准分析予以积极回应，并主动出击，设置新的议题。通过客观真实的数据和结果赢得国际舆论的支持，最终实现国家形象的提升。

### （二）大数据时代的公共外交更具有社会性

大数据时代要求数据的开放和共享。只有数据的开放，才能够实现数据为各方共享和使用，也才能真正充分挖掘数据的社会价值和使用价值。在大数据时代，政府部门数据和社会数据均成为公共外交的数据源，政府和社会行为体均成为公共外交的参与者。

进入 21 世纪，在信息化的推动下，大部分国家已经充分认识到开放数据的重要性。美国政府在打造信息高速路后，重点推动透明政府计划，一直在推动数据公开。美国是世界上较早实现数据公开的国家，在美国的带动下，其他主要国家也认识到了数据公开的重要性，纷纷予以推动。目前，世界已经有部分国家开放了政府数据库（见表 9－1）。

另外，大数据时代，在互联网的推动下，人类已经进入了"自媒体"时代，社会个体通过网络平台表达自己的声音。网络的互动性、开放性、平等性、去中心化等特征使传统媒体的主导地位受到挑战。话语权不再为政府部门和垄断媒体所主导，外交的"草根时代"已经到来，社会个体在社交媒体表达的声音成为大数据海量信息的一部分。很多社交媒体如Google、Facebook、Twitter 本身已经存储了海量数据，本身就是数据集

---

① 涂子沛：《数据之巅：大数据革命、历史、现实与未来》，中信出版社 2014 年版，第 267—268 页。

合，可以用于分析和预测信息。这些社交媒体一直是美国政府重视的对象，并利用他们对外树立国家形象和传播价值观。美国政府认为，通过网络展开公共外交与现实渠道的公共外交同等重要。从美国总统、国务卿到外交事务代表的任何活动，美国都会通过这些社交媒体进行线上推广。据估计，美国政府在全球各类网络平台拥有 3000 万名粉丝[①]，美国政府领导人甚至通过视频与全球网友聊天。网友们在这些社交媒体的互动中留下自己的痕迹，他们的言论与评论将成为大数据的一部分得以储存。美国对中国公众也通过网络进行公共外交，他们利用中国的网络媒体，在驻华使领馆开通了新浪微博、腾讯微博、网易微博等，还在天涯社区、豆瓣社区与网民互动。随着中国网民数量越来越多，人们对这些媒体的使用越来越频繁，各种使用都留下了使用者的偏好与信息。

表 9-1　世界主要国家数据开放计划

| 国家 | 数据开放时间（年） | 数据开放内容 |
|---|---|---|
| 美国 | 2009 | data. gov |
| 英国 | 2010 | data. gov. uk |
| 加拿大 | 2010 | 开放地理空间数据 |
| 法国 | 2011 | Open Data Proxima Mobile |
| 西班牙 | 未知 | "市民广场"政府信息公开 |
| 德国 | 2010 | 开放部分公共数据 |

资料来源：中国云计算：大数据国家档案，http：// www. chinacloud. cn/show. aspx? id＝14428&cid＝11。

　　大数据时代，不仅使政府部门和非政府组织能够更加有效的利用海量数据，还使更多的机构和组织能够建立并使用数据，这必将促进公共外交主体更加多元化和社会化。公共外交将不断从政府部门和部分非政府机构以及文教机构拓展到社会企业等，他们的数据将成为大数据的一部分，真正实现公共外交的大众化。现在很多大型企业已经建立起了数据中心，如

---

① 公共外交进入网络时代，http：// media. people. com. cn/n/2013/0717/c40606-22223100. html。

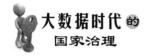

Google Databoard 可以帮助用户在进行搜索研究后形成图表。甚至有的企业建立的数据中心可以很好地为公共外交服务。伊利诺伊大学 2014 年早期建立 GDELT（Global Data on Events，Location and Tone）数据中心，收集了 25 亿个事件，包括暴动、抗议、选举，而且有扫描软件对新闻类文章进行自动扫描，每天不断对数据库进行更新。收录数据的年份从 1979 年至今，几乎所有国家的事件都得到收录。通过这个数据库，可以预测未来在何时何地可能会发生何种事件。

随着这些数据中心和社交媒体数据的建立，参与公共外交的社会行为体越来越多元化，公共外交的社会性也将越来越明显。如果对这些数据进行充分有效利用，公共外交将真正实现"人民外交"，公共外交的质量必将得以提升。

### （三）大数据时代公共外交的预测能力将极大提高

Olcott（2010）认为，预测人类行为的依据不能仅仅是对方的言语，而更重要的是他们关注的内容。全球媒体每天通过网络出版大量报刊杂志，通过对读者群体的阅读内容进行预测是较为合适的做法。过去传统的做法通常是对读者购买某类报纸杂志的数量进行统计，以此统计和预测读者群体行为。但是每一份买回去的报纸杂志上的所有文章是否得到真正阅读，则没有办法统计。在电子媒体时代，就可以具体统计到哪些文章被阅读。[1]

真正能够对预测产生积极效果的是大数据，包括数据集合，统计技术，软件、硬件平台。目前，人类每天产生的数据量约 250 亿字节，还有

---

[1] Leetaru：Can We Forecast Conflict? A Framework for Forecasting Global Human Societal behavior Using Latent Narrative Indicators"，University of Illinois at Urbama Champaign，2013，pp. 24.

每天上传到 Facebook 的 2.5 亿张照片。① 可见，通过大数据技术使预测的数据量比以前大为增加。

此外，在进行预测的数据方面，有一个庞大的国际数据广为人知。Lexis Nexis 数据库收录了国际级主流媒体的文章和报道，包括法国新闻社（Agence France Press），美国联合通讯社（The Associated Press）、中国新华社（Xinhua News Agency）的报道。这几家主流媒体构成的这个数据本身就是一个庞大的数据中心。

联合国推出的"全球脉动"（Global Pulse）项目对来自 Twitter 和 Facebook 等社交媒体网站的数据和文本消息中的信息进行筛查。使用自然语言解密软件对网民进行"情绪分析"，如果发现某些关键词的出现频率显著增大，则表明有出现某种社会现象的可能性，如疾病、动乱或种族冲突，这种方法可以为决策提供早期预警。

"欧洲媒体监测系统"（European Media Monitor，EMM）每天对全球近 4000 个新闻网站的 15 万篇新闻进行监测，每 10 分钟更新一次。主要将关于同一事件的新闻聚集在一起，通过多个视角对即将发生的状况进行预测。②

美国政府部门已经在启用预警系统，通过数据分析对未来可能发生的情况作好应变的准备。美国政府使用"综合危机早期预警系统"（Integrated Conflict Early Warning System，ICEWS），该系统收录全球 300 多个政治事件，运用人类行为理论框架进行指导，帮助国防部和中央情报局监控全球稳定状况。这一项目由洛克希德·马丁（Lockheed Martin）主持。根据项目联络官，华盛顿国防部办公室的梅林达·摩根（Melinda Morgan）的说法，这个项目能够处理来自于数字新闻媒体、博客以及其他网站、情

---

① Leetaru："Can We Forecast Conflict? A Framework for Forecasting Global Human Societal behavior Using Latent Narrative Indicators. University of Illinois at Urbama Champaign，2013，pp. 26.

② Leetaru："Can We Forecast Conflict? A Framework for Forecasting Global Human Societal behavior Using Latent Narrative Indicators，University of Illinois at Urbama Champaign，2013，pp. 53.

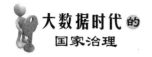

报资料和外交报告的大量资料。程序便利用这些资料提前几个月预测骚乱、叛乱、政变、经济危机、政府垮台以及国际战争。[①]

Kalev Leetaru，美国伊利诺伊大学的数据专家，通过收集上百万篇新闻进行分析，从情绪和地点两种视角进行研究，发现在 2011 年"阿拉伯之春"发生之前，国民情绪的变化是有助于预测到利比亚和埃及将要发生革命的。[②] 这一研究进一步证实了数据分析对于危机预警的重要性。

上述预测手段带来的预警系统革新，为公共外交措施的实施提供很好的决策基础，有助于公共外交的措施精准到位。大数据可以从客户以往的阅读习惯、阅读重点洞察其政治倾向，进而通过技术手段预测国外将要发生的可能性事件，并对可能性事件从文化、政治、习俗多个视角寻求解释，从而获得立体、多面的研判结果。

# 三　大数据时代的公共外交战略

## （一）强化大数据主权

随着 20 世纪 90 年代互联网的普及，人类进入信息时代，信息成为一个国家重要的权力资源。尤其美国在铺设"信息高速路"后，再次成为引领全球经济发展的大国，美国也得以持续主导国际政治至今。信息技术的发展更使得国家权力之争从地理空间向虚拟空间延伸，"信息战"成为 21 世纪头十年的热门话题。大数据时代的到来、海量信息的产生，使信息控制权进入更加激烈的竞争状态。这些都是未来国际政治的焦点，更是国家权力的体现。

---

① 美正研发预测公民冲突爆发与蔓延的计算机模型，http：// kejiao. cntv. cn/20120426/100163. shtml。

② BBC：Supercomputer Predicts Revolution，http：// www. bbc. co. uk/news/technology-14841018，Sept. 9，2011.

## 第九章 | 大数据时代的公共外交

2012 年美国政府拨款 2 亿美元启动 "大数据研究与开发计划" (Big Data Research and Dervelopment Initiative)，提出："将提升美国利用收集的庞大而复杂的数字资料提炼真知灼见的能力，协助加速科学、工程领域创新步伐，强化美国国土安全，转变教育和学习模式。倡议还承诺将在科学研究、环境保护、生物医药研究、教育以及国家安全等领域利用大数据技术进行突破。"同时，美国国家科学基金会 (NSF)、美国国立卫生研究院 (NIH)、美国国防部 (DOD)、美国能源部 (DOE)、美国国防部高级研究计划局 (DARPA)、美国地质勘探局 (USGS) 六个联邦部门和机构承诺参与该计划。[①] 其实早在 2009 年，美国政府就推出 "开放政府计划" (Open Government Initiative)，开通美国政府数据网站，规定在不违反国家安全的前提下，政府数据都必须在网站发布，美国民众可以下载和运用这些数据进行分析与研究。这些举措被认为是美国继 1993 年推出 "信息高速路" 之后又一具有历史意义的举措。"在大数据应用领域处于领先的思科公司以及 Amazon、Google、Apple、Facebook 等美国新兴企业正在成为大数据的拥有者和使用者，他们通过基于云计算的平台，汇集来自无线标签、全球定位系统、智能手机等采集的大量数据，经过分析后用于客户信息管理或市场营销。"[②] 基本上可以说，目前最大的大数据公司都在美国，美国已经成为掌控大数据资源最多的国家，如果大数据的控制权将决定国际政治中的权力分配格局，至少目前美国已经占有一定优势。

英国在国家战略层面早有谋划。2011 年 11 月，英国政府发布了对公开数据进行研究的政策。2013 年 1 月，英国商业、创新和技能部宣布，将注资 6 亿英镑（约 9.12 亿美元）发展 8 类高新技术，其中，1.89 亿英镑用来发展大数据技术。同年 10 月 31 日，该机构还发布了《英国数据能力发展战略规划》，旨在从人力资本、研发能力和数据资产方面规划英国未来的发展重点。英国也在 2010 年开通了政府数据网 data. gov. uk，丰富的

---

① 刘燕：《美国大数据计划：一场全民总动员》，《中国科技财富》2013 年第 3 期。

② 刘燕：《美国大数据计划：一场全民总动员》，《中国科技财富》2013 年第 3 期。

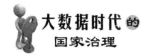

信息有助于人们进行分析和研判。2012 年，英国发布数字化战略，承诺 2015 年前开放交通、天气和健康方面的核心数据库，并投资 1000 万英镑建立世界上首个"开放数据研究所"（Open Data Institute）。

美英是较早重视大数据战略的国家，他们的行动促使其他国家开始行动。法国 2013 年发布《数字化路线图》，其中将大数据列为未来大力支持的战略性高新技术之一。而在 2011 年 7 月，法国工业部就启动了"Open Data Proxima Mobile"项目，期望实现公共数据在移动终端的使用并充分挖掘它们的价值。此外，德国、澳大利亚、加拿大、西班牙等也纷纷行动。

这些行动显示，主要发达国家已经开始从国家战略层面认识到了大数据事关国家未来核心竞争力。美国的决策者就强调大数据是"未来的新石油"，这足以表明大数据将成为未来国际政治中的权力资源，国际政治的竞技已经深入到数据世界。大数据所包含的海量信息涵盖了人类生活的方方面面，谁能更好地整合数据、谁能更好地从大数据中挖掘有用信息、谁能利用信息进行精准的研判并作出科学的决策，谁就能在国际社会占尽先机。总之一句话，谁掌控大数据，谁将主导国际政治。

国家之间的竞争已经不再是人口、资源、军事等硬实力的比拼，仅凭直觉和经验的粗放式的管理与决策已经不能应对当前的国际挑战。当前的竞争已经进入基于大数据分析的科学化与精细化阶段，如果一个国家和政府不对此予以高度重视，将会在历史的浪潮中落伍。近年来，中国的信息化建设速度与水平在不断提高，但是在大数据建设方面还有待提高。2011 年，中国的互联网用户为 4.8 亿，是美国的 2 倍，拥有近 9 亿部手机，是美国的 3 倍。但是 2010 年，中国全年新增的数据量只占日本的八分之五、欧洲的八分之一，不及美国的十分之一。[①] 我国有些公共管理部门在管理风格和决策风格上仍然坚持严格的科层化模式，重视领导权威与个人主观判断，缺乏科学依据与数据分析。未来，我们急切需要树立大数据意识，

---

① 涂子沛：《大数据：正在到来的数据革命》，广西师范大学出版社 2012 年版，第 315—317 页。

一个国家拥有的数据资源与使用数据的能力将决定该国的竞争力，将决定该国的主权地位。

### （二）构建大数据时代的国际政治营销战略

国际政治营销包括国际政治公关、国际危机管理与国际政治传播，公共外交实质上是国际政治营销领域中的一种国际政治公关。大数据时代，做好公共外交领域的国际政治公关，我国国际政治营销需从以下几个方面采取措施：

（1）加强基于大数据的营销产品多元化建设。为了提升我国国际形象，我国的公共外交长期以来偏重于文化交流、教育交流、政府援助等内容，真正能够深入基层的产品较少，能够与国外基层民众接触的东西并不多。在这方面，国际上很多西方国家的非政府组织运作非常成熟，能够直接将服务提供给受助国人民。我国的对外援助主要是政府工程，与对方国家政府打交道。我国给予第三世界国家的很多留学学位也被受援国家的官僚阶层和特权阶层子弟所垄断，导致我国公共外交服务还不能真正深入到国外社会的底层人民。大数据时代，我们需要通过大数据的科学分析与检索，对第三世界国家的人民需求进行真实的了解，根据需求打造我们的营销产品。

（2）针对重点事件加强基于大数据的前瞻性研究。大数据时代，通过技术人员对数据收集、整理和加工，可为决策者提供信息准确的决策报告，使公共外交更具前瞻性和主动性。我国的公共外交主要是被动性公共外交，主动性不够，尤其是在出现危机状况时国际营销策略欠佳。如西藏2008年3月14日发生"打、砸、抢"事件后，政府才开始重视应对措施，直到2009年设立"百万农奴解放日"。事件发生后，中国政府派出藏学家代表团赴海外介绍西藏。这一系列措施收到了一定效果，使国外公众真实了解了我国西藏诸多现状和建设成就。我国的西藏问题、新疆问题、香港的"一国两制"问题长期成为西方国家做文章的议题。针对这些议题，我国需要利用大数据进行充分的客观分析，做出前瞻性的国际营销。如对西

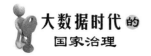

藏和新疆解放以来的数据进行挖掘，从历史层面充分展示该地区的经济、文化和宗教发展状况，向西方社会传递有力的客观信息。针对香港"一国两制"下部分人的民主诉求，中央可以通过大数据分析充分挖掘香港在回归后的民主发展状况，客观告诉国际社会中央对香港民主发展的实质性支持。未来国家间的竞争主要体现在数据的规模与运用，国家数字主权直接体现在对数据的控制和拥有上，谁掌握数据，谁就赢得未来。如果针对这些重点议题做好了前瞻性的政治营销，危机真正发生时，我国政府就会占据一定的高地。

（3）敏感时期加强基于大数据的国际政治营销。传统意义上，对公共外交的理解一般如"涓涓细流，润物细无声"，过程缓慢，投入较多，收效缓慢。但是更要注意敏感时期的公共外交。中国的崛起已经受到空前的国际压力，我国的政府和学术界的研究和分析重点都强调这种压力来自周边国家和西方国家的政府层面。一般认为，作为国际体系的守成者，美国将崛起的中国视为挑战者。此外，日本、越南、菲律宾等周边国家与中国的历史领土纠纷，均对中国带来压力。但是我们忽视了这种国际压力的民间基础。越南和菲律宾国内反华情绪浓厚，美国、日本国内民众对华好感急剧下降，他们都认为中国变得越来越强硬。在这种压力下，我国的公共外交战略更要重视敏感时期他国公众的排华情绪特征。数据挖掘技术可从社交媒体、网络新闻等平台对他国公众的对华情绪进行研判，并采取相应的国际政治营销措施。目前，我国与上述国家的民间交往主要是文化、教育、商贸，但是在当前敏感时期，这些措施不能准确有效且及时地改变这些国家公众对华的负面情绪，运用大数据进行有效而科学的政治营销势在必行。

（4）做好基于大数据的国际政治广告。2011年，中国在海外播放了"中国形象宣传片"，诸多评论认为收效不佳，因为没有真正了解外国公众的价值观。因此，针对国外公众投放的政治广告，不能从自身的价值观和理解视角出发去定位，应该持有跨文化视野，从国外公众的视角进行营销。大数据时代，更要充分利用大数据进行挖掘，对国外公众的品位、价值观进行搜索与分析。只有在此基础上，投放的政治广告才能够收到效果。

### （三）加强公共外交数据搜集与数据外交

如何拥有公共外交的大数据和使用这些大数据呢？主要从两种途径进行建设：一是数据源的建设；二是使用数据能力的建设。

数据源建设主要依赖两种渠道：一是建设政府部门数据；二是搜集社会数据，包括国际社会的数据。在建设政府部门数据的过程中，中国的涉外部门应该起到主要作用。中央6家主要新闻网站，包括人民网、新华网、中国网、国际在线、中国日报网、央视国际网已经成为中国开展网络公共外交的核心平台。这些网站应该逐步建立海外新闻数据中心，对国际主流媒体报道中有关中国的内容进行搜集和整理。驻外使领馆的网站均开设了中国对外进行公共外交的社交媒体平台，海外公众一般通过这些平台互动。这也是大数据信息的一部分。

在社会数据搜集方面，我国的企业如百度、阿里巴巴等已经储存了大量数据。我国的社交媒体在海外的影响力有限，没有Facebook、Twitter等那样的广泛使用率，所能获得的海外信息非常有限。此外，我国的非政府组织不发达，更谈不上参与国际活动，导致很多公共领域的数据建设没有开展起来。在这方面，政府层面还需要表现得更具开放性，鼓励大企业进一步拓宽在海外的影响，鼓励更多非政府组织走出去。只有这样，才能建立更多关于国际社会的数据库。

数据源建设还需要开放与共享。在数据开放方面，需要机制建设来打破数据割据与封锁，对大数据资源进行整合，尤其要推动主要公共领域类数据库之间的数据共享。目前，我国部门之间信息分割，有多少个部门就有多少个信息系统，每个系统都有自己的数据库、应用软件，这阻碍了数据的连通与共享。

除了上述自身的数据建设之外，还要加强公共外交领域大数据的国际合作，开展数据外交。一是展开政府层面的数据外交。全球主要国家都已经提出了自己的大数据战略，而且美国、日本等国的数据量非常庞大。我国可通过数据外交，与他们展开非传统安全领域的合作与数据共享，共同

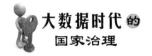

应对全球治理中的问题。当前人类正面临气候变化、粮食安全、疾病、恐怖主义等诸多非传统安全威胁，全球治理需要各国通力合作，大数据运用无疑将助推这些问题的有效解决。各国情报机构搜集的数据和信息均有重点，大数据外交推动数据共享将为人类发展做出新贡献。中国还需要与国际组织进行沟通与数据共享。国际组织和国际非政府组织都有很多数据，他们在国际公共领域提供了公共产品，例如绿色发展、对外援助等。与他们在数据领域加强合作，将丰富我国公共外交领域的大数据建设，同时，还要与他国的媒体、舆情机构和数据库合作。国外已经建立了很多数据库，涵盖学术、商业、社会事业等，这都是公共外交数据源的基础。

此外，中国还要在上述数据的基础上，建立起如"欧洲媒体监测系统"（European Media Monitor，EMM）和"全球脉动"（Global Pulse）这样的监测系统，通过对上述数据进行分析和实时监测，对全球即将发生的状况和事件进行预警分析。大国的公共外交既要及时、有效地提升本国的国际形象，也要对国际社会做出与大国地位相匹配的国际贡献。通过监测系统的预警和分析，可以清晰地知道国际社会对中国政府行为的评价，可以有效运用能为国际社会所接受的语言和行为进行解释。在国际贡献方面，通过预警系统，可以预知国际社会可能发生的事件，有助于我国政府作出应对预案，为国际社会面临的问题提出有效的解决方案，真正有效地承担国际责任。尽管这些系统的建立可能耗费巨大，但是对于大国的形象和国际地位的建立无疑具有重大意义。

# 第十章
# 大数据时代的公共安全

　　据不完全统计，我国每年由于公共安全问题造成的非正常死亡人数超过 20 万，伤残人数超过 200 万，经济损失高达 6500 亿元人民币，约占全国 GDP 总量的 6%……数字是冰冷和残酷的。进入新世纪以来，人们有着多少美好的憧憬和期待，也伴随着多少痛苦和哀泣。一桩桩、一件件发生在我们身边的天灾和人祸，正以空前的频度、空前的规模、空前的复杂性、空前的破坏力威胁着人们的生命和财产安全，制约着社会前进的步伐。与此同时，公共安全这个沉重的课题也摆在了人类面前。随着时代变迁、社会和经济的飞速发展，各种公共安全问题层出不穷，人们对其的理解和重视也与日俱增。于是，现代公共安全观更加侧重于以人为本的层面，是指社会公众的生命、健康、重大公私财产以及公共生产、生活的安全。[①] 它囊括了从公众身体健康到心理稳定、从社会治安到国家安全等诸多方面。

---

　　① 寇丽平：《浅谈城市公共安全规划的现状及可行性方案》，《城市规划》2006 年第 10 期。

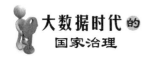

# 一　进入 "2.0" 时代的公共安全

　　马云在 2013 年作卸任演说时感慨："大家还没搞清 PC 时代的时候，移动互联网来了；还没搞清移动互联网的时候，大数据时代来了。"确实，借助云计算技术的实现，社交网络、移动设备和物联网的爆发性成长，大数据已经成为当下最鲜明的时代特征。庞大的数据资源使得所有领域都开始了量化进程，也在社会治理、政府决策中发挥着越来越重要的作用。

　　2013 年习近平总书记提出了"平安中国"的建设理念，指出"平安是人民幸福安康的基本要求，是改革发展的基本前提""要深化平安中国建设，深入推进社会治安综合治理，完善立体化社会治安防控体系，坚决遏制严重刑事犯罪高发态势，坚决遏制重特大公共安全事故""加大依法管理网络力度，加快完善互联网管理领导体制，形成从技术到内容、从日常安全到打击犯罪的互联网管理合力"。从这些讲话不难得出，建设平安中国离不开互联网的支持，大数据应用将为公共安全治理创造巨大的公共价值。

　　我们知道，1999 年"政府上网年"之后，各级政府纷纷在互联网上建立了自己的网站，这个时候的公共安全信息侧重于信息的传播和分享，以及相关执法部门政务公开和执行，如果这个时代可以称之为"公共安全 1.0"时代的话，那么大数据时代的到来则引领了"公共安全 2.0"的开启。"公共安全 2.0"以数据整合和数据分析为特征，不再局限于某一个网站，也不是一个众多网页的链接体，而是一个跨地区、跨部门、跨行业的数据库（见图 10-1）。在这个数据库中，各种相关数据相互连接，通过信息高度共享和信息综合应用，捕捉现在和预测未来，支持政府进行公共安全管理的智慧决策。

　　与西方发达国家重视数据收集、重视定量分析的精确管理传统相比，中国长期以来形成的是更倾向于概念化总结和主观定性的粗放式管理思维和模式。粗放式管理思维造成我国在公共安全管理方面，习惯于从直觉和经验出发，缺乏数据和分析的基础，一些重大决策的制定往往依赖于领导"拍脑袋"、开"碰头会"的决定。

大数据时代的到来，对粗放式的公共安全管理思维形成了根本性的冲击。哈佛大学社会学家加里·金说："这是一场革命，庞大的数据资源使得各个领域开始了量化进程，无论学术界、商界还是政府，所有领域都将开始这种进程。"在这一进程中，数据在公共安全管理中占据了越来越重要的地位，成为制定战略和决策的"生命线"和"输血管道"。时代的变迁势必促使公共安全管理者首先要改变观念，由经验管理向数据管理转变，由基于意识形态的决策向基于实证的事实做决策转变，养成"用数据说话、用数据管理、用数据决策、用数据创新"的思维习惯。

**图 10—1　"公共安全 1.0"到"公共安全 2.0"的演变**

用数据进行管理的观念，就是"以事实为基础、以数据为核心的精确管理"①的观念。它在很大程度上弥补了具有"有限理性"的公共安全管理者所无法克服的缺陷。有限理性是诺贝尔奖获得者赫伯特·西蒙提出的一个概念，他认为决策者并非完全理性的人，只具有有限的信息能力和决策能力。作为公共安全管理者，造成有限理性的原因主要是信息量不足，在信息量充足的情况下，管理者也会因为计算能力有限而造成管理失策。大数据的出现，很好地解决了这两个矛盾。互联网技术和智能终端的广泛应用使数据量爆炸性增长，世界万事万物，每分每秒都能以数据的形式呈现

---

① 涂子沛：《大数据：正在到来的数据革命》，广西师范大学出版社 2013 年版，第 330 页。

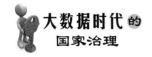

出来，从而"全息""多源"地还原公共安全事件的本来面目。不仅如此，大数据强大的分析能力还提供了多种解决方案，并选择出效率最大化和效果最优的方案支持管理者决策。例如城市交通管理，通过道路监测情况、车流车速变化规律、交通信号调控情况、高速公路监控和信息导引情况等综合信息数据的应用，为出行人提供了最便利、合理的出行方案，一旦发生交通安全事故，管理者也能及时掌握情况，迅速做出反应。

用数据进行公共安全管理，管理者要有开放数据、公开信息的理念。大数据的价值并不仅在于"大"，而是要通过开放数据、整合数据发现更大的价值。公共安全信息的公开满足了公民的知情权，也通过公民的监督使管理者的错误得到及时纠正，从而形成合力共同提高公共安全管理水平。自"非典"事件以后，我国颁布了《中华人民共和国政府信息公开条例》，政府信息公开制度有了很大改进，但时至今日，总体实施状况仍不理想。大数据时代的到来在某种程度上也推进了政府信息公开的进程。如在食品安全管理方面，一些政府监管部门出台食品药品"监管清单"，通过食品药品智能监管平台予以公布，让全社会同政府、企业一同参与互动评比和监督，对食品药品企业进行综合评分分级，自动生成诚信经营"红名单"和不诚信经营"黑名单"，定期在网上公布。这种信息公开的做法有利于企业诚信经营，也有利于让政府权力在阳光下运行。

# 二 大数据与公共安全管理

## （一）大数据成为防灾减灾的"天眼"

中国是世界上遭受自然灾害最严重的国家之一，国务院新闻办 2009 年发表的《中国减灾行动》白皮书中指出："1990—2008 年 19 年间，中国平均每年有 3 亿多人次受灾，紧急转移安置人口 900 多万人次，倒塌房屋300 多万间，直接经济损失超过 2000 亿元。"在灾害频发的当下，防灾减灾任务十分繁重。为此，我国成立了国家减灾委员会，在民政部设立减灾办公室，连同国家减灾中心，搭建了一个全方位的信息共享平台，利用卫星遥感技术获取大数据，覆盖了灾害管理全周期：灾前预报预警、灾中应急救援、灾后监测评估，从而形成一个"天地现场一体化"的灾害管理体系。

2008 年 5 月 12 日，四川省汶川县发生 8.0 级特大地震，地震波及大半个中国及多个亚洲国家，受灾地区达 10 万平方千米，直接经济损失达 8452 亿元，是新中国成立以来破坏性最强、影响最大的一次地震。地震发生后不到 1 个小时，国家各部门紧急启动了抗灾救灾应急机制，展开了紧张的灾区遥感监测影像获取和处理分析工作。地震造成汶川通信、电力、交通毁损殆尽，灾区与外界失去一切联系，数十万人被困。军队抗震救灾指挥部迅即与"北斗一号"卫星导航系统建立起信息传输链路，将北斗用户位置和短报文信息引入灾情监控系统，实行 24 小时监测。5 月 13 日中午，一支武警救援部队进入灾区，并向指挥部发回了一条条救灾讯息。14日，携带了近千台用户机的北斗导航应急分队奔赴灾区，迅速架起指挥部与灾区一线各级指挥机构的沟通桥梁，成为救灾现场和后方指挥部的急救连线，保证了抗震救灾的顺畅指挥。17 日，抗震救灾指挥部紧急发出指令：立即撤出北川县！瞬间，在武警与警察的安排下，北川上万人的救援大军急速撤离。这一指令的下达依据正是震后遥感影像数据，数据显示：北川县城后侧山顶上的茶坪水库出现裂缝，一旦决堤，会形成大范围洪水灾害，波及范围很大，后果不堪设想。图 10—2 和图 10—3 显示的是北川县地震之前和地震之后卫星遥感数据对比分析，从中可清楚地看到对比情况。

汶川地震期间我国进行了最大规模、最多数量的遥感数据获取，截至 2008 年 5 月底，有关部门共获取我国 5 颗自主遥感卫星和其他 11 个国家的 17 颗遥感卫星数据共 1137 景，同时先后动员了 11 架遥感飞机在灾区开

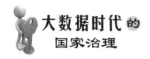

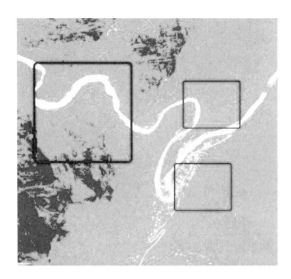

图 10－2　四川北川县地震之前影像

图 10－3　四川北川县地震之后影像

展了高分辨率航空数据采集、处理和灾情分析。[1] 这些数据为救援提供了
至关重要的决策支持，为防止次生灾害提供了科学咨询，也为灾后重建提

---

① 王作勇：《遥感技术在汶川地震抗震救灾中的应用及存在问题分析》，《测绘通报》2008 年第 8 期。

供了依据。

如果说地震灾害预测是全世界面临的难题，那么气象灾害预测则做到了相对及时。国家减灾中心推动了环境减灾卫星系统建设，现在已有2颗AB星正在运行，未来计划将有8颗卫星构成一个星座，可以对我国及周边地区的自然灾害进行全天时、大范围监测。2011年贵州等省出现的大范围冻雨灾害就因此得到了及时预警。2011年新年伊始，低温来袭，南方电网公司已提前进入应对极端低温天气的实战状态，及时启动了冰冻灾害Ⅰ级红色预警，部署各项防冰措施。气象部门密切监测天气变化趋势，不断运用广播、电视、互联网、报纸等各种媒体，以及电子显示屏、公众广播、手机短信等方式和渠道，及时发布气象灾害预警信息和防灾避灾提示。相关部门提前准备了柴油发电机、塔材、光缆、帐篷等应急物资，分地存放，以便随时投入抢险。这些有针对性的防范措施大大减轻了冻雨灾害带来的损失，较好地保障了城市电力、通信、交通、供气的基本供应。可以说，在防灾减灾方面，大数据成了名副其实的"天眼"。

### （二）大数据破解交通难题

世界卫生组织和世界银行2004年发布的《世界预防道路交通伤害报告》显示，根据75个国家向世界卫生组织提交的死亡统计数据显示，全球每年大约有120万人死于道路交通事故，每天有3242人死亡，而受到交通事故伤害的人数高达5000万，相当于全球5个最大城市人口的总和。其中，中国的道路交通死亡人数一直居世界首位。可以说，道路交通事故导致的死亡已经成为全球最为严重的公共安全问题之一。

随着城市家庭汽车保有量的持续增加，中国大城市迅速加入了汽车社会，这同时也蕴藏着巨大的风险和更多的交通问题。如何规避汽车交通带来的道路风险、保障个体生命和财产的安全成为我国发展中一个急待解决的焦点问题。2013年5月在北京召开的"第十六届四大洲国际道路安全大会"开幕式上，中国交通运输部副部长高宏峰表示，中国道路安全形势逐年好转，近10年道路交通安全事故总量和死亡人数持续大幅下降，其中死

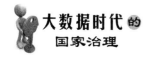
亡人数从 2003 年的 10.4 万人下降到了 2012 年的 6 万人（见图 10-4）。取得这样的成绩极为不易，原因当然是多方面的，其中一个重要原因：交通管理部门一直致力于寻求先进的管理方法和手段，以及不断加强对人、车、道路的优化设置。

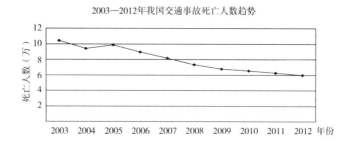

2003—2012年我国交通事故死亡人数趋势

**图 10-4  2003—2012 年我国交通事故死亡人数趋势**

"智能交通系统"（Intelligent Transportation System，ITS），就是这样一种先进的一体化交通综合管理系统，它将先进的信息技术、数据通讯传输技术、电子传感技术、控制技术及计算机技术等有效地集成运用于整个地面交通管理系统，[1] 一方面使交通信息得到实时、准确、广泛、充分的应用和服务，另一方面大大提高了既有交通设施的运行效率。在这个系统中，车辆通过智能可以及时预警或者躲避交通事故；公路通过智能可以按需调节交通流量；出行人可以自动选择和改变行驶路线；而交通管理者在任何时候对道路、车辆和交通情况都能了然于胸……

ITS 成为未来交通系统的发展方向，日益受到世界各国的重视。我国的超大城市之一——上海，在 ITS 应用和发展方面已领先一步，其采用多个数据支撑系统，如会算时间的智能红绿灯、随机应变的"潮汐车道"、道路交通事故分析预警系统、道口车驾查控系统；等等，已成为破解城市交通难题的制胜法宝。

上海所有交通路口的信号灯都能自己"计算"时间。以前信号灯的时间都是固定的，即使某条路再空，它也是按照原来设定的时间来运行。现

---

[1]  吴小强、李鹏、曲为民：《智能交通系统研究回顾与展望》，《国外公路》2000 年第 4 期。

在，地面的感应装置实时感应路口车流量变化，反馈至后台计算机进行分析，根据分析结果，控制系统就能自动调整信号灯时间：车流量大，绿灯就长，车行就快。这样一来，道路通行能力大大提高了。

城市交通流具有"潮汐性变化特征"，上海一些主干道采用了"潮汐式可变车道"，并与智能交通信号控制系统联网，进行远程控制。早高峰，"潮汐车道"车行由北向南；晚高峰，则改为由南向北。数据显示，仅"四平路—吴淞路"这一路段应用可变车道控制，单向交通流量增加了25.6％，平均车速提高了4公里/小时。

上海崇明县陈海公路曾被称为"死亡公路"，交警总队将其列为年度危险道路，挂牌整治。然而在2014年公布的上海道路危险路段和事故多发点段进行道路中，陈海公路已不在其列。这有赖于上海交警总队开发的"上海市道路交通事故分析预警系统"。预警系统将交通事故违法数据在地理信息系统（GIS）地图上进行撒点定位，对道路交通事故多发点段有效预警。同时，将民警现场执法数据在多发点段进行定位，指导路面执勤民警开展针对性的执法管控。通过预警系统，上海市全市的道路交通安全状况就可以"运筹帷幄之中，决胜千里之外了"。据统计，2007年以来上海交警已挂牌治理事故多发道路203处，上述道路死亡交通事故总体下降50％以上。

### （三）大数据保护"舌尖上的安全"

据统计，我国重大食物中毒事件每年发生200起以上，平均1天半就发生一起，每年造成200多人死亡。全球民意调查机构盖洛普发布的"2010年全球幸福度调查"显示，在调查涉及的124个国家当中，中国人的幸福度排名第92位，88％接受调查的中国人认为自己的生活远离"美满幸福"的标准，而食品安全是导致民众幸福指数低的三大主因之一。"民以食为天，食以安为先。"近年来，随着毒胶囊、镉大米、瘦肉精、地沟油、致癌可乐、染色馒头等一系列重大食品安全事件不断爆出，消费者从来没有像今天这样对"吃什么"产生了深深的焦虑和困扰。

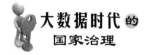

食品安全问题由来已久，却难以根治。从表面上看，食品安全问题是不良生产者的违法行为，更深层次的原因却暴露了政府检测监督机制的失灵。庞大的食品监管对象、复杂的食品供应产业链，任何一个环节都可能存在不同程度的食物问题，如果仅靠政府有限的执法人员监管、执法，保证食品安全确实是一项"不可能完成的任务"。如何保证每个人"舌尖上的安全"，大数据给出了解决方案。涂子沛在《大数据》一书中介绍了一种新型无线传感器技术：射频识别标签（Radio Frequency Identification, RFID）正异军突起，广泛应用到食品药品安全管理中，成为食品安全体系从源头治理到最终消费全程监控的"排头兵"。

在基于 RFID 技术的食品安全追溯系统中，每一件食品都像人一样拥有一个唯一的"身份证"——RFID 标签。别看这个标签轻巧简便，可以薄如纸张，也可以小如豆粒，却能无线存储、发送、读写数据，后台支撑它的是庞大和准确的整个食品药品供应链信息系统。在食品生产阶段，生产者把初始产品信息、生产者信息和生产过程记录在 RFID 标签中；在加工阶段，记录的是加工者信息、加工方法、日期、产品等级、保质期、存储条件等内容；在运输和仓储阶段，运输车辆的运输路线、产品进出库信息一目了然；在销售阶段，商家或企业把本企业名称、销售时间、销售人员、消费者信息写入其中。全流程的信息植入和数据与食品之间的紧密联系，确保了食品来源清晰可查。消费者购买了一件食品，如果发现有安全问题，立即可以通过这个标签层层向上追溯，查找出哪一个环节、哪一家厂商、甚至哪一个人员造成了食品污染。

香港的蔬菜有八成来自内地供应，其中 60% 来自广东省，内地供港蔬菜质量成为一个备受关注的问题。广东出入境检验检疫局采用了 RFID 技术食品安全溯源管理系统，对供港蔬菜从种植到消费的各项信息进行全记录：到港蔬菜信息包括了蔬菜名称、数量、基地名称、播种、施肥、用药、采收等种植情况，加工厂名称、加工日期等加工情况，农药残留等检测结果信息；到港蔬菜的物流信息包括车辆牌号、发车时间等蔬菜运输信息、装车情况信息。通过对供港蔬菜的识别跟踪监管，广东检验检疫局实现了蔬菜"从农田到餐桌"全过程、无缝隙的食品安全溯源管理（图

10-5显示了广东省供港蔬菜溯源目标任务框架①）。2013年广东辖区检验检疫局供港澳蔬菜6万多批次，约65万吨，近1.2亿美元，没有发生任何食品安全问题。

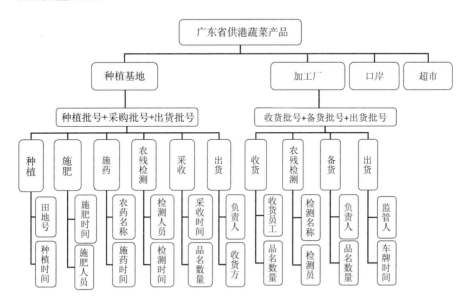

**图 10-5　广东省供港蔬菜溯源目标任务框架**

## （四）大数据成破案"神器"

2013年5月7日，北京怀柔泉河区北斜街南口，一名男子撬开一辆轿车车锁正在实施盗窃，巡逻至此的民警当场抓获这名嫌疑人。这不是巧合，而是公安分局情报信息中心接到电脑系统预警后，有意部署警力为之。这不禁让人想起时下正在我国热播的美国犯罪电视连续剧《疑犯追踪》，剧中软件天才芬奇发明了一个"机器"，能够在犯罪案件发生之前作出判断、发出预警，然后由身手高强的前中情局特工里瑟执行任务，总能挽大厦于即倒，及时控制案情或中止犯罪。

---

① 刘世明、陈建宏、张宗平、陈惠红：《基于 RFID 的供港蔬菜安全监管溯源系统》，《计算机系统应用》2014年第2期。

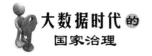

这一次，电视里的桥段变成了现实。北京怀柔公安分局研发了"犯罪数据分析和趋势预测系统"，已于 2013 年正式上线运行。该系统将怀柔近 9 年来 1.6 万余件犯罪案件数据进行标准化分类后收录于数据库，同时采用地图标注，将怀柔分成 16 个警务辖区，抓取 4748 个犯罪空间坐标实施空间网络编号，通过由数学专家建立的多种预测模型，系统自动预测出未来某段时间、某个区域可能发生犯罪的概率以及犯罪的种类。犯罪相关因素系统动态分析、犯罪历史数据时空分析地形图、未来犯罪趋势时空预报趋势图，这些在过去需要多名专业分析人员花费几天甚至几个月才能做出的分析，如今只需要点击几下鼠标就能直观地呈现出来，而且预测结果更加科学、准确。

更重要的是系统提前预知警情，为科学调配警力提供了前瞻性的指导，这对于地处远郊、旅游休闲产业发展强劲的北京怀柔来说尤为得益。治安形势越来越复杂，警力投入捉襟见肘，民警只能像救火队员一样疲于奔波；现在怀柔分局辖区各派出所都可以根据情报信息中心每日更新的系统来预测结果，研判本辖区内发案特点，变被动应对为主动部署，对重点地区加强警力投入及巡逻防范工作，将警力用在了"刀刃上"。预测系统实施以来取得了显著的效果，辖区的抢劫、盗窃等犯罪活动明显下降。分析数据显示，在案件多发的龙山、泉河、怀柔镇派出所辖区，2013 年刑事案件发案率分别下降了 10.7%、9.3% 和 8.8%。2014 年 1—5 月份，全区接报 110 刑事和秩序类警情同比下降 27.9%，立现案同比下降 14.7%。

涂子沛在《大数据》中介绍了纽约警察局推行的一个名为 "CompStat" 的犯罪追踪系统，它把已经发生的犯罪行为统计出来，显示在地图上。然后警察们根据经验进行判断，决定在某一时段、前往哪个地点巡逻。相比之下，怀柔警局的"犯罪数据分析和趋势预测系统"更加智能化，它不仅仅罗列出过往犯罪信息，还能够计算出哪个位置最有可能发生哪种类型的犯罪，此外它还会吸收最新的数据，不断进行自我完善和进化。

随着系统应用的拓宽，基础数据录入范围还将拓展到治安案件，交通、火灾事故以及其他案件和事件，以进一步增强预测能力，预测结果将更加准确和详细。预测系统的实施促使公安警务初步形成了以情报为依托，以预测结果为重点的主动型工作模式，也将数据收集和数据分析带入基层警务部门管理文化之中，这也代表着基层警务部门一种管理哲学的改变。在《疑犯追踪》里，里瑟问芬奇："为什么你每次都知道哪里有犯罪发生？"芬奇说："'机器'知晓一切。"

# 三 大数据预测、参与和实时化解决方案

每一次技术革命都带来巨大的社会变革，大数据技术在公共安全领域的应用必然给管理带来深刻的影响和改变。在大数据支持下，公共安全管理将事前风险防范放在更加重要的位置，使参与管理的主体范围不再局限于政府一身，而是扩展到全社会动员力量；同时，大数据构建了一个与物理世界相对应的镜像世界，为公共安全管理提供了一个实时化解决方案。

## （一）大数据预测

"有预见的政府做两件根本性的事情。它们使用少量钱预防，而不是花大量钱治疗；它们在做出决定时，尽一切可能考虑到未来。"[1] 这里，美国行政学家奥斯本和盖布勒提出了一种"有预见性的政府：预防而不是治疗"的治理模式。大数据的核心就在于预测，大数据支持的公共安全管理的核心也是在基于预测的基础上把握趋势，作出正确判断，达到防患于未然的目的。这同传统的公共安全管理注重"事后补救"的治疗式管理截然不同，主要体现在以下几个方面：

首先，管理起点不同。传统的管理是以突发性的公共安全事件为管理

---

① ［美］戴维·奥斯本、［美］特德·盖布勒：《改革政府——企业精神如何改革公营部门》，周敦仁等译，上海译文出版社 1996 年版，第 205 页。

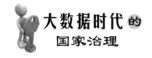

起点的，虽然也强调"预防为主"，但实际工作中更多的是侧重于捕捉突发性事件发生的征兆，做到早发现、早报告、早处置。这就造成传统的管理模式缺乏事前预防和预警机制。大数据支持的公共安全管理不仅重视消除和控制已发生的风险，更将事前的风险预防放在首位，其管理起点前置于风险预测。一个典型的例子是，2013年美国迈阿密发生了一起警察开快车撞死人的恶性交通事故，一位记者怀疑警察这个群体长期开快车，屡屡发生交通事故，因此通过调取当地所有警车通过交通收费站的记录，计算出在8个月的时间当中，有5100辆警车的平均时速超过150公里。此数据一经报道，引起警务部门大地震，从而解决了一个巨大交通灾难的隐患。

其次，思维模式不同。传统的公共安全管理流程是从突发性公共事件倒推，进行逻辑分析，寻找因果关系，作出应急决策的过程，遵循的是逆向思维模式。大数据支持的公共安全管理是从风险预测开始，进行数据挖掘和量化分析，寻找相关关系，最后作出管理决策或者预测，其遵循的是正向思维模式（见图10-6）。[①] 相较而言，后者是一种更主动积极的管理方式。在正向思维的指导下，就连火灾都可以事先进行预测，从而减缓救火队员围着火灾跑的压力。纽约的消防部门将可能导致房屋起火的因素细分为60个，如居住密度、建筑时间、电路配置、房屋布局、消防设施；等等。通过特定算法对所有建筑物打分，计算火灾危险指数。这样一来，消防员就可以据此对一些更易"惹火上身"的建筑重点关照了。

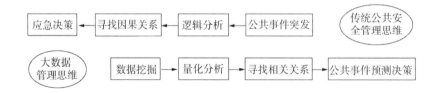

图10-6　大数据支持的公共安全管理和传统公共安全管理思维模式比较

最后，策略运作不同。传统的公共安全管理是以事件为中心的相对被

① 张倩：《大数据在突发事件政府决策中的应用》，《东北农业大学学报》2013年第12期。

动的应急式管理，是一种行动策略。大数据支持的公共安全管理对风险系统进行分析和预测，"谋定而动"，是一种管理策略。应急式的行动策略重在"事后补救"，但在高度不确定的压力和有限的时间、有限的信息条件下，很难做到资源优化配置，容易造成资源短缺或资源浪费；而基于"有预见性"的管理策略更能有的放矢，主动采取有针对性的措施防范风险和消除损失，从而使有限的资源得到合理配置，达到最优化效果。前面曾提到通过卫星系统预测到贵州冻雨后提前布防的例子，就是在大数据支持下进行自然灾害管理，从而达到防灾减灾，避免了人员伤亡和更大的经济损失。

### （二）大数据参与

公共安全管理中有一个"协同治理"的理论，它打破了原有的以政府单一管理为中心的管理模式，强调治理主体的多样性和多元化。即当公共安全事件发生时，政府、企业、非政府组织以及社会个人协调合作，重视层层联络、环环相扣，塑造以政府为主体，个人、企业、非政府组织均发挥积极作用的社会协同网络，以获得技术知识的互补效应和治理的协同效应。

大数据参与下的公共安全管理很好地践行了协同共治的理论。2013 年4 月 15 日，美国波士顿马拉松赛现场发生了连环爆炸案，造成 3 人死亡、183 人受伤。随即警方展开侦破，于 17 日锁定犯罪嫌疑人，18 日公布嫌疑人名字和照片，19 日追捕归案。

在这起被定性为恐怖袭击的爆炸案中，警方是如何顶住巨大的压力快速破案的呢？警方使用的大数据"众包"的手段可谓功不可没。所谓"众包"，就是警方将一部分侦查任务，以自由自愿的方式分包给大众网络的做法。通过这种做法，警方保留了爆炸现场所有监控录像以供比对、查找；走访事发地点附近 12 个街区的居民，收集可能存在的各种私人录像、照片，无论他们来自摄像机还是私人的手机；大量收集网上信息，包括Twitter、Facebook、Vine、Youtube 等社交媒体上出现的相关相片、录像

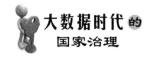

等，同时在这些网站上向公众提出了收集相关信息的请求。警方一共采集到 10 TB 左右的数据，最后寻觅到嫌疑人的踪迹，并截取出嫌疑人的照片。在抓捕嫌疑人的过程中，居民的参与和举报也成为案件最终告破的关键因素。

波士顿爆炸案中，每一个在现场的人都成为社会传感网络的一个触角，并以一种没有提前规划却及时有效的方式监测和推动着事件进程。海量涌现的数据信息在网络平台汇聚起来，上下呼应，相互关联，构建出一个更大更完整的现场拼图。它显然提供了比街头安装的摄像头更多的视角和优势，促使事件整体状态得以从无序到有序、从混乱到条理、从失控到清晰地显现出来。

显然单靠政府自身力量难以掌握所有的数据资源，也难以完成所有的数据整合和处理任务，必须让更多的社会力量和更广泛的人群参与到公共安全管理和决策中来，才能保证决策的科学性和有效性。随着公众和第三方机构获取数据的途径越来越多、越来越便利，多方参与、多元互动、多元协同共治将成为公共安全管理普遍采取的一种方式。实际上，为了鼓励公众参与到国家治理和政府决策中来，美国联邦政府早在 2009 年开放了 data. gov 政府网站，面向公众乃至全世界开放公共数据，无偿共享；随后各个国家纷纷响应，成立了"开放政府联盟"，承诺向本国社会开放更多的信息。未来学家阿尔文·托夫勒（Alvin Toffler）在《第三次浪潮》中说："沉重的决策担子，最后将不得不通过较广泛的民主参政来分担解决。"

### （三）大数据实时化解决方案

公共安全事件发生后，及时掌握现场信息，还原事态原貌，并迅速启动应急机制，实施救援成为第一要义。每一分、每一秒的延迟都意味着更多的人员伤亡、财物损失和事态进一步不可控。然而，公共安全事件往往具有突发性、灾难性、扩散性、复杂性等特点，要获知及时全面的信息殊为不易，而在信息极度缺失的情况下做出的应急反应很可能沦为盲动和低效。大数据应用使实时数据采集和处理成为可能，对缩短政府部门决策时间和提高快速应急反应能力提供了强有力的支持。

基于物联网技术的应急系统，通过摄像头、传感器、移动终端、感应装置等设备实时不间断地抓取公共安全事件数据，在结合相关数据互联互通和资源共享的基础上，能够实时感知现场应急处置情况，有效提高公共安全运行动态监控、智能研判以及现场感知和快速反应能力。基于云计算技术的云应急系统，将各种异构信息通过标准化接口无缝集成，使信息、知识全面整合，实现信息快速收集、抽取和挖掘，计算出及时、最优、可无限扩展、高伸缩性的应急保障资源和方案。大数据技术的平台系统，主要通过各种通信技术和软件，搭建应急协同运作平台，及时、快速、准确收取决策实施情况和反馈信息，同时进行协同会商、调度和指挥应急管理。

在汶川抗震救灾过程中，灾区道路堵塞、破坏严重，潜在的地质灾害频发，地质调查组难以进入现场勘查灾情，救灾部队也无法进入灾区实施救援。因此，全面查清灾情和次生地质灾害的情况用以指导抗震救灾工作，就成为和救人同等重要的任务。通过启用卫星、遥感和航天技术，地质调查组收集到大量实时监测数据，经过数据计算和分析，在地震发生不到 8 天的时间内就完成了 14 个重灾县的次生地质灾害调查评价报告。而平时要完成这样的报告，59 个人的团队最少需要 14 个月的时间。报告生成当天，正在一线指导抗震救灾的地质局就拿到了相关成果，及时为抗震救灾工作提供了地质基础资料和指导，为国务院和抗震救灾指挥部提供了决策依据。

大数据实时化解决方案不仅在应急救灾方面显示出威力，在公共安全管理其他方面发挥的作用也日益重要。如现代警务工作系统即结合物联网、云计算等高端信息技术，建立了新型的警务工作模式，能够为一线执法人员提供及时准确的信息支持，大大提高了警务工作效率和实战能力。对于一辆违法嫌疑车辆，过去需要警务人员勘查现场、脑子记、本子写、填档案、查资料等一系列繁复环节，真正查实处置时往往已经贻误时机。现在，现场采集数据及时回传预警信息中心，自动完成核查、比对、推送

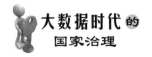

等功能。即使嫌疑车辆逃逸，预警中心也能够通过移动客户端下达预警指令，迅速部署通缉、协查、堵截、搜查等一线警务工作，真正做到了"天网恢恢，疏而不漏"。

# 四 大数据的公共安全隐忧

## （一）当个人信息成为"金矿"

商界有一句著名的天问："我知道我的广告费浪费了一半，但我不知道是哪一半"传统媒体时代，企业通过不断试错来确立最佳广告投放模式和最妙的广告创意。但随着移动互联网和社交媒体的发展，企业"浪费的一半广告费"正不断通过社交网络的精准打击、锁定目标消费者而找补回来。

截至 2014 年 6 月，我国网民规模达 6.32 亿，其中手机网民规模 5.27 亿。[①] 庞大的用户群体每时每刻都通过电脑、手机等电子设备在网上进行各种各样的操作，同时也有越来越多的人在社交网络上分享自己的所见所闻、所思所感。它们也许是网民在某个购物网站上的一次体验、在社交媒体上的一次评价、在搜索引擎上的一个倾向信号、或者在视频网站上的一个收视偏好，所有这些个人信息都被电脑服务器以网络印迹悉数记录下来，通过数据分析，成为商家与消费者建立直接联系和洞察消费者行为的数字化手段。每一个网络平台都记录着海量数据，百度显示网民的搜索行为，淘宝显示出网民的购买行为，新浪则可以看到网民的阅读行为；等等。上述这些构成了企业"精准营销生态圈"的核心，实现着营销投入的

---

① 第 34 次中国互联网络发展状况统计报告，http：// www. cnnic. net. cn/gywm/xwzx/rdxw/2014/201407/t20140721 _ 47439. htm。

最优化。

一个经典的案例是，美国 Target 超市根据数据挖掘系统分析结果，给一位高中女生寄去了婴儿用品优惠券，女孩的父亲看到后大为恼火，后来才发现女儿真的已经怀孕了。Target 超市正是依据数据库收集的历史记录作出的判断，如女孩曾购买了一些孕妇商品，在孕妇、婴儿用品页面停留的时间等。

社交网络精准营销使广告主逐渐觉醒，他们开始把更多的财力和广告份额投放到网络广告上来。根据艾瑞咨询发布的"2013 年度中国网络广告核心数据"，国内网络广告市场规模突破千亿元，达到 1100 亿元，比 2012年增长 46.1%。在未来 2—3 年内，全球广告市场的 30%将体现为互动广告、移动广告和社交媒体广告。与此相对应，广告形态也发生了巨大变化，以打造品牌形象为主的线上广告（ATL）和以建立更直接消费者关系为主的线下广告（BTL）在加剧分野，后者在广告市场的份额已经达到了25%左右。

投入回报体现最直接的要数美剧《纸牌屋》的大获成功了。《纸牌屋》的数据库包含了 3000 万用户的收视选择、400 万条评论、300 万次主题搜索。最终，拍什么、谁来拍、谁来演、怎么播，都由数千万观众的收视习惯和用户喜好统计决定。在大数据精确指导下，《纸牌屋》完成了一次用户决定创作的完美演绎。播出后，《纸牌屋》的出品方兼播放平台 Netflix在 2013 年一季度新增超 300 万流媒体用户，第一季财报公布后股价狂飙26%，达到每股 217 美元，较 2012 年 8 月的低谷价格累计涨幅超 3 倍。

社交网络中的个人信息正成为大数据时代一座新的"金矿"，每个商家都在不遗余力地挖掘和抢夺。不过，这多少有些令人不安。

### （二）个人隐私完蛋了

在本书第一章里，我们曾提到那个比萨店的段子，这是近来网络上流

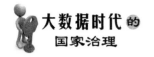

传甚广的一则笑话。但如果认为它仅仅是在调侃，那就大错特错了。中国互联网络信息中心（CNNIC）《2013 年中国网民信息安全状况研究报告》显示，我国信息安全环境整体上来讲不容乐观，在前半年内有 74.1％的网民遇到过安全事件，总人数达 4.38 亿。这意味着在我们周围使用互联网的人群中，平均每 1.5 个人中就有 1 个人会遇到信息泄露带来的安全问题。又有数据显示，我国 65.5％的网站都存在安全漏洞，2013 年网民在网上损失近 1500 亿元。当你意识到每一次登陆账户、每一次输入密码、每一次使用网络支付、甚至每隔几分钟低头看一下手机微信，都可能泄露个人信息，你会不会瞬间感到脊背发凉？

2011 年 12 月，中国软件开发联盟（CSDN）的安全系统遭到黑客攻击，600 万用户的登录名、密码及邮箱遭到泄漏。随后，CSDN "密码外泄门" 持续发酵，人人网、开心网、世纪佳缘、百合网、多玩游戏、178 游戏网、嘟嘟牛、美空网等网站相继曝出用户数据遭到泄密。天涯网于 12 月 25 日发布致歉信，称天涯 4000 万用户隐私遭到黑客泄露。

如果说 CSDN 泄密涉及的是数据库数据泄露，那发生在 2014 年 3 月 "携程安全支付日志数据泄露" 则更让人忧心忡忡，因为日志数据里记录的是直接跟钱相关的详细数据，包括用户姓名、身份证号码、银行卡号和类别、信用卡 CVV 码、银行卡前 6 位 Bin 码（用于支付的 6 位数字）。如果有人获得这些信息，就能轻松完成信用卡支付。

比起系统漏洞和黑客攻击，更多的互联网公司采取的是主动收集客户的信息和行为方式，这是公开的秘密，即使暂时没做，将来也会做。最基本的网络追踪技术是 Cookies，它由网站服务器储存在客户端的电脑上，构筑出一份特定电脑访问网页的浏览记录，以此来追踪使用者上网习惯。更强大的是 Flash cookies，如果用户试图避开线上追踪，删除了常规的 Cookies，那么 Flash cookies 可以进行重装，打开用户的后门。而最新的技术是一种名为 "灯塔"（beacons）的复杂追踪软件，又被称作 "网络爬虫"，是一种很小的在网页上运行的软件，能够记录更为细微的网上行为，如通过所打文字、移动鼠标等来实现对用户的监控。这些可怕的网络追踪技术泛滥成灾，让个人隐私无所遁形。调查发现，美国最大的 50 家网站在每个访问者的电脑上平均安装了 64 种追踪技术，10 多家其他网站安装的追踪技术甚至超过上百种，更可怕的是他们通常都不给用户任何提示。

强大的网络追踪技术，以及广告商对消费者精准营销模式的追求，催生了互联网上一个新行当——数据中间商。他们工作的主要内容就是监视互联网用户，建立消费者数据库，然后卖给需要"私人订制"的广告商、企业或任何买主。2013 年 10 月，淘宝网上出现了一些名为"物流服务""物流单号查询""全国可双向查询服务"等的店铺，售卖近百万条圆通速递快递单个人信息，而且单号数据信息还能 24 小时刷新。这些快递单信息一般 1 元/条，量大的话 0.8 元/条，需求量极大 0.3 元/条。

网民们的网络行为几乎处在"裸奔"状态，透过这些数据信息，个人的年龄、性别、职业、爱好、婚姻状况、有无子女、住宅情况、经济收入、人际圈子等一切私人情况一览无余。且不说大数据时代，社交网络已成为诈骗犯罪的温床，就是这些数据没有得到合理使用，这样庞大的个人信息曝露在众目睽睽之下，也是巨大的隐患，它使人们进一步丧失了对个人信息的控制权。

个人信息的泄露当然不只对个人造成了危害，由于巨大的投入回报率，黑客更容易攻击那些拥有更多数据库的企业。有人说，世界上只存在两种类型的公司：已经遭受过攻击的公司和即将遭受攻击的公司。对于企业来说，频繁的黑客攻击和信息泄露，带来的是灭顶之灾。

事实上，信息安全威胁远不止个人和企业层面。2013 年 6 月，美国中情局前职员爱德华·斯诺登爆料了"美国棱镜窃听计划"，这项由美国国家安全局负责实施的绝密电子监听计划，在过去 6 年里，一直在 9 家美国互联网公司中进行数据挖掘工作，从音视频、图片、邮件、文档以及连接

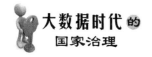

信息中分析个人的联系方式与行动。"棱镜门"事件在美国国内愈演愈烈，在世界范围内也持续发酵，其中透露的许多信息同样让我国网络信息产业担忧不已。据称，美国国家安全局一直通过路由器等设备监控我国网络和计算机，因此国人在互联网上的隐私，包括我国政府和高官们的很多机密，也都处于监控之中。这一事件唤起我国对网络信息安全问题的空前重视，并上升到了国家战略的高度。

一场关乎个人、企业、社会与国家的信息安全"硬战"已拉开帷幕。

### （三）拿什么来保护信息安全

大数据时代，个人隐私泄露呈现出难以遏制的高发态势，不仅泄露内容多、数量大、范围广、损失严重，而且信息窃取手段越来越高科技和多样化，让人防不胜防。如果说在繁忙的高速公路上，个体生命和交通安全是第一位的；那么在网上，个人隐私和信息安全同样是构筑底部的基石。"信息高速公路"高速、有序的运行，有赖于国家、行业、个人各个层面发挥效力、协同共治。

1. 国家顶层制度设计

放眼世界，各国都在大力加强网络安全建设和顶层设计。目前已有 50 多个国家颁布了网络空间国家安全战略，仅美国就颁布了 40 多份与网络安全有关的文件。奥巴马政府宣布启动的《网络安全框架》，用一种通用的语言传达了内部和外部的网络安全风险管理，可以用于帮助识别和优先行动，以降低网络安全风险。作为互联网发展的先行者，美国设立了 6 大网络安全专职机构、130 多项法律法规，其中《消费者隐私权利法案》为如何保护用户隐私设定了 7 项原则，包括网络用户有权控制哪些个人数据可以被收集和使用，有权得到易于理解的有关隐私和安全方面的信息，个人信息被收集、使用、披露的方式必须与用户提供这些信息的背景相一致，企业必须负责任地使用用户信息等。美国新出台的《儿童互联网保护法》最终修正案，扩展了互联网"个人信息"定义和目标对象范围，进一步加强了涉及儿童的信息保护。这些举措表明了美国政府在网络安全立法方面不懈的努力。

中国网络管理体制历史上形成了多头管理、职能交叉、权责不一、效率不高的习惯，存在明显弊端。令人欣喜的是，2014年2月成立了中央网络安全和信息化领导小组，由习近平总书记亲自担任组长。这对于加强顶层制度设计、保障网络安全、维护国家利益、推动信息化发展意义重大。

在个人信息安全的立法方面，目前最高国家标准是2013年2月开始实施的《信息安全技术、公共及商用服务信息系统个人信息保护指南》，它对大数据时代如何合理利用个人信息给予界定，以指导和规范利用信息系统处理个人信息的活动。整体来看，我国涉及个人信息安全的法律条款散落，存在条款不够具体和明确，体系不够清晰，无法有效维护个人信息安全的问题。鉴于个人信息问题的重要性、广泛性和独立性，各方呼吁确立个人信息保护的基本法律制度的呼声十分高涨。在这种情况下，《个人信息保护法》也被提上立法议程。

在信息平台服务业监管方面：第一，我国政府需要提高行业准入门槛，从事信息平台服务的机构或人员必须具备保护被服务对象的个人信息安全的能力，并保证相应的投入。那些在信息安全上投入不足、缺乏安全防范能力的企业将被淘汰出局。第二，政府需要加大对违反法律法规和造成个人信息泄露的企业的处罚力度。目前，我国对违规造成用户信息泄露的企业处罚力度过小，加之判定侵犯个人信息行为隐蔽性强、取证难等，也使得信息泄露屡禁不止。这种情形迫切需要加以改变。

网络安全问题已经上升到信息化建设中的最核心位置。思考未来网络安全策略，制定有效举措，将为今后我国网络安全保障寻找到一个稳妥的立足点。

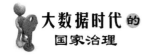

2. 业界良心和企业责任

2006 年 6 月，中国几大移动信息服务企业经通信企业协会和互联网协会联合，共同制定并签署了《移动信息服务企业自律公约》，承诺向广大用户提供阳光网络、绿色信息服务。公约第八条强调了相关经营者需文明自律，自觉遵守国家《互联网信息服务管理办法》等相关法律法规，遵守文明道德规范，提供健康文明的移动信息服务。

无独有偶，美国行业自律组织数字广告联盟也推出了自己设计的隐私保护框架"在线行为广告自我监管项目"，以保证消费者信息的安全。这一倡议得到了谷歌、雅虎等美国主流广告发布平台，以及各大广告客户的支持。①

保护个人信息安全不能仅靠行业自律，但是良好的行业规范和行业自律公约是一个行业蓬勃发展的重要条件。信息平台服务业要想在大数据时代走得更长远，获得持久的利益，努力构建本行业的通用规章、维护用户信息安全、建立客户信任感是值得肯定的做法。

第一，要改变的是互联网企业在用户不知情的情况下收集数据的行为。用户拥有知情权，在登录网站时应当被告知他们的信息可能被记录，以及所作用途、使用方式和使用期限。在被告知的情况下，用户进入网站可视为同意运营商收集和利用个人信息数据。

第二，作为数据使用者，企业应当对收集到的用户信息承担责任。企业应当保证个人隐私信息的安全，合理合法使用，营造安全的数据使用环境。一旦因疏漏发生信息泄露，也应按照法律规定承担相应的责任和处罚。

第三，企业需要不断提高安全防护技术。当前国内一些关键企业，如公安部门、银行系统的关键领域，实现了核心软硬件自主可控，成为防止

———————————

① 郭晓科：《大数据》，清华大学出版社 2013 年版，第 99 页。

公民个人信息泄露的关键。另外，业界也在努力寻找更完善的匿名技术，以解决数据分析应用与用户隐私之间的矛盾，一定程度上从源头保证了个人信息的安全。

3. 个人网络信息安全素养

中国互联网络信息中心《2013年中国网民信息安全状况研究报告》根据网民遇到的安全问题和遭受损失的种类多少，把网民分成四类：安全人群、风险人群、轻度受害人群、重度受害人群，其中安全人群比重较小，仅占25.9％。我国整体互联网网民信息安全问题不容乐观，同网民安全防范意识不足有很大关系，一些常见的个人安全防范措施没有完全普及，给大量网络恶意软件和病毒留下可乘之机。因此，大数据时代，提高网民信息安全素养十分必要。

用户应主动接受信息安全教育，丰富信息安全知识，提高信息安全意识。如用户需仔细阅读社交网络运营商的安全隐私协议，熟悉相应的隐私设置方式，主动防护自身的信息安全。

用户应尽可能将个人信息控制在可驾驭范围内，如在网上注册信息时尽量不要留下过多个人真实信息，密码的设置要有技巧；在网络上分享照片、个人行踪、即时地理位置等信息时应注意节制，并有效设置陌生人访问权限；避免用同一个邮箱同一密码申请多家网络应用；避免通过社交网络或者手机传送网络账号密码；避免在公共WIFI条件下登录网络应用、使用移动支付；等等。

用户还需具备信息安全处理能力，如及时更新电脑和智能移动设备的安全防护软件；在一定程度上防范计算机网络犯罪和病毒攻击，及时备份重要资料。一旦发生安全事件，及时采取相应防护措施：杀毒、重新安装软件、重装系统、屏蔽该网站、在网上公布情况、向相关部门投诉等。

有人说，在大数据时代，最好的保护者仍是用户自己。

# 第十一章
# 大数据时代的应急管理

　　大数据时代深刻改变了人们的思维定式、商业模式和生活方式，并将革命性地影响公共管理的运行模式。管理更加精准、数据创造价值、管理思维变革将是大数据对政府管理的必然要求。① 人类社会进入 21 世纪以后，影响人类生存和发展的全球性突发事件，如"9·11"恐怖事件、"SARS 疫情""禽流感"、马航 MH370 事件、埃博拉疫情等突发性事件，使危机的形式、规模、传播速度和影响程度急剧升级和扩大。公共危机管理越来越成为当代公共管理的重要内容。能否在大数据时代更加精确地收集和分析危机信息、预测和处置突发性事件成为衡量政府管理能力的一项重要指标。

---

　　① 李丹阳：《大数据时代的中国应急管理体制改革》，《华南师范大学学报（社会科学版）》2013 年第 6 期。

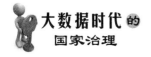

# 一　从突发事件到应急管理

## （一）突发事件

突发事件，是指突然发生，造成或者可能造成严重社会危害，需要采取应急处置措施予以应对的自然灾害、事故灾难、公共卫生事件和社会安全事件。其中，自然灾害类突发事件主要包括水旱灾害、气象灾害、地震灾害、地质灾害、海洋灾害、生物灾害和森林草原火灾等；事故灾难类突发事件，主要包括工矿商贸企业的各类重大安全事故，重大交通运输事故、公共设施、设备事故，核与辐射事故，重大环境污染和生态破坏事故；公共卫生类突发事件，主要包括重大传染病疫情、群体性不明原因疾病、食品安全和职业危害、动物疫情以及其他严重影响公众健康和生命安全的事件；社会安全类突发事件，主要包括恐怖袭击事件、经济安全事件、涉外突发事件、重大刑事案件以及规模较大的群体性事件。

（1）自然灾害类突发事件：如汶川地震。2008 年 5 月 12 日 14 时 28 分 04 秒，四川省阿坝藏族羌族自治州汶川县发生里氏 8.0 级地震，地震造成 69227 人遇难，374643 人受伤，17923 人失踪，是中华人民共和国成立以来破坏力最大的地震，也是唐山大地震后伤亡最惨重的一次。根据中国地震局的数据，此次地震的面波震级达 8.0Ms、矩震级达 8.3Mw，破坏地区超过 10 万平方千米，地震烈度大约 11 度。地震波及大半个中国及亚洲多个国家和地区，北至辽宁，东至上海，南至中国香港、中国澳门、泰国、越南，西至巴基斯坦均有震感，以四川、陕西和甘肃三省震情最为严重，如图 11-1 所示。

（2）事故灾难类突发事件：如 2014 年 7 月 17 日，马来西亚一架载有 298 人的波音 777 客机在靠近俄罗斯的乌克兰边境地区坠毁，机上人员全部遇难；7 月 23 日，中国台湾复兴航空 1 架 GE222 班机从高雄小港机场飞往澎

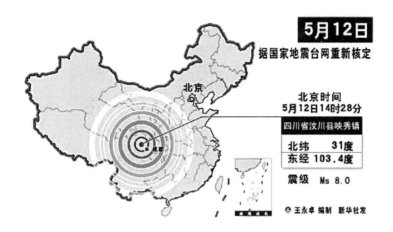

图 11-1　汶川地震的影响范围和震级

湖马公机场，突然迫降重摔，致 48 人遇难；7 月 24 日，阿尔及利亚航空公司一架从布基纳法索首都瓦加杜古飞往阿尔及尔的 AH5017 航班在起飞 50 分钟后失联，机上 116 人遇难。8 天内，3 架飞机坠毁，462 人遇难。2014 年 7 月，成为人类航空史上最黑暗的一月。根据民航安全科学研究所整理的世界航空事故中文数据库发现，截至 7 月 31 日，2014 年世界范围内民航事故共发生 143 次，死亡人数或将超过 691 人。而 2013 年世界范围内民航事故共发生 273 次，死亡人数达 281 人，其中，1 月至 7 月共发生 141 次，死亡人数达 70 人。也就是说，2014 年比 2013 年同期世界范围内民航事故发生次数仅多 2 次，但死亡人数增加了 600 多人，如图 11-2 所示。

（3）公共卫生类突发事件：如肆虐西非的埃博拉。埃博拉（Ebola virus)又译作伊波拉病毒。它是一种十分罕见的病毒，1976 年在苏丹南部和刚果（金）（旧称扎伊尔）的埃博拉河地区发现它的存在后，引起医学界的广泛关注和重视。埃博拉病毒，生物安全等级为 4 级。[1] 病毒潜伏期可达 2—21 天，但通常只有 5 天至 10 天。[2] 埃博拉病毒有高达 40％—90％的致死率，在流行地区死亡率 1976 年为 88％、1977 年为 100％、1994 年

---

① 艾滋病为 3 级，SARS 为 3 级，级数越大防护越严格。

② 杨舒怡：《世卫组织拉响埃博拉"全球警报"》，《中国青年报》2014 年 8 月 12 日第 6 版。

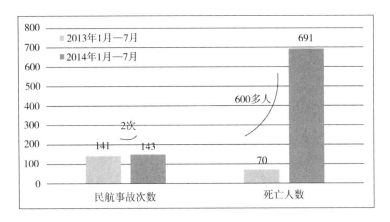

图 11-2　2014 年 1—7 月民航事故次数和死亡人数与去年同期比较情况

为 59％、1995 年为 81％、1996 年为 73％、2001—2002 年为 80％，2003
年则是 90％，2007 年平均为 83％。[①] 2014 年 2 月，埃博拉第一次爆发于
几内亚境内，截至 8 月已波及几内亚、利比里亚、塞拉利昂、尼日利亚、
塞内加尔 5 个国家，并超出边远的丛林村庄，蔓延至人口密集的大城市，
截至 9 月 5 日共造成 2105 人死亡，如图 11-3 所示。

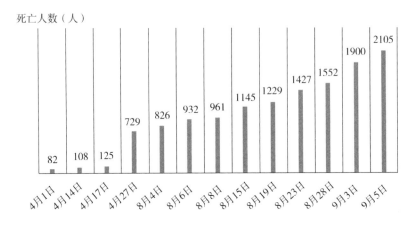

图 11-3　埃博拉疫情的死亡人数（据世界卫生组织公布数据的不完全统计）

---

①　什么是埃博拉病毒，http：// news. ifeng. com/a/20140731/41387641 _ 0. shtml。

（4）社会安全类突发事件：如"9·11"事件。"9·11"事件指的是美国东部时间 2001 年 9 月 11 日上午接近 9 时（北京时间 9 月 11 日晚上接近 21 时）恐怖分子劫持 4 架民航客机撞击美国纽约世界贸易中心（双子塔）和华盛顿五角大楼的历史事件（如图 11-4 所示），事件共造成 3201 人遇难，大楼倒塌后，仅救出 3 名幸存者。

**图** 11-4　**"9·11"事件中被袭的双子塔**

按照社会危害程度、影响范围等因素，自然灾害、事故灾难、公共卫生事件分为特别重大、重大、较大和一般四级。值得注意的是，以上四类突发事件并不是截然对立的，相互之间呈现多元与共时的特征，在特定的情景下可能相互转化，即带来所谓的"涟漪反应"（dimple effect）[①]。公共危机管理就是以突发事件为中心，在科学总结、归纳各类突发事件的特点、发展规律和应对机理的基础上，加强各类突发事件的应急管理机制建

---

　　① 所谓"涟漪反应"，就像一粒石子投进池水引起阵阵涟漪那样，初始的危机会对外部产生一系列的负面影响，所引起的冲击破坏性可能包含石子撞击池底、在水面及周边溅出水花和涟漪荡漾而引起波动。密特罗夫（Mitroff）和皮尔森（Pearson）把这种由于危机初期管理不善而造成的涟漪反应称为"连锁反应"。参见［澳］罗伯特·希斯：《危机管理》，王成、宋炳辉、金瑛译，中信出版社 2001 年版，第 13 页。

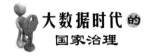

设以及相互之间的协调、配合和衔接。①

## （二）公共危机

突发事件是公共危机产生的原因，随着时间的推移，公共危机事件经由突发、扩散发展到爆发，危机的程度也不断提高，如图11-5所示。因此，公共危机是一种突然发生的紧急事件或非常态的社会情境，是指因不可抗力或突然发生的重大自然灾害事件、公共卫生事件、事故灾难事件和社会安全事件等引发的，给社会正常的生产与生活秩序以及人们的生命财产安全带来严重威胁的紧急事件或紧急状态。公共危机通常具有三个共同要素：一是未曾预料而突然爆发所造成的一种意外或非常态的社会情境；二是具有严重的危害与社会影响；三是在情况急剧转变之前，可供反应的时间有限。②

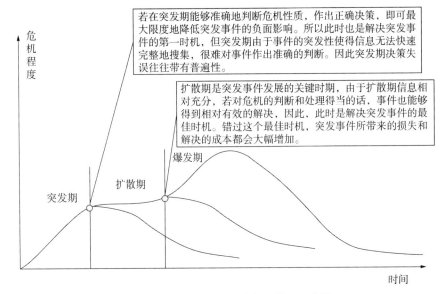

图 11-5　突发事件与公共危机关系示意图

---

① 薛澜、钟凯斌：《突发公共事件分类、分级与分期：应急体制的管理基础》，《中国行政管理》2005 年第 2 期。
② 王乐夫、蔡立辉：《公共管理学》，中国人民大学出版社 2012 年版，第 189—192 页。

由此可知，公共危机是一种非常态的社会情境，是各种不利情况、严重威胁、不确定因素高度积聚的状态。公共危机一般具有以下四个特征：①突发性。公共危机是由一系列细小事件逐渐发展而来的，虽然存在着发生征兆和预警的可能，但由于发生的时间、地点具有一定的不可预见性，而且出乎通常社会秩序或人们的心理惯性运行，具有某种程度的危险性。①②影响的社会性。公共危机对一个社会系统的基本价值和行为准则架构产生严重威胁，引起社会恐慌并破坏社会正常秩序与运转机制，其影响和涉及的主体具有社会性。③高度不确定性。突发事件发生的时间、形态、性质和发展过程无法用常规性规则进行判断，其后的衍生和可能涉及的影响也没有经验性的知识可供参考，一切似乎都瞬息万变，并且很可能产生各种"涟漪效应"。④决策的非程序化。公共危机从本质上说是非程序化决策。在危机状态下，要在有限信息、有限资源、有限时间（客观标准的"有限理性"）的条件下寻找"满意"的处理方案。②

## （三）应急管理

公共危机管理作为政府的一项重要职能，是现代公共管理领域中的一个重要组成部分，是公共管理中应对危机状态的一种形式。研究政府应急管理就是要形成有效的组织结构和运转协调的管理体制，从而预防和减少突发事件的发生，控制、减轻和消除突发事件引起的严重社会危害，规范突发事件应对活动，保护人民生命财产安全，维护国家安全、公共安全、环境安全和社会秩序。

正确地理解政府应急管理的内涵，就需要弄清楚以下三个问题：一是由谁来实施管理，即管理的主体；二是管什么，即管理的对象；三是怎么管，即管理活动的具体内容与方式。据此分析，政府应急管理是指公共管

---

① 薛澜、张强、钟凯斌：《防范与重构：从 SARS 事件看转型期中国的危机管理》，《改革》2003 年第 3 期。

② 王乐夫、蔡立辉：《公共管理学》，中国人民大学出版社 2012 年版，第 189—192 页。

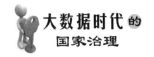

理主体为避免或减少公共危机所造成的损害而实施的危机预防、事件识别、紧急反应、应急决策、应急处理、评估、恢复等行为活动的总称，目的是为了提高危机发生的预见能力、危机发生后的救治能力以及事后的恢复能力。

# 二 大数据与政府应急管理

伴随着我国经济和社会的发展转型，食品安全事件、环境污染事件、社会治安事件、网络群体性事件频发，这些公共危机事件不仅给民众的生命和财产造成了巨大损失，也给政府部门的应急管理能力带来了挑战。一系列的经验教训告诉我们：不能等到突发公共危机事件发生以后才采取补救措施，如果可能，应该提前做好防范和控制的准备。而大数据时代的到来，让我们逐步实现对突发事件的预测和有效控制，从而及时保障民众的权益，这不仅仅是对政府应急管理能力的巨大挑战，更是机遇和动力，可不断提高政府应急管理能力。城市的敏感部位和脆弱地带是大数据时代的政府应急管理的重点区域，大数据可以对发生在这两个区域范围内的灾害、群体事件等突发公共危机事件进行预测与预警、应急处置、恢复等，从而减少城市的损失。

## （一）数据能力鸿沟：传统政府应急管理的困境

2003 年 SARS 疫情后，应急管理的概念和理念开始被政府所接受，我国也正式开始探索现代意义上的中国应急管理体制。经过 10 余年的努力，中国政府应急管理"一案三制"架构初现雏形。中国现代意义的政府应急管理发展经过了四个历程。第一阶段为预案建设阶段（2003—2004 年）：构建政府应急管理预案，这是政府应急管理的重要基础，是中国应急管理体系建设的首要任务；第二阶段为体制建设阶段（2005 年）：探索国家建立统一领导、综合协调、分类管理、分级负责、属地管理为主的应急管理体制；第三阶段为机制建设阶段（2006年）：主要建设突发事件全过程中各种制度化、程序化的应急管理方法与措施；第四阶段为法制建设阶段（2007年至今）：在深入总结群众实践经验的基础上，制定各级各类应急预案，形成应急管理体制机制，并且最终上升为一系列的法律、法规和规章，使突发事件应对工作基本上做到有章可循、有法可依，如图11-6所示。2007年8月30日，我国颁布了第一部应急管理的专门法律《中华人民共和国突发事件应对法》，正式确立了国家建立统一领导、综合协调、分类管理、分级负责、属地管理为主的应急管理体制。①

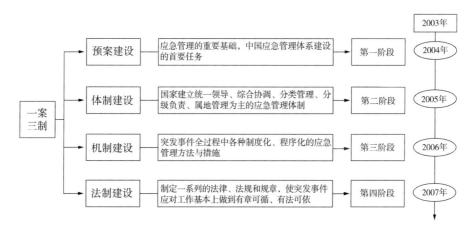

**图11-6　中国政府应急管理发展阶段及其任务**

从近年若干重大突发事件的应对效果来看，中国应急管理体制有其独有的优势，并越来越为世人所认可。② 但随着我国经济和社会的发展，特别是近两年大数据的发展，中国现有的政府应急管理体制越来越力不从心。与大数据时代所涌现的海量数据及其所要求的处理能力相比，中国应急管理体制最突出的问题在于信息能力不足，无法应对应急管理情境中海

---

① 《中华人民共和国突发事件应对法》（中华人民共和国主席令〔2007〕69号），2007年8月30日第十届全国人民代表大会常务委员会第二十九次会议通过，2007年11月1日起施行。

② 胡象明、黄敏：《我国应急管理体制的特色与改革模式的选择》，《中国机构改革与管理》2011年第3期。

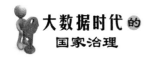

量数据带来的冲击，更没有办法运用海量数据为应急管理服务，[1] 具体
而言：

（1）政府应急管理的体制设计理念倒错。公共危机是各种不利情况、
严重威胁、不确定因素的高度积聚，是一种非常态的社会情境，具有突发
性和紧急性、高度不确定性、影响的社会性、决策的非程序化等特征，而
且会产生各种"涟漪效应"。因此，这就要求相应的应急管理体制必须遵
循综合性、全过程应急管理的设计理念。同时，基于现代应急管理的专业
性，还强调体制的设计必须体现对现代管理理念和方法、先进科学技术和
专业队伍力量的应用。目前，中国政府应急管理体制设计理念存在两个方
面的问题：一方面存在着"重应对、轻管理"的误区。[2] 目前的体制是在
《突发事件应对法》的框架下构建的，其架构的前提是突发事件发生之后
如何去应对，而不是如何对突发事件进行全过程的应急管理。这种片面强
调"应对"的设计理念，导致应急管理体制中并没有建立起针对突发事件
生命周期的综合性管理流程，其结果就是在整个应急管理过程中，除"应
对"环节之外的其他环节建设严重缺失、乏善可陈。另一方面存在着"重
权力、轻科学"的倾向。现有体制在设计时更多考虑的是，应对突发事件
时各级大数据背景下的中国应急管理体制改革之初政府部门和不同系统的
权力划分和责任认定，而很少涉及如何运用现代先进科学技术力量参与应
急管理的问题，严重制约了我国应急管理的专业水平的提高。[3]

（2）政府应急管理数据预警预测能力欠缺。政府应急管理的预警机制
是建立现代化政府应急管理体系的前提基础，也是实现公共管理从被动型
应对危机向主导型防范危机转变，从"事后救火"管理向"事前监测"管

---

① 李丹阳：《大数据时代的中国应急管理体制改革》，《华南师范大学学报（社会科学版）》2013 年第 6 期。

② 王莹莹：《健全应急管理体制势在必行》，《中国减灾》2010 年第 6 期。

③ 李丹阳：《大数据背景下的中国应急管理体制改革初探》，《江海学刊》2014 年第 2 期。

理转变，从危机发生后的"救火员"角色向危机发生前的"监测员"角色转变的需要。而所谓的政府应急预警，是指公共危机管理主体根据有关危机现象过去和现在的数据、情报和资料，运用逻辑推理和科学预测的方法、技术，对某些危机现象出现的约束性条件、未来发展趋势和演变规律等作出估计与推断，并发出确切的警示信号或信息，使公共部门和公众提前了解危机发展的状态，以便及时采取应对策略，防止或消除不利后果的一系列活动。从近年来我国发生的历次比较重大的灾害和突发事件的应对过程来看，目前的应急管理体制的预警预测能力还比较欠缺。以 2008 年年初波及南方数省的冰雪灾害为例，实际上早在 2008 年 1 月初，中国气象局及地方气象部门对这次灾害性天气已经作了比较及时的预报。然而，我们的应急管理体制并没有很好地利用这一气象数据，没有对其可能对交通、社会生活各方面造成的影响进行分析，也没有为后续应急管理工作的开展奠定良好的预警预测基础。这种前期预警预测能力的缺失，直接导致有关部门难以有效应对后来出现的供电线路冰冻、道路毁坏、旅客大量滞留等问题，造成巨大的社会成本和经济损失。[①]

（3）政府应急管理数据抓取能力不足。现代应急管理系统是一个科学、严密的系统。其得以顺利运行，并取得实效的基础在于对应急管理相关数据的把握。只有掌握了全面准确的数据，决策者才有可能在应急管理情境中作出科学合理的决策，否则，一切应急管理工作都无从谈起。从这个角度来看，近年来我国应急管理工作中发生的若干案例都表明目前的应急管理体制的数据抓取能力非常不足。如在 2013 年雅安地震中，由于当地政府部门缺乏对本地区居民数量、居住位置等重要数据的掌握，导致部分物资调配出现数量不均的现象，甚至引发村民和政府以及村民之间的

---

　　① 李丹阳：《大数据时代的中国应急管理体制改革》，《华南师范大学学报（社会科学版）》2013 年第 6 期。

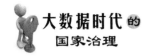

冲突。①

（4）政府应急管理数据的共享程度低。政府应急管理部门分割、各自为政，未能形成共享机制。我国行政管理体制是建立在分工基础上的部门划分，分工越来越细。分工过细，一个业务流程往往涉及若干职能部门和环节，整个过程运作时间长、成本高，造成多头指挥、无所适从。过度的分工导致组织灵活性下降，越来越不适应快速多变的信息化社会环境。专业化分工越来越细，工作环节越来越多，一项简单的工作也要被拆分成一系列繁琐的活动，从而导致部门之间隔离，应急管理信息得不到有效共享，大大降低部门管理的效率。

（5）政府应急管理的分析和学习能力弱。要提高政府的应急管理能力以有效应对各种类型的突发事件，应急管理能力包括对应急管理历史数据的卓越学习能力。政府应急管理要强调对政务信息资源的分析，总结应急管理中的经验，从而形成有效的知识。如果政府应急管理部门缺乏分析和学习能力，就只会一而再、再而三地犯错，甚至出现不该出现的悲剧。2012年7月21日的特大暴雨发生前，分析历史数据，就可以知道往年严重积水的低洼路段还会严重积水，积水的情况也只会更加糟糕。在这种情况下，有关部门应该派人对这些历史上经常出现严重积水的低洼路段设置路障或警示标志，以阻止车辆和行人的进入。然而，由于缺乏对历史数据的分析能力，当时有关部门并没有针对这些历史上经常性积水的路段采取措施，以致最后出现震惊社会的"广渠门车主溺毙"事件。可见，如果缺乏对历史数据的分析能力，不仅无法提升应急管理系统的效能，更可能造成本可以避免的人间悲剧。②

---

① 李丹阳：《大数据时代的中国应急管理体制改革》，《华南师范大学学报（社会科学版）》2013年第6期。

② 李丹阳：《大数据时代的中国应急管理体制改革》，《华南师范大学学报（社会科学版）》2013年第6期。

### （二）数据能力重构：大数据时代的政府应急管理

现今社会在信息潮流的冲击下，人们对数据越来越敏感，日常生活的方方面面似乎都能找到大数据的影子。目前，许多国家和地区都在积极探索政府数据公开，就中国香港特别行政区开放数据网站为例，该网站有人口、水资源、空气污染、食物与卫生等 12 大类、上百个动态更新的数据集，其中交通信息已经被市场广泛利用，衍生出多个智能交通应用程序。与此同时，大数据时代的来临也为政府应急管理带来了新的机遇和前景。

数据从样本变成全部数据，意味着数据规模变大，处理难度也增大，但从另一个角度来看，可以挖掘到的价值信息也更大。在城市敏感部位，突发事件在大数据的全面分析下会变得清晰，来龙去脉一清二楚；对于灾害事件，城市的脆弱地带可能更需要全面的数据来为处理危机新技术的创新作铺垫。通过大数据了解到的也许不是像数字般精确的定量结果，但却反映了一定内容的定性结果。如在危机情境下，政府可以运用大数据技术收集社情民意，通过分析相关数据，了解大众需求、诉求和建议等；可以利用网站、微博、微信等社交工具，反映热点事件，反映民意，还可以追踪造谣信息的源头。在危机情境下，政府可以对大数据进行恰当地管理、建模、分析和研究，从中提取最新的讯息，以便作出有效及时的应急决策，因此，大数据在政府应急管理上有优良特质①：

（1）政府应急管理思维的更新。与人类社会生活的深度信息化相伴随，海量的大数据如潮涌般不断产生，用以搜集、处理和分析这些数据的技术和方法也层出不穷。这就使管理者第一次拥有了丰富至极的数据量。"就像望远镜能够让我们感受宇宙，显微镜能够让我们观测微生物，这种

---

① 李丹阳：《大数据时代的中国应急管理体制改革》，《华南师范大学学报（社会科学版）》2013 年第 6 期，第 106—111 页。

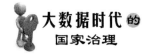

能够收集和分析海量数据的新技术将帮助我们更好地理解世界。"① 由于拥有了全面的信息，过去那些建立在非完全信息假设上的管理思维和方法，已经被彻底地改变。

（2）政府应急管理更有预见性。大数据技术在管理领域的广泛应用，一个重要的作用就在于其强大的数据抓取和分析能力，可以使管理者从纷繁复杂、碎片化的海量数据中发现潜在的联系与问题，由此提示下一步相应的管理行为。正如国际复杂网络研究的权威巴拉巴西教授认为的那样：在大数据的新背景下，数据、科学以及技术的合力，会使得人类变得比预期中更容易预测得多。② 显然，这对于现代高风险社会中的管理是极端重要的。

（3）政府应急管理的多部门协力。工业时代形成的韦伯式官僚制组织形态，以高度的专业分工来应对日趋复杂的管理事务。在一定的时期和历史条件下，这种专业化分工确实具有较高的效率。然而，这种专业化分工一旦走向极致，就容易出现分工过细、条块分割、庞大臃肿、陈旧僵化等弊端，无法有效应对新管理问题提出的挑战。③ 大数据技术及其管理模式提供了一种解困之道：在管理的流程中，由管理对象和事务产生的数据流只遵循数据本身的性质和管理的要求，而不考虑专业分工上的区隔。

（4）政府应急管理的精细化和个性化。在传统的工业时代，由于缺乏抓取管理对象信息的数据技术，以至于只能用流水线的方式生产大量制式化、标准化的产品。这种管理模式在工业时代也许已经足够。但是，在今天这样一个人人追求个性化、企业市场竞争白热化的时代，需要的是更为精细化和个性化的管理模式。作为对这种诉求的一种技术回应，大数据技

---

① ［英］维克托·迈尔-舍恩伯格、肯尼思·库克耶：《大数据时代》，盛杨燕、周涛译，浙江人民出版社2013年版，第4、8、10页。
② ［美］艾伯特·拉斯洛·巴拉巴西：《爆发：大数据时代预见未来的新思维》，马慧译，中国人民大学出版社2012年版，第Ⅴ页。
③ 包亚军：《论现代官僚制的双重困境》，《北京行政学院学报》2005年第1期。

术使管理者可以对管理对象的独特需求进行追踪和分析，进而实施管理行为或投送有针对性的服务。[①]

# 三 政府应急管理中的大数据运用

## （一）大数据介入自然灾害类突发事件治理

日本是自然灾害多发国，其国土面积仅占世界陆地面积的 0.25%，但地震等自然灾害却占世界灾害总量的 20%，对灾害的预防和抗灾就显得尤为重要。在东日本大地震中，由于受灾地区范围较广，日本政府无法及时准确地掌握灾害信息，因此错失了许多及时开展救援工作的机会。为此，日本政府决定，在发生大规模灾害时引入大数据技术，即分析网络、手机等庞大的电子数据，获得手机、汽车导航系统等发射的位置信息，加以仔细分析研究，以求迅速收集情报，快速支援受灾地区。

为了减少自然灾害对城市造成的损害，很多国家也在尽力尝试完善和提高对自然灾害的预测和预警能力，从源头上控制灾害带来的危害。日本政府就打算同一些企业合作，借助大数据技术预测自然灾害，通过电台、电视台和手机网络等及早将预警和疏散等信息发送给地方政府和居民，一旦发生地震或海啸，智能手机用户就可凭借手机定位功能，接收疏散路线和交通状况等信息，从而降低自然灾害带来的伤害。

中国一直探索自然灾害中的奥秘，现在也开始尝试在研究中引入大数据技术。《中国文化地理》的作者陈正祥，在香港中文大学任教的时候多次接到相关方面的邀请和要求，就在中国的蝗虫灾害问题上使用大数据的

---

① 孙鹤然：《大数据时代的精细化分析》，《中国计算机报》2011 年 6 月 6 日第 22 版。

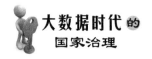

方法进行探讨，他重新阅读所拥有的 3000 种地方志，发现一个就标志一个点，最后他点出了中国蝗灾分布图，与历史事实非常吻合，得到了联合国的高度评价。

从以上的例子可以看到，大数据技术逐渐步入城市灾害治理的过程，并且在预测、防灾、抗灾等灾害治理过程中发挥着重要的作用。通过大量数据分析，寻求灾害事件的相关性，得出事件发生的规律，以预测事件下一次的发生，大大增加了人们应对灾害事件的时间限度，降低了灾害带来的伤害。面对大自然，我们只能心怀敬畏，不可能阻止自然灾害的发生，重要的是要知道什么情况下这种事情会发生，希望新的大数据技术能在防震减灾方面多做贡献。

### （二）大数据介入事故灾难类突发事件治理

2014 年 7 月 31 日深夜至 8 月 1 日凌晨，中国台湾高雄市发生气体爆炸事件，气爆范围涵盖该市前镇区及苓雅区，逾 6 公里长的数条街道因惊人的爆炸而塌陷碎裂。气爆事故至少造成 30 人死亡，逾 305 人受伤。高雄气爆责任有待厘清，外界把问题指向管线检测及维修。

2014 年 8 月 2 日 7 时 37 分，江苏昆山市中荣金属制品有限公司发生特别重大爆炸事故。事故至少造成 75 人死亡，185 人受伤。8 月 4 日由安监总局局长杨栋梁任组长的事故调查组确定，原因是粉尘浓度超标，遇到火源发生爆炸。昆山工厂爆炸是一起重大责任事故，与当地政府领导责任和监管责任落实不力有关。

美国曼哈顿有大约 51000 个沙井盖和服务设施，因沙井盖内部失火，纽约每年都有很多沙井盖发生爆炸。重达 300 磅的沙井盖在轰然塌地之前可以冲出几层楼高。为纽约提供电力支持的联合爱迪生电力公司每年都会对沙井盖进行常规检查和维修。但在过去，这完全看运气。2007 年，联合爱迪生电力公司向哥伦比亚大学的统计学家求助，希望他们通过对一些历史数据的研究，比如说通过研究以前出现过的问题、基础设施之间的联系，进而预测出可能会出现问题并且需要维修的沙井盖。如此一来，他们就只需把人力物力集中在维修这些沙井盖上。哥伦比亚大学将杂乱的数据整理好后通过机器处理，发现了大型沙井盖爆炸的 106 种预警情况。在布朗克斯的电网测试中，他们对 2008 年中期之前的数据都进行了分析，从而利用这些数据预测了 2009 年会出现问题的沙井盖。预测效果非常好，在他们列出的前 10％ 的高危沙井盖名单里，有 44％ 的沙井盖都发生了严重的事故。

其实早在 1931 年，美国的安全工程师海因里希就提出了著名的"事故金字塔"理论，通过分析 55 万起工伤事件的发生概率，得出了事故前后发生的相关性，可以很好地用来预测事故的下一次发生，也证明了大数据技术在事故灾害中的应用可以减少或者消除不安全的状况，对现代很多事故灾害的治理有着启发性作用。

同样，在美国也有大数据技术介入事故灾害的案例：美国矿难追责。2010 年梅西公司下属的另外一家煤矿鲁比煤矿在追责过程中被爆"岌岌可危"，随时都有"引爆"的可能。这个说法的依据来源就是海量的安全生产数据。通过建立计算机大数据模型，对生产过程中的多个参数进行分析比较，从而找到事故发生的规律、预测未来，有效地将事故的伤害降低至最小，甚至能有效防止事故的发生，就像本案例的矿难。但我们也应该认识到，大数据的来源必须有保证，才能使追责有充足的证据。就如 2010 年美国西弗吉尼亚州发生 29 人死亡的矿难，在确认究竟是煤矿安全健康局还是出事煤矿所属公司去承担主要责任时，正是因为逾千条监管记录的完整保存，为事故的追责提供了重要的证据，最终确认煤矿安全健康局无监管失职问题。由此可见，大数据的保存在事故灾害追责中的重要性。

不可否认，大数据技术在事故灾害的处理过程中发挥着重要的作用，可以用其揭示事故发生规律，从源头上防止事故的发生。这点和自然灾害治理有很大的区别，自然灾害治理最初的应用只能是"预测与预警"，是

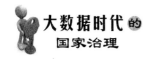

不可能阻止灾害发生的。大数据在事故灾害处理中可以提供高技术的支持，充足的数据让事故的来龙去脉清晰地呈现在人们眼前，让人们更有把握去面对事故灾害。

### （三）大数据介入公共卫生类突发事件治理

有数据显示，随着全球人口不断增长和城市化进程的日益加快，数亿人的居住环境卫生有恶化的趋势，疾病随着人口的增长以及人们频繁的区域流动而传播，使得容易在人群中传播的疾病在城市中流行。这些公共卫生灾害对城市的发展有着巨大的制约作用，对民众的身心健康造成了巨大的威胁，公共卫生灾害的治理迫在眉睫。

在这其中，中国是表现最为突出的国家之一。中国正处于转型发展时期，人口基数大且呈上升趋势，同时城市化的加剧、城市人口密度的增加及结构变化等促进了人员的流动，这些都加剧了流行病发生、传播、蔓延的几率及传播速度。近年来，一些大规模的传播疾病一直没有间断，如H1N1、病毒性流感一波又一波袭扰人类，流感病毒变异快、传播迅速，药物和疫苗要么准备不及时，要么无法预防。如果能提前发现流感的发病趋势，不仅能为抗病毒药物的准备争取宝贵的时间，而且还有助于疫苗研发机构尽早采取措施。

不仅是中国，世界很多国家包括美国在内，都承认基于互联网大数据的流行病监测变得非常重要且紧迫。美国管理咨询公司麦肯锡全球研究院（Mckinsey Global Institute，MGI）预测：如果美国的医疗行业能够有效利用不断增长的大数据来提高效率和质量，那么每年可创造超过3000亿美元额外价值，可以挽救无数本不应该失去的生命。

根据世界卫生组织数据统计，2009年发生的H1N1流感在全球造成至少12220人死亡，面对这种严重的公共卫生灾害，人们一直在用大数据探索病毒传播的"秘密"，以求找到应对病毒来袭的"秘笈"。《大数据时代》

一书就记载了谷歌是如何利用大数据来预测病毒爆发的。谷歌的工程师们想到了从大数据的筛选来预测流感，这个筛选过程异常复杂，毕竟谷歌是全球最大的搜索引擎，每时每刻都有上百万用户在使用谷歌提供的搜索服务，其中搜索有关健康信息的人不在少数。2008年谷歌推出了"谷歌流感趋势"（GFT），这个工具根据汇总的谷歌搜索数据，近乎实时地对全球当前的流感疫情进行估测，但当时并没有引起太多人的关注。直到2009年H1N1爆发的前几周，谷歌公司的工程师们重新介绍了GFT，并成功预测了H1N1在全美范围的传播，甚至具体到特定的地区和州，而且判断非常及时，与官方数据的"滞后性"形成鲜明的对比，大数据呈现出巨大的优势作用。

现今，大数据技术在公共卫生灾害方面的应用越来越广泛，日本京都大学的荒牧研究室也运营了一个名叫"流感君"的网站，它通过对感冒信息的检索来预测流感发生的具体状况。此外，日本国立感染症研究所将对来自全国约5000个医疗诊所的流感患者的大量数据进行分析、研究、统计并发布预测结果。

利用大数据所特有的功能可以有效地预测流感等公共卫生灾害事件的发生，就如在流感最严重的时候，每天会有成千上万条相关信息流出，通过对这些大量相关数据的分析也能保证分析结果的精准度。

大数据技术的介入可以进一步改善公共卫生状况，帮助公共卫生部门对重大流行疾病等灾害作出及时响应，快速地检测出新的传染病和疫情。并通过提供准确和及时的公众健康回应，不断提高公众健康风险意识，降低传染病感染风险，以帮助人们创造更美好的健康生活。

### （四）大数据介入社会安全类突发事件治理

据中国《社会蓝皮书》不完全统计，1993年我国发生群体性事件0.87万起；2005年上升为8.7万起；2006年超过9万起；2007年则达到10多

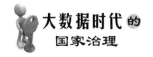

万起，参与人数也由约 75 万人增加到约 307 万人；而 2008 年和 2009 年的群体性事件的数量和激烈程度都超过以往。[①] 在 2010 年先后爆发了黑龙江富锦长春岭群体性事件和安徽"马鞍山 6·11 事件"，2011 年先后爆发了广东潮安县"古巷事件"和"增城市 6·11"事件，而仅在 2012 年上半年，就出现了"浙江瑞安群体性事件""江苏射阳群体性事件""重庆万盛群众聚集事件"等重大群体性事件。据全国总工会统计，2012 年 1—8 月，全国共发生围绕工资纠纷的、规模在百人以上的集体停工事件 120 多起，发生在 19 个省、规模在 30 人以上的 270 多起。《社会蓝皮书》认为，现阶段我国社会正处于矛盾多发时期，且社会矛盾多样而复杂。近年来，每年因各种社会矛盾而发生的群体性事件多达数万起甚至十余万起，大有愈演愈烈的趋势。群体性事件的爆发能够点燃民众郁积的不满情绪，并对社会的稳定和发展造成冲击，影响巨大。

群体性事件可分为网络群体性事件与现实群体性事件，其特点为涉及面广、规模大，对社会和稳定有着十分严重的影响和危害。预防和处置群体性事件政策性强、难度大。伴随大数据时代的到来及飞速发展，信息时代带来的成果日渐凸显大数据的重要性，各类突发性群体公共事件频出使得在大数据背景下，信息的传播速度更快、更敏捷。因此，信息时代的危机处理有其特有的复杂性，必须引起政府的高度关注。如何有效地抑制信息失控与危机升级，对政府的危机管理战略提出了更高的要求。

2009 年中国科学院建立以 GIS 系统为基础的群体性事件数据库，符合最新数据分析发展趋势，不仅能够选取、管理、整理大量的群体性事件数据，而且能够将种类繁多的数据资料加以整合，实现在纷繁复杂、看似孤立的群体性事件中，挖掘和寻找到其内部规律，以达到群体性事件研究的

---

① 张彦华：《风险社会中传媒协助治理群体性事件的思考——基于相对剥夺理论的视角》，《宁夏大学学报（人文社会科学版）》2013 年第 1 期。

目的。① 群体性事件数据库建立在 GIS 平台之上，有效地针对群体性事件的时间属性、空间属性和专题属性加以整合、分析，符合当前国内外社会科学发展的最新趋势。创建群体性事件数据库主要有四个方面的意义：第一，能够在空间宽度和事件长度上为群体性事件研究工作提供准确可靠的海量研究数据。第二，能够支持有关群体性事件数据的组织、存储、应用及管理。第三，能够在地图上直观展示群体性事件的发生情况。第四，能够对群体性事件数据研究提供精确的量化分析。因此，群体性事件数据库能够从整体上持续、深入地推进群体性事件的研究工作。

让全世界人民都记忆尤深的美国"9·11"事件，将恐怖袭击的阴影弥漫全球。自那以后，尽管许多国家都逐渐加大恐怖主义防治力度，但恐怖事件的爆发情况似乎并没有因此改善，反而略有涨势。根据全球恐怖主义数据库的统计，2000—2012 年，全世界发生的恐怖袭击事件共计达到 25903 起，平均每年发生 2000 起左右，每天发生 5 余起。而在中国，最近 5 年发生的恐怖袭击事件较 2008 年以前没有显著降低，平均每年发生 2—3 起。根据全球恐怖主义数据库的统计，中国已成为东亚地区遭遇恐怖袭击最多的国家。因此，提高和掌握应对恐怖事件的科学方法势在必行，对我国处理社会突发灾害事件有极大的辅助作用，对我国社会的健康持续发展更是具有不可或缺的重要作用。大数据技术的介入或许能给社会突发事件灾害的处理提供强有力的技术支持，以促进灾害事件的快速高效解决。

在 2013 年 4 月 15 日的美国波士顿马拉松赛中，两场爆炸造成 3 人死亡，数百人受伤，在这之后不到 24 小时里，美国联邦调查局就搜集到了少量的手机基站日志、短信、社交媒体数据、照片和视频监控录像，试图通过数据分析快速找出嫌疑人。这种基于大数据挖掘的办案思路已经逐步在世界范围内传播开来。

---

① 群体性事件数据库简介，http：// www. cssn. cn/sjxz/yhfw/qtxsjsjk/qtxsjkjj/201312/t20131211＿903667. shtml。

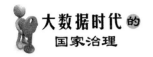

随着电子眼、互联网等数据搜集渠道的丰富，一方面，警方能随时、及时地掌握社会治安动态；另一方面，越来越多的数据将被加入犯罪预测模型，帮助警方在如何影响犯罪率这一问题上得到更准确的结论，有助于更具针对性地锁定犯罪易发点，高效打击犯罪。

大数据技术在社会突发灾害事件治理过程中运用的关键是建立起相关模型，但在实践中还需要加入数量行为模型，要考虑很多外界因素的影响作用。对相关数据进行分析得出，灾害事件发生所带来的不良影响有：加大社会问题的严重性（种族问题、信仰问题等）、增加社会不稳定因素、造成社会资源的浪费；等等。这些不仅对人们造成伤害，也对社会的发展造成极大的阻碍作用。

对恐怖事件的大数据分析也要先建立特定模型，再对数据进行分析研究，最后将对应的数据代入特定模型中，进而得出分析结果。比如对恐怖袭击的数据研究发现，暴力事件的发生有相当部分可以在特定的公式模型中显示出来，特别是冲突频率变化的显示，打破其发生频率的发展趋势是降低恐怖袭击影响力的有效方法。又比如可以利用大量的数据来分析对方的背景、势力支持、组织依靠等情况，然后以点带面，得到其他势力的相关信息，对打破恐怖组织的连贯性有巨大的帮助作用。

# 第十二章
# 大数据与国家治理的未来

现在，我们所处的时代是一个技术奔腾、信息爆炸的大数据时代。数据的洪流奔涌在全球的经济、政治、文化生活的方方面面。从科学研究到医疗保险，从银行到互联网，从城市管理到应急管理，从公共服务到公共外交……"各个不同的领域都在讲述着一个类似的故事，那就是爆发式增长的数据量。这种增长超过了我们创造机器的速度，甚至超过了我们的想象。"① 大数据在给我们带来无与伦比的科学价值和社会价值的同时，也给国家治理带来了新的思路、新的机遇和新的挑战。弗朗西斯·福山在《政治秩序的起源：从前人类时代到法国大革命》（上卷）一书中，根据对历史的研究从政府的治理能力、法治秩序和宪政民主的视角，将国家治理的进化概括为三个形态，即国家建构、法治的政府和负责制（可问责）的政府。福山主要讨论工业文明兴起的法国大革命时期的国家治理历史形态演化，然而，对于数据、信息日趋主导世界未来的国家治理形态未曾作出预测。如果我们接着福山的逻辑进行形态建构的话，综合大数据的特点及其当前发展态势，不妨将大数据时代的国家治理称为一种"透明的政府"（Transparency Government）。

---

① ［英］维克托·迈尔-舍恩伯格、肯尼思·库克耶：《大数据时代》，盛杨燕、周涛译，浙江人民出版社 2013 年版，第 11 页。

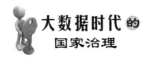

# 一　大数据 "倒逼" 政府透明公开

在大数据时代，尽管公众对透明政府的建设呼声非常高，但政府却一直是"犹抱琵琶半遮面"。据全球知名咨询公司麦肯锡的研究部门麦肯锡全球研究院跟踪欧盟国家的政府部门的行政管理的研究报告披露，政府部门通过大数据的应用可以大幅度提升生产力、工作效能以及影响力：欧盟政府部门可能减少 15％—20％ 的行政开支，在未来 10 年每年创造 1500 亿欧元到 3000 亿欧元的新价值。大数据还可以在未来 10 年中将年度增长率提高 0.5％。[①] 大数据几乎整合了当今一切最新科学技术的优势，具备当今技术层面的几乎所有特点，学术界通常用 4V（Volume、Velocity、Variety、Value）来描述大数据的特征，即大量化、快速化、多样化和高价值，正在经济、治理、医疗、科研等领域刮起一阵变革的飓风。大数据除了推进社会形态跃迁、加速企业创新、推动经济发展之外，正强力开启世界各国政府"密室"的大门，"倒逼"政府走向公开、透明、回应之势如"山雨欲来风满楼"。

现代政府的要件是透明、法治、回应、责任、服务和开放。但无论是服务政府，还是责任政府以及法治政府的构建都离不开透明。透明就是要求政府信息公开，每一个公民都有权获得与自己利益相关的政府政策信息，包括立法活动、政策制定、法律条款、政策实施、行政预算、公共开支以及其他有关的政治信息。透明要求上述这些政治信息能够及时通过各种传媒为公民所知，以便公民能够有效地参与公共决策过程，并且对公共管理过程实施有效的监督。事实证明，政府透明有助于巩固民主制度，提升公共服务的效率和效果，并促进经济增长。如今，越来越多的不同层级

---

① Manyika，J. et al.："Big Data：The Next Frontier for Innovation，Competition，and Productivity"，McKinsey Global Institute，Annual Report：（6），2011.

的政府部门开始引入"数据开放"原则，允许公众获取政府原始数据。从1955 年美国国会议员摩斯提出《信息自由法》草案，到 1975 年《信息自由法修正案》生效，到 2009 年奥巴马签署《透明和开放的政府》总统备忘案风雨兼程数十载。期间屡生波折，数次面临搁置流产的绝境，数次迎来希望，数次希望破灭，信息自由之路着实走得十分艰难。2009 年 1 月 21日，奥巴马走马上任的第一天共签署了 5 份文件，其中最重要的就是《透明和开放的政府》总统备忘录。备忘录如此阐述："政府应该是透明的。公开透明有助于建立问责制，能使公众了解政府的所作所为。联邦政府掌握和维护的信息是整个国家的财富。本届政府将根据法律和政策，采取适当的措施，以便于公众以查询、获取的方式发布信息，各部门还要利用现代信息技术，将日常工作和决策的相关信息上网公示，以方便公众获取。各行政部门和机构还应征求公众的反馈，以确定哪些信息对公众最有价值。"[①]

2010 年 7 月 19 日，英国首相卡梅伦推出"大社会"项目，赋予社区和普通人民更多的参与社会的权利，以期建造一个"更大、更好的社会"。在他所确定的 5 项施政纲领中就明确提出"公开发布政府数据"。2011 年 9月，美国、英国、挪威、墨西哥、印尼、菲律宾、南非等 8 国共同发起了一个新的国际组织——开放政府联盟，承诺共同努力来推动世界各国政府的信息公开和数据开放。2012 年 3 月 29 日，奥巴马政府又进一步推进"大数据"战略，注资 2 亿多美元启动"大数据发展研究计划"，以推动大数据的提取、存储、分析、共享和可视化。2013 年 5 月 9 日，奥巴马签署行政命令《政府信息的默认形式就是开放并且机器可读》，把数据开放上升到了法规层面。数据开放已形成一股世界性潮流。

大数据对于中国的战略意义毋庸置疑。2014 年 7 月，麦肯锡全球研究院发布的《中国的数字化转型：互联网对生产力与增长的影响》预测：2013—2025 年，互联网将占到中国经济年增长率的 0.3%—1.0%，互联网

---

[①] 涂子沛：《大数据：正在到来的数据革命》，广西师范大学出版社 2013 年版，第 10 页。

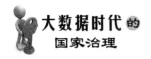

将有可能在中国 GDP 增长总量中贡献 7%—22%。其中，7% 是基于互联网应用的保守预计，即假设目前的趋势继续保持，且制约因素不变。22% 的乐观估计来自于以下假设：相应的扶持性政策框架将很快到位，各行业积极引入新的互联网应用，并打造数字产品和服务的新市场。两个数字之差距说明，如果政策制定者和商界领袖把握住互联网发展的历史机遇，二者互动能够带来经济发展的推动潜力。到 2025 年，GDP 总量增长潜力的幅度之差可达 10 万亿元人民币（图 12-1），而最终能够挖掘多大潜力，取决于政府对互联网经济发展的重视与支持力度，企业推进数字化的意愿，以及劳动者的适应程度。[①]

人民币，万亿元

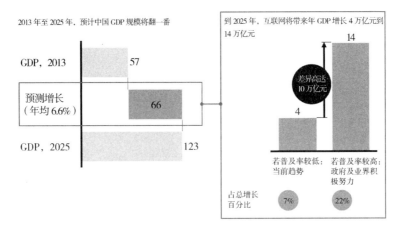

图 12-1　互联网普及速度和程度与中国未来经济增长

资料来源：麦肯锡全球研究院根据 IHS 增长预测的分析。

　　中国政府在这次机遇面前没有畏手畏脚、裹足不前，而是乘势而上进行简政放权、放管结合的政府改革，营造公平竞争的市场环境，致力于打造透明政府，建立部门间互联共享信息平台，运用大数据等手段提升监管水平。我国 2007 年颁布《中华人民共和国政府信息公开条例》，明确规定

　　① 华强森等：《中国的数字化转型：互联网对生产力与增长的影响》，麦肯锡全球研究院，2014 年 7 月，第 11 页。

了政府信息公开的总则、公开的范围、公开的方式和程序、监督和保障等方面。《条例》施行 7 年来，中国政府在促进信息公开方面取得了显著成效，通过提供综合性信息、更多的跨部门综合性服务以及政府官员与公众更多的互动，中国政府提高了官方门户网站的质量。尽管与一些国家相比还存在一定差距，但中国政府的透明度及开放程度进展迅速。《2012 年联合国电子政务调查报告：面向公众的电子政务》（中文版）数据显示：联合国对 193 个成员国政府近两年的电子政务发展进行了评估与排名，韩国、荷兰、英国名列前三甲。中国在电子政务的整体发展方面稳步前进，排名第 78 位。国内媒体将其称为一个"不小的壮举"。2013 年 9 月 18 日，李克强总理主持召开国务院常务会议，专题研究部署进一步加强政府信息公开工作、顶层设计透明的政府建设方略。这便促使政府经济社会政策透明、权力运行透明，让群众看得到、听得懂、能监督。2014 年 7 月 23 日，国务院常务会议又审议通过《企业信息公示暂行条例（草案）》，为创造公平竞争的市场环境，为大数据时代加紧创建透明政府和创造公平竞争的市场环境吹响了号角。值得肯定的是，中国政府正在摸索着如何迈上透明化的轨道，地方政府透明度逐步进入公众视野（见表 12-1）。

表 12-1　中国地方政府透明度排行（2012）

| 排名 | 省份 | 得分 | 排名 | 省份 | 得分 | 排名 | 省份 | 得分 |
|---|---|---|---|---|---|---|---|---|
| 1 | 海南省 | 70.65 | 11 | 河南省 | 59.5 | 21 | 贵州省 | 47.75 |
| 2 | 四川省 | 69.75 | 12 | 江苏省 | 59.45 | 22 | 青海省 | 47.2 |
| 3 | 上海市 | 68 | 13 | 广东省 | 58.7 | 23 | 甘肃省 | 46.35 |
| 4 | 天津市 | 67.3 | 14 | 重庆市 | 58.45 | 24 | 黑龙江省 | 45.35 |
| 5 | 江西省 | 66.95 | 15 | 湖南省 | 57.7 | 25 | 山东省 | 43.25 |
| 6 | 浙江省 | 65.7 | 16 | 山西省 | 57.5 | 26 | 云南省 | 41.45 |
| 7 | 北京市 | 65 | 17 | 湖北省 | 52.45 | | | |
| 8 | 福建省 | 64.75 | 18 | 吉林省 | 52 | | | |
| 9 | 安徽省 | 63.75 | 19 | 河北省 | 51.25 | | | |
| 10 | 陕西省 | 60.3 | 20 | 辽宁省 | 48.95 | | | |

资料来源：作者根据《中国法治发展报告 2013》中国地方政府透明度排行自行绘制。

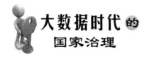

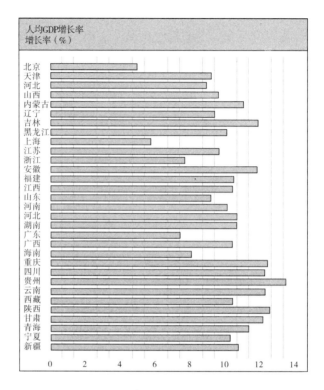

**图 12-2　2012 年份区域人均 GDP 增长率**

资料来源：中华人民共和国国家统计局。

中国各级透明政府建设稳步推进，极大地释放了市场的活力。通过搜集、整理和挖掘地方政府透明度、经济增长等方面的数据，我们发现，透明度较高的天津市、四川省、安徽省、江西省、福建省的人均 GDP 增长率同样比较高（见图 12-2），由于透明度排名靠前的北京市、上海市、浙江省、广东省受其人均 GDP 基数高的制约，在人均 GDP 增长率排名中与政府透明度正相关显得稍微弱些。但是，总体趋势并不影响上述结论的得出。为进一步印证上述发现，我们引入了另一项指标，即市场主体密度。通常而言，市场主体是指以营利为目的，符合法律法规规定的条件，依法从事生产经营活动的各类市场经济参与者。按照工商统计口径，市场主体可分为企业、个体工商户、农民专业合作社三大类型，其中企业包括内资企业、私营企业和外商投资企业。通常而言，作为理性"经济人"的市场主体，在逐利本性的驱使下，会选择信息公开、服务性强、回应及时、法制环境良好的投资环境进行投资，而这些环境的营造离不开政府的大力推动与主动放权。市场主体的发展变化往往反映了区域经济的发展变化，而市场主体密度则可以反映投资环境，并进而影响区域经济的未来发展。因此，选择将市场主体密度作为一项衡量政府透明度的指标是符合现实逻辑的。

中华人民共和国国家行政工商管理总局发布的《2013年全国市场主体发展分析》显示：从市场主体人均拥有量来看，2009年年底至2013年年底，全国市场主体密度从319.58户/万人逐年增加至447.73户/万人，其中2013年年底市场主体密度比2012年年底同比增长超过10％，达到10.3％。其中，排名前三的北京、江苏、浙江市场主体密度分别为731.64户/万人、695.77户/万人及680.69户/万人，北京市场主体密集程度最高。而北京、江苏、浙江三个地区在政府透明度、开放度上也排名靠前。通过将政府透明度、个人GDP增长率和市场主体密度三项数据叠加，就很能说明问题，可以基本判断三者之间的内在关联（见图12-3），并得出以下观点：作为理性"经济人"的市场主体会选择获利最多的行业、区域分别为投资对象和领域；政府透明能极大释放市场活力，市场主体为营利并降低交易成本而进入政府透明度高的区域投资，促进区域经济发展。反之，市场主体的投资热情会降低，甚至撤资，出现"劣币驱逐良币"现象，从而影响区域经济的发展。

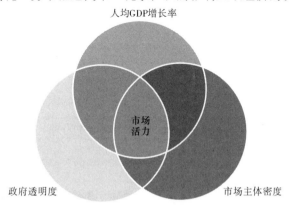

**图 12-3　政府透明度、市场主体密度、人均 GDP 增长率与市场活力关系**

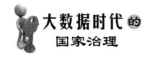

# 二 用数据和理性引导"大民主"

在现代政治生活中，民主无疑是使用频率最高的词汇之一。现在社会上流行五花八门的民主提法，诸如经济民主、社会民主、文化民主抑或作风民主；等等。以致很多公众根本不知道民主的真正内涵，而当作一种讲话的语气词在用。

但民主其实比我们想象的远为复杂，进而显得并不是那么受欢迎，那么清楚、诚实可信和令人流连忘返。就拿所谓的"大民主"来说，其本质上是离开法律制度，抛弃法治，实行人治。回过头来看，被错误解读和实行的"大民主"比集权更可怕。从民主的历史起源来看，民主其实就是人类生产、生活中组织集体活动的一种决策方式，直言之，就是人民的统治。判断民主的关键要素，就是人民能够参与或影响公共利益的决策。[①]现代信息技术催生民主政治。互联网的普及和大数据的出现为网络时代的民主法治奠定了物质和技术基础。据麦肯锡全球研究院统计，截至2014年7月，中国网民已达6.32亿，普及率达46.9％，稳居世界第一。[②]互联网的勃兴和大数据时代的到来，使得人人拥有麦克风，人人都可以通过网络终端查阅、转发、评论公共事件和公众人物。公众的生活在赛博空间（Cyberspce）和现实时空中穿梭，关注政治和政治参与的热情日趋高涨，自然而然地也就推进了民主政治。

大数据时代的网络"大民主"依托网络平台天生具有开放性、平等性、互动性，公众"在网络中无背景交流，这种平等、便捷而广泛的表达方式，加之社交网站、微博、微信等大量新工具的辅佐，为信息传递、民

---

① [美]科恩：《论民主》，聂崇信、朱秀贤译，商务印书馆1981年版，第139页。
② 华强森等：《中国的数字化转型：互联网对生产力与增长的影响》，麦肯锡全球研究院，2014年7月，第1页。

主参与、民主管理等带来诸多变化"。<sup>①</sup> 显然，大数据时代的网络"大民主"的表现形式与"文化大革命"时期"大鸣、大放、大字报、大辩论"式的"大民主"有着惊人的相似性，只不过政治营销的媒体从纸媒体变成了富媒体。所以，大数据时代的网络民主，应该回归理性，亦即进行长期的民主操练和运用大数据保障和制衡各方政治力量。

## （一）民主操练：政治网络营销

网络时代的民主操练是一场场政治网络营销。2008 年 11 月，奥巴马借助强大的互联网交流和动员能力，战胜了共和党的麦凯恩，当选为第 44 任美国总统。政治网络营销技巧被奥巴马运用得淋漓尽致，也为他赢得"网络总统"的美誉。据悉，奥巴马在竞选中通过他的个人竞选网站（BarackObama.com）曾收集 1300 万人的个人信息和邮件地址，现拥有 2000 多万的 Facebook 粉丝、1000 多万的 Twitter 粉丝（见表 12-2），而其他的候选人在网络上的粉丝总数乃至影响力远不及奥巴马，因此，奥巴马赢得这场选举就不足为奇了。2009 年 4 月，美国皮尤研究中心发布《参与式民主，参与式医疗》（*participatory democracy，participatory medicine*）的调研报告显示：美国超过一半的成年公民使用互联网参与了 2008 年的政治选举过程。其中，18% 的互联网用户对参选者的博客或社交网站上的活动进行了张贴评论；45% 的互联网用户到网上观看了相关政治选举运动的宣传视频。<sup>②</sup> 在一个网络普及、新媒体兴盛的时代，在一人一票的民主社会，网络的影响力就会转化为政治影响力。政治网络营销是政党、政治团体、政府等政治组织与政治候选人借助网络平台，综合应用新媒体技术，实现引导、动员、组织、争取民众和选民，以促进其政治目标达成

---

① 严炜、毛莉莉：《网络民主发展探析》，《社会主义研究》2013 年第 2 期。

② Fox，S.："Participatory Democracy，Participatory Medicine"，Pew Research Center Internet Project，2009.

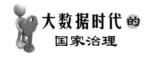

的新型政治宣传方法与政治动员手段。① 毫无疑问，这是一场数据竞争。与过去相比，随着互联网用户的暴增和网络技术的升级换代，中国民众政治参与的途径日趋多样，政治参与的积极性也有所提升。政治传统营销自上而下、从中央到地方、从政府到民众的单维度的政治宣传被打破，通过与民众进行多维度的信息交流和互动，一种高扬人民主体、执政为民的理念通过网络营销已深入人心，重塑了党和政府的政治形象。特别是，有些地方政府针对一些事关民生的公共政策在网上广泛征求民众意见或进行现场听证，在公共政策施行之前就已经进行了网络营销，取得了良好的效果。这一件件看起来比较小的事情，实际上就是一种民主的操练，为民主选举、民主决策、民主管理、民主监督的健康发展播撒了"种子"。值得指出的是，中国内地的政治网络营销与西方政治网络营销的最大差异是，中国注重执政党、政府的整体性营销，而西方则倾向于个体的政治网络营销。

表 12-2　2012 年美国总统大选主要候选人的网络影响力排名

| 排名 | 候选人 | 身份 | 推特粉丝数 | 脸谱粉丝数 | 影响指数 | 总粉丝数 |
|---|---|---|---|---|---|---|
| 1 | 奥巴马 | 现任总统 | 13578607 | 25891809 | 91.2 | 39470416 |
| 2 | 罗姆尼 | 麻省前州长 | 402897 | 1554058 | 85.5 | 1956955 |
| 3 | 金里奇 | 众议院前议长 | 1451187 | 296253 | 81.5 | 1747440 |
| 4 | 保罗 | 现任众议员 | 145772 | 925424 | 65.1 | 1071196 |
| 5 | 桑托勒姆 | 前参议员 | 184155 | 187841 | 83.8 | 371996 |
| 6 | 洪博培 | 犹他州前州长 | 81728 | 37393 | 60.8 | 119175 |

资料来源：涂子沛：《大数据：正在到来的数据革命》，广西师范大学出版社 2013 年版，第 298 页。

### （二）民主即妥协：用数据制衡

民主的本质就是妥协（compromise）。西方政治制度的设计者试图通

---

① 韩松洋：《网权论：大数据时代的政治网络营销》，电子工业出版社 2014 年版，第 26 页。

过权力划分、制衡、妥协来确保政治平衡，防止权力滥用（见图 12-4）。达尔（R. A. DahI）就指出："良好的目的彼此常常存在冲突，而资源又有限，因此，无论个人还是政府的决策决定，几乎总是需要权衡，需要对不同目的进行平衡。"[1] 李永刚认为，"政治就是一种试图努力把冲突变为妥协的过程、程序与方法，对政治家和政治学家而言，其中最得意的成果之一就是在越来越多的国家构建起以民主为核心的一系列制度安排"。而且，随着协商民主和契约文明观念的广泛传播，"妥协"不仅越来越具有手段合理性，还被赋予了某种程度的价值正当性。[2] 大数据实现了分权机构的信息公开透明化，权力主体各方可以轻易得到客观事实的真相，以真实的数据支撑更具有说服力。美国统计学家、管理学家戴明（W. Edwards. Deming）发出震耳发聩的宣言："我们信靠上帝。除了上帝，任何人都必须用数据来说话。"[3]

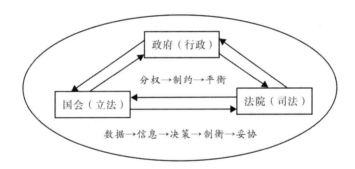

**图 12-4　大数据、权力制衡与民主的逻辑**

美国宪法的诞生，经历了一次冗长马拉松式的辩论，最终才得以签署。这既是一次伟大的妥协，又是民主精神的彰显，更是数据推动民主的一个经典案例。通过运用数据和政治算术（Political arithmetic）合理地解决了民主与共和的问题，开创了立法、行政、司法三权分立的民主政治

---

[1] ［美］罗伯特·达尔：《论民主》，李柏光、林猛译，商务印书馆 1999 年版，第 79 页。

[2] 张凤阳等：《政治哲学关键词》，江苏人民出版社 2014 年版，第 249、255 页。

[3] 涂子沛：《大数据：正在到来的数据革命》，广西师范大学出版社 2013 年版，第 62 页。

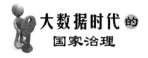
制度。

众所周知，全国人民代表大会是中华人民共和国最高权力机关，具有制定、修改宪法和国家基本法律的职责。从1949年全国政协成立到1966年，我国"两会"的投票方式是鼓掌、举手和无记名投票并用，关键表决投票的票数都被公之于众，透明是当前中国政治选举和公共政策议程最突出的特征。譬如，2013年的全国人民代表大会甚至在网上公布了国家主席、副主席人选的得票情况。另外，两届全国人大在表决六个专门工作报告时，除了高额赞成票的格局，反对和弃权的票数较往年呈大幅度增加趋势（见图12-5、表12－3、表12－4）。2009年的反对票数为1625票，弃权票数为639票；2013年的反对票数达2061票，增长了26.83％，弃权票数为533票，减少了19.88％。反对票数的增长和弃权票数的减少，充分表明全国人大代表权利意识的增强和国家在政治生活中民主化的进步。

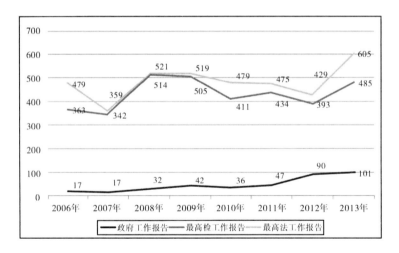

图12-5　2006—2013年三大报告的反对票走势

资料来源：http://news.163.com/14/0314/07/9N9HDANT0001124J.html。

表 12－3　2009 年全国人大在通过六个专门报告时的表决数据

| 名　称 | 赞成 | 反对 | 弃权（票） |
|---|---|---|---|
| 人大常委会工作报告 | 2721 | 99 | 68 |
| 政府工作报告 | 2824 | 42 | 22 |
| 最高人民法院工作报告 | 2172 | 519 | 192 |
| 最高人民检察院工作报告 | 2210 | 505 | 162 |
| 2008 年预算报告与 2009 年预算 | 2440 | 315 | 124 |
| 2008 年计划报告与 2009 年计划 | 2669 | 145 | 71 |

资料来源：新华网（http：// www. news. cn/2009lh/tt. htm）。

表 12－4　2013 年全国人大在通过六个专门报告时的表决数据

| 名　称 | 赞成 | 反对 | 弃权（票） |
|---|---|---|---|
| 人大常委会工作报告 | 2733 | 150 | 61 |
| 政府工作报告 | 2799 | 101 | 44 |
| 最高人民法院工作报告 | 2218 | 605 | 120 |
| 最高人民检察院工作报告 | 2339 | 485 | 121 |
| 2012 年预算报告与 2013 年预算 | 2307 | 509 | 127 |
| 2012 年计划报告与 2013 年计划 | 2665 | 221 | 60 |

资料来源：新华网（http：// www. xinhuanet. com/2013lh/zhibo/20130316/wz. htm）。

　　其实，公共政策的产生往往也是利益主体博弈和妥协的产物。政府代表公共利益，必须确保广大民众的利益，所以在制定公共政策时要灌注民主精神，而利益集团为维护自身利益总是会通过各种途径和方式影响公共政策的投票者和决策者，最终通过的政策可能就是一个妥协的产物。房地产业是我国新的发展阶段的一个重要支柱产业，涉及千家万户。全国建筑业房屋建筑施工面积逐年增长（见图 12-6），但是房价却一直居高不下，成为老百姓关注的焦点。下面以我国房地产政策的变迁来简单说明这个问题。2003 年，中国人民银行出台《关于进一步加强房地产信贷业务管理的通知》，要求各商业银行严控开发贷款、严控土地储备贷款、严防建筑贷款垫资、加强个人住房贷款管理等。这对于房地产这个行业来说无疑是致命一击。为改变这一困境，房地产商捆绑在一起频繁活动，甚至说服工商联邀请众多房地产商同心协力，写出一个报告呈报国务院。舆论认为，这一系列活动甚至影响我国后来出台的一系列事关房地产的政策。2006年5月，国务院出台《关于调整住房供应结构稳定住房价格的意见》（简称"国六条"）。"国六条"明确表述，房地产业是国民经济的重要产业，且发展是健康的，并指出，房地产业关联度高，带动力强，已经成为国民经济的支柱产业。由此，房地产的"国民经济的重要支柱产业"地位得到官方确认。

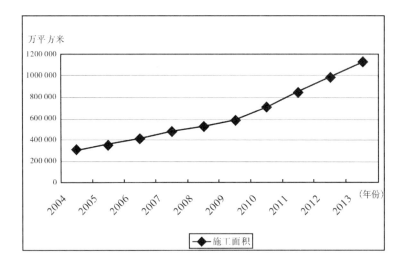

**图 12-6　全国建筑业房屋建筑施工面积（2004—2013 年）**

资料来源：中华人民共和国国家统计局（http：// data. stats. gov. cn/workspace/in-dex? m＝hgnd）。

孙立平认为，20 多年来，一个利益群体能够通过自己的努力影响甚至改变政府的一项重要政策，这还是第一次。[1] 2011 年 1 月，国务院又发布《国务院办公厅关于进一步做好房地产市场调控工作有关问题的通知》（简称"新国八条"），从国家层面第一次要求直辖市、省会城市、计划单列市及房价过高且上涨过快的城市实行限购政策。从而，房地产商意欲推高的

---

①　孙立平：《中国进入利益博弈时代》，《经济、研究参考》2005 年第 68 期。

商品房价格过快上涨势头得到初步遏制。有关数据显示，2011 年，个人按揭贷款为 8360 亿元，略低于 2009 年的 8562 亿元，同比下降 12.2%，比 2010 年低近 20 个百分点。2011 年，个人住房贷款比年初增加 8321 亿元，相当于 2010 年的 2/3，同比少增 4618 亿元，增长明显放缓。中国政府既是一个透明的政府，也是一个"中性政府"（disinterested government），就是不代表任何社会集团的利益，也不被任何社会集团所挟持的政府。① 利益集团和公众在相互博弈的过程中，政府只会以数据说话，在公开、透明、民主的公共政策制定过程中，确保多数公众的利益不受损害。从"国六条"的妥协到"新国八条"的强势出台，充分说明了中国的民主进程日新月异、日趋成熟。

## （三）以数据民主推动政治民主

何谓"数据民主"？一言以蔽之，就是把分析和使用数据的权力给予民众。2009 年以来，美国、英国、澳大利亚、新西兰等多个国家陆续建立了政府数据门户网站，把从前政府专有的公共数据推上了互联网，掀起了一股"数据民主化"的浪潮。

2013 年 5 月 9 日，美国总统奥巴马签署了一项行政命令，《新默认政府信息开放与机器可读》是数据民主进程中的一件大事。这份文件规定："让信息资源更容易查找、获取和使用，这是开放政府给我们带来的一个重大利好，这些举措能够塑造企业家精神、推进创新、催生新的科学发展……为了继续促进就业，提升政府效率，扩大通过开放政府数据获得的社会利好，新的政府信息的默认形式就应该是开放并且机器可读。在整个生命周期之内，我们要把政府信息当作资产来管理，只要可能，只要不违反法律，我们就要确保数据以易于查找、获取和使用的方式发布。"② 这实

---

① 姚洋、史正富：《30 年与 60 年中国的改革与发展》，格致出版社 2009 年版，第 68 页。

② 涂子沛：《数据之巅：大数据革命，历史、现实与未来》，中信出版社 2014 年版，第 247 页。

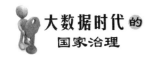

际上就是把政府的数据公之于众，让民众各取所需，按照自己的需要下载政府原始数据进行分析和使用。公众可以查阅议员投票表决数据、候选人得票数据、法律和公共政策议程的表决情况、代表自己利益的代表所提交的提案的投票情况等。民众既可以通过自己选出的代表来行使权利，也可以通过互联网来表达政治。

萨托利认为，原汁原味的民主离不开公民的政治参与，名副其实的政治参与需要公民的亲自"出场"和"在场"。公民在政治舞台的现身和表演不是被迫卷入而是自愿作为，积极介入政治过程意味着通过行使正当权利而在一种互动情景中作出关乎公共事务的集体决策。① 互联网和大数据的出现，为公众直接政治参与（实际参与和虚拟参与）提供了平台。民主政治的众多程序可以在这个平台上实现。因此，数据公开亦即数据民主，保障了公众的知情权，为现实生活中的政治民主奠定了基础。现在看来，以理性的网络大民主推进政治民主，要在以下几个方面下工夫：首先，政府要成立大数据专门管理机构，统一数据标准，建立国家层面的大数据。其次，要转变政府职能，制定与数据民主相关的法律法规，尽快推进政府信息公开，确保民众能获取真实、有效的数据。最后，要克服的就是信息不对等障碍，最终形成一种"用数据来说话、用数据来管理、用数据来决策、用数据来创新"的文化氛围。总之，我们相信，数据民主带来的全民数据共享，解决的不仅仅是消费者的信息不对称问题，还能让国家治理有序进行。

## 三　大数据会增加 "大福利" 吗？

大福利涵盖养老、健康、教育、就业、住房、低保和特殊人群等诸多

① 萨托利：《民主新论》，冯克利、阎克文译，东方出版社 1993 年版，第 118—119 页。

方面，具体包括以下四层含义：一是大福利是以全体社会成员为对象的社会福利；二是大福利是以社会成员的基本福利需求为本的社会福利；三是大福利是多元主体共同提供福利支持的社会福利；四是大福利是包括社会救助、社会保险、公共福利和社会互助四种供给方式的社会福利。那么，大数据会增加"大福利"吗？答案是肯定的。

心理学研究发现人们总是对免费的事情十分感兴趣，这几乎是大多数人的共性。商店的免费赠品虽然值不了多少钱，但是拿到之后心里的高兴简直溢于言表。人们对国家的钱似乎也有这种心理，"公家的"这一说法渊源已久，现在则已演变为"公款消费"。然而在打击腐败风头正盛时，对社会福利领域"腐败问题"的追查力度却不够。虽说这种"腐败"不是动辄百万上亿，但它的范围广、人数多，累计起来数字也是很庞大的。就拿美国来说，2008年，联邦调查局在《财务犯罪年度公开报告》中估计，联邦政府每年的医疗开支当中，大概有3%—10%涉嫌造假和欺诈。在中国，这个数字可能还要大。福利政策亟须解决的问题就是福利的滥用，最后养了懒人，饿了穷人，这也与福利政策的目的背道而驰，所以加强在社会福利领域的反"腐败"斗争刻不容缓。但是因为范围广这一特点，"小腐败"的追查十分困难，要想靠人工反腐是不可能的，我们需要更先进的反腐利器。

借着大数据时代的契机，利用大数据进行数据化"反腐"是解决这一问题的有效途径，在这方面美国值得我们学习。据联邦医疗和补助中心（CMS）的统计，2009年医疗保险计划支出共5023亿美元，覆盖4700万的美国人口；医疗补助计划共支出3739亿美元，覆盖5680万的美国人口，两个项目加起来有近1亿人，平均每人每月上一次医院，一年就有12亿张账单，按照联邦调查局的估计，大概会有3600万张账单到1.2亿张账单存在问题。如果单靠人力去审查，其工作量是难以想象的。

目前，CMS中心最主要的措施就是利用数据来打假。2001年，加州州政府率先推出了一个数据挖掘项目"保险补助双向核对"（Medical-Medicaid data match），将医疗保险和医疗补助两个项目的数据整合起来，利用两个计划中的人员、时间、价格、地点等数据信息对每一宗申报进行

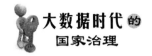

核实，通过计算机算法自动确定相互矛盾、有异于常态的支付记录，一旦
发现造假或者不实申报的可疑账单，则自动转入人工追讨环节。这大大缩
小了人工审查的范围，提高了"打假"的效率。由于效果显著，2004 年这
个项目在美国个别州的实施范围进一步扩大，由事后追讨环节推进到了事
前防范。这意味着，CMS 中心一收到申请报销的账单，就启用数据挖掘系
统对该申请的数据记录进行"风险评分"：得分低于预定风险额度的申报
将转入自动支付环节；得分超过该风险额度的申请将退回申请人，或提交
专门的小组进行人工复审。支付后的账单仍然需要经过另一个算法的考
核，发现可疑的再转入人工追讨环节。

　　事实证明数据打假的效果是非常显著的，2007 年 3 月，CMS 中心的
首席财务官希尔（Timothy B. Hill）出席国会听证会时列举了数据挖掘项
目实施一年多之后的效果：通过数据挖掘预设的风险评分门槛，确定了
2500 万美元的虚假申报，事后的数据挖掘复审环节又追讨了 1500 万美元
的超额申报；其中有 50 多宗欺诈案浮出水面，最后移交司法部门处理。此
后，除了 CMS 中心，联邦政府的社会福利项目都陆续开始采取数据打假
的做法。IBM、DELL、Intel 等大公司的 CEO 向美国总统奥巴马建议说，
联邦政府如果在社会福利项目上加大数据挖掘、分析技术的应用，预计 10
年内可以再为国家节省 2000 亿美元。

　　福利制度的根本不是在钱，而是在人；不是在物质，而是在心灵；不
是在于施舍，而是在于关怀。大数据带来的有物质方面和精神方面的大福
利，其中精神上的大福利源自关心，让他们感受到温暖，这才是福利制度
的根源。那些孤寡老人的心理问题往往比经济问题更为显著，就是因为过
去我们的福利只进行到了物质的层面，还未普及到精神层面。大数据带来
的大福利应该是物质与精神上的双重关怀。然而，要实现这一目标并非是
多捐献一点钱就可以解决的，一个人所能奉献的爱心是有限的，不可能因
为福利而放弃自己的家庭生活。因此，要合理地使用有限的爱心。

　　建立两方面的福利档案，把每个孤寡老人、残疾人、烈士家属等需要
帮助的人的信息收录进数据库之后，就可以在特殊的日子送上祝福和慰
问，而不是逐渐淡忘。只是在节假日送上祝福是远远不够的，要在日常的

空余时间也去看看、去陪陪他们。如可以在饭后散步时去看看老人们，比任何珍贵的礼品都有用。对于每个上报的志愿者，可以做一份调查，统计每天有多少剩余的时间可以用于公益活动，空闲的时间段都在什么时候，同时结合一个社区的所有志愿者的资料整理成数据库，分析什么时候谁可以去，以就近原则看谁适宜去。这样就能够保证最大可能地让志愿者去陪陪老人，实现精神层面的大福利。

类比信用评分，建立特殊人群精神健康评分。人毕竟是社会动物，长时间没有人交流会对人的心理健康造成极大的伤害，对烈士家属和孤寡老人这一计划尤其重要。由于遭受不同程度的心理创伤，在举目无亲、生活无望的条件下这些人的心里或多或少有一些轻生的念头。如果没有得到应有的关心，这种念头就会愈加强烈，最终造成严重的后果。然而，如果给以定期的问候和关怀疏导，这种不良情绪的影响就会下降。通过对特殊人群的精神进行评分，就可以确定他们的精神状况。对于精神状况不佳的老人，我们就可以多陪陪他，多抽出一点时间去看看他，帮助他克服心理疾病。通过一定时间一次的再评分，查看老人心理健康的变化趋势，对于不断恶化的病人就要及时地请心理医生，并嘱托专人看管。

为了解决志愿者不足的问题，还可以在建立的志愿者档案的基础上加上社会福利次数统计，形成社会福利奖励机制，比如学校或单位要求在假期应做一定量的社区福利才能合格，或者将社会福利作为干部升职考核的一个项目；等等。这些具体的措施可以变，但是奖励社会福利行为这一目的不会变。有了利益的驱动和强制性措施，再加上人人都有的社会公益心，志愿者的数目一定会大大增加。或许会有人说这样的社会福利不是真正的社会福利，福利是无私的，是出于心灵的。但是有了付出就应该有回报，追求回报并没有什么错。并且得到的也是全社会共赢的局面。通过这些措施，让低收入人群和孤寡老人等社会弱势群体能够感受到社会的温暖和爱心，这才是大数据时代大福利的真正目的。

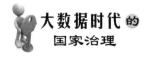

# 四 大数据是条 "通往奴役之路" 吗？

　　大数据是"天使"与"魔鬼"的化身。在给社会带来诸多益处的同时，也给我们制造了许多麻烦，其中最为直接的一个麻烦就是隐私的泄露。从公众的角度来看，透明的政府对自己百利而无一害。但如果这种透明一旦扩张到每一个个体，就会演变成一种灾难。大数据时代，人们可以从互联网上获取海量的信息和大量的发展机会。当用户浏览网页、网络消费、网上支付、交水电费、驾车出行时，都会在各式各样的信息系统中留下"数据脚印"，只要实现行业数据整合，进行数据挖掘，人的隐私就会置于阳光之下。现实生活中通过正当或不正当的手段获取、整合、泄露他人隐私的事件比比皆是。譬如，有警察利用警务数据库"猎艳"的、有公职部门官员出卖公民信息的……2013 年 9 月 16 日，《新华每日电讯》报道：

### 谁泄露了上千万公民个人信息①

　　"一千多万名公民的个人信息被犯罪嫌疑人掌握，这是多么可怕的概念？"8 月，河北省张家口市公安局历经大半年时间，侦破一起特大公民个人信息泄露案件，从犯罪嫌疑人手中查获一千余万条公民个人信息，缴获500 余张银行卡，近百台电脑。

　　谁需要这些公民个人信息？又是谁在泄露？其中隐藏着怎样的经济利益？随着案件侦查的深入，一条偷窥个人隐私背后的利益链条逐渐清晰。

---

　　① 朱峰：《谁泄露了上千万公民个人信息——揭开偷窥个人隐私背后的利益链》，《新华每日电讯》2013 年 9 月 16 日第 7 版。

偷窥　新华社发　毕传国　作　　　　　　　内鬼　新华社发　朱慧卿　作

**谋求精确营销，个人隐私成诈骗的"导航仪"**

"张女士，您好，您最近减肥成果怎么样啊？我们这里有一种美国最新研制的减肥药……"去年年底，河北省张家口市的张慧（化名）突然接到一个推销电话，对方不仅知道她的名字、家庭住址、工作单位，还知道她最近正在尝试减肥。"我的个人隐私竟然都被陌生人详细掌握，让我很吃惊，也很气愤。"

吃惊的不止是张女士一人，去年以来，许多张家口的市民尤其是一些中老年人都接到过类似的推销电话，对方或推销保健品或推销降血压药等，都恰好契合接电话者的个人状况。在接到报警后，张家口市警方展开侦查，于今年 3 月对涉案的张家口市"博藏"公司进行了查封。

据公司负责人张华（化名）供述，公司主要是通过电话营销出售一些假冒伪劣的药品、保健品，刚开始业绩很差，工作人员都是盲目拨电话号码，打几百个电话也许能碰上一个买家。去年 10 月，偶然发现在网上能买到一些患者电话。"我们花钱买了上万条个人信息后，电话营销精确度大大提高，生意好得出奇。6 块钱一盒的药我们卖到 60 块钱，照样有人买。"

顺线追踪，张家口警方又追查到多名贩卖个人信息给"博藏"公司的中间商。一名来自安徽的中间商郑前介绍，他本人是做山寨版儿童学习用

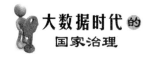
品生意的，为了节省成本，他最初花了一万多元买了两万多条个人信息，推销效果很好。后来郑前购买的个人信息越来越多，他开始兼职做中间商，把自己手头的个人信息再转手卖给别人。

被抓获的一些犯罪嫌疑人交代，随着市场竞争越来越激烈，精确营销对于公司企业尤其是一些不法企业来说非常重要，而掌握大量公民个人信息后，就相当于有了"导航仪"，想推销什么样的商品就找什么样的消费者，事半功倍。

### 贩卖信息"利滚利"网上交易像"赶集"

据在深圳被抓获的一名中间商、犯罪嫌疑人周强（化名）介绍，他最初在一家保险公司上班，由于老完不成业务量，就花1400元在网上买了几万条与保险业相关的个人信息，结果工作业绩直线上升。后来跳槽到一家证券公司后，觉得自己以前掌握的个人信息没用了，就想卖掉。

"我先在网上搜索一些关键词，加入特定的QQ聊天群，发现里面可热闹了，买卖个人信息跟赶集似的，你出个价，我出个价，你有老板信息，我有官员信息。过去花1400元买来的信息，卖了十多次后，净赚八万多元。"周强说。

通过中间商再往上挖，警方终于找到了泄露个人信息的多处源头。其中一名源头犯罪嫌疑人王刚（化名）是山东某电信公司的网络维护人员。据交代，去年3月，一位朋友希望他提供部分拨打某"400"专属号码电视购物人群的呼叫记录，他就把一些个人电话号码卖掉，一条信息四毛钱。

在警方查获的个人信息泄露源头中，有电信公司人员，也有快递公司、银行、医院、学校、工商局等部门工作人员，都是方便获得个人信息的部门。办案民警告诉记者，这些源头犯罪嫌疑人利用自身岗位的特殊性，无须成本就能获得个人信息然后售卖，是无本取利。下家购得这些信息后，既可以供自己营销，还能再多次卖给另外的下家，一本万利。

由于几乎没有门槛，贩卖个人信息的从业者越来越多，产业链也越来越庞大。在此次张家口市公安局抓获的一名犯罪嫌疑人手中，警方发现他一个人就拥有300多万条个人信息，姓名、电话、住址、爱好、家庭成员状况等都有不同程度的标注。不仅分为高端客户、白领名录、普通百姓等诸多大项，大项里详细分有各种小项，如高端客户还分为手机 VIP 用户、高尔夫会员、银行高管等。

**信息时代公民个人信息保护刻不容缓**

目前，这一特大个人信息泄露案件中 33 名犯罪嫌疑人被警方抓获。按我国刑法规定，"国家机关或者金融、电信、交通、教育、医疗等单位的工作人员，违反国家规定，将本单位在履行职责或者提供服务过程中获得的公民个人信息，出售或者非法提供给他人，情节严重的，处三年以下有期徒刑或者拘役，并处或者单处罚金。"

"贩卖个人信息的犯罪嫌疑人获利巨大，有的甚至严重危害社会治安，比如有人利用泄露的个人信息绑架勒索。但'情节严重的'，才处三年以下有期徒刑。"一位民警说。如何算"情节严重"，现行法律也没有明确，此次张家口警方多次与检法机关磋商，最后定的是贩卖公民个人信息 3000 条以上，交易三次以上，就算情节严重。

河北张金龙律师事务所副主任王罡认为，"有的公司做正当生意，买来个人信息进行正常的营销行为，没有造成严重后果，这该不该追究责任？"

业内人士表示，信息时代公民个人信息状况更显珍贵，各种个人信息泄露的行为层出不穷，但相关规定仍显滞后，完善法律法规刻不容缓，这样才能保障警方打击个人信息犯罪取得良好效果，维护好个人隐私和社会安定。

隐私是人类的遮羞布，神圣而不可侵犯。早在 18 世纪中叶，时任英国首相皮特（waillim. Pitt）在国会的演说中，深刻阐述了公民隐私权的神圣性。他说："穷人的房子，可能已经破败、摇摇晃晃，风在其中穿梭。但风可以进、雨可以进，英格兰的国王却不能进，他的权力止于这间破房子的门槛。"[①] 但科学技术的发展，已经让穷人房子的"门槛"挡不住科技掌控者的"冒犯"。他们无须物理的、强制性的侵入，就可以轻而易举地

---

① 涂子沛：《大数据：正在到来的数据革命》，广西师范大学出版社 2013 年版，第 122 页。

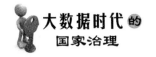

"窃取"人的隐私。大数据时代已无隐私可言，只要信息加总和数据整合，个人的隐私就会自动显现。大数据时代，数据无孔不入，信息安全是头等大事。没有数据的开放，就难以形成大数据应用和大数据革命。与此同时，网络和数据安全就显得尤为重要，一旦网络遭到破坏，数据被盗取，就会泛滥成灾。因此，没有网络的安全就没有国家的安全；没有数据的安全，就没有社会的安全和稳定。

大数据对个人隐私的开启令人谈虎色变，但比个人隐私泄露更危险的是被预知的可能性——这些能预测人可能生病、拖欠还款和犯罪的算法会让我们无法购买保险、无法贷款甚至在实施犯罪前就被预先逮捕。如果国家和政府不及时制定系统保护公众隐私和与国家非传统安全相关的"游戏规则"，利益相关部门在办理业务前都会用大数据这具有无限魔力的"水晶球"对公众进行一番预测，以规避其风险。但这种行为给人的生命意义、人权是一个致命的打击，甚至最终将摧毁整个人类的文明。大数据最终会不会是人类的大灾难和一条通往奴役之路呢？英国作家乔治·奥维尔在1984年创作的一部讽刺小说《一九八四》中用"老大哥"（Big Brother）隐喻这个毫无隐私，且行为、思想、语言完全被控制的单向度的社会。作者虚构了一个大洋国的居民无时无刻不处于最高领袖的监控之下，毫无隐私可言的极端不自由的生存状态。1984年，在经历一系列战争和合并后，世界只存在三个超级大国了——大洋国、东亚国和欧亚国。大洋国是个极权主义国家，最高领袖"老大哥"的权力至高无上，他制定了许多令人难以理解的法律：禁止书写任何东西、禁止集会、禁止男女之间的性爱等。最高领袖利用一种"电幕"的高科技视频器材监控人民的表达、交流和生活。每个人的住所、办公室和公共场所都安装着监控镜头和窃听器，到处贴着标语："老大哥在看着你！"一旦发现有人违背法律，轻者接受洗脑，重者处以极刑。

大数据给人带来的是前途一片光明还是黑暗无边，现在还无法作出准确的判断。2012年7月，美国皮尤研究中心（Pew Research Center）发布的一项《大数据的未来》的调研报告显示：对于"想象一下2020年我们将会在哪里？"其中，53%持肯定态度的人认为，大数据将促使社会、政治和经济的智能化发展，而39%的人则认为，大数据带来的问题比解决的问题还要多。大数据用于分析和预测将会导致我们对自身的预测能力产生盲目的自信。更糟糕的是，大数据的分析结果存在着被权力机构或大权在握的人物为了私自目的而错误使用或滥用的风险。由于大数据服务于大多数（有时并不准确），置少数人的利益于不顾，有"劫贫济富"之嫌，所以说大数据的出现百害而无一利。[①] 当人们因大数据降临欢呼雀跃，尽情享受大数据带来的便利的时候，我们不免有点彷徨。没有什么东西表明，这将是一个好的结局。

哈耶克（F. A. Hayek）在其名著《通往奴役之路》一书中分析得出的结论是：所有的集体主义社会，从希特勒的国家社会主义到斯大林的共产主义，都无可避免地会迈向专制极权。实行中央计划的经济体制必须有一个小团体（统治阶级）决定资源和产品的分配和发放，由于没有市场机制和自由价格机制，这个小团体无从得知正确的情报，也因此根本无法作出正确的决策来分配资源和产品。对于经济计划在实践上的不同意见，加上中央计划者在分配物资上的不断失败，最后将导致计划者开始运用高压的强迫力量以维持计划的实行。社会大众会感觉计划的失败是因为国家权力不够、无法有效推行目标所造成的，这样的感觉会使大众开始投票支持中央集权，并会支持那些看似"可以让计划付诸实现"的"强人"攫取政治权力。哈耶克认为，在经过这一连串的恶化后，一个国家将会无可避免地转变为极权主义。通往奴役之路代表了国家进行中央计划的开端，随着自由市场制度的瓦解，所有个人的经济自由和人身自由都将化为乌有。随着大数据时代的到来，人们对于国家权力、科学技术的态度可能会越来越纠结，但对数据的迷信将达到无以复加的地步。之前，哈耶克所不屑一顾的"计划"在大数据时代变得一切皆有可能。毫无疑问，"计划"以无所不包的数据为基础，意味着存在一个掌管所有数据和信息的机构或组织，意味着存在当权者或公共权力机构为一些私人或少数人的目的运用数据的可

---

[①] Anderson, J、Rainie, L: "The Future of Big Data", Pew Research Center Internet and America Life Project, 2012.

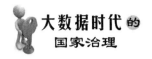
能……意味着国家权力重新被集中。但这并不可怕，人类还能依靠自身的智慧，来驯服大数据这个"贝希摩斯"（Behemoth）[①]，"透明"就是唯一能制服这头"魔兽"的利剑。

---

[①] 贝希摩斯（Behemoth）是在圣经中出现的怪物，传说上帝在创世纪第六天用黏土创造了贝希摩斯和利维坦一雄一雌的两头怪兽，只有上帝耶和华的剑才能杀死它们。雌性的就是盘踞大海的利维坦，而雄性则是威震沙漠（世界上所有陆地）的贝希摩斯。贝希摩斯的尾巴如杉木般挺直，肌肉如石头般结实，骨骼如铜铁般坚硬。之前，英国政治哲学家霍布斯将威力巨大无比的海怪利维坦作为国家权力的象征，传达出一种对不受羁绊权力的无限隐忧。霍布斯认为，自然是神创造世界和管理世界的艺术的展示，人类仿效自然，施展技艺创造出一个人造物，就是利维坦，国家就是它的名字。在此，用贝希摩斯来比喻大数据的巨大威力。

# 附 录

## 美国 "大数据之路" 大事记

▶ 1933 年　罗斯福总统发起"炉边谈话",广播技术开始在美国政治生活中得到大规模使用。

▶ 1936 年　盖洛普 (Gallup) 领导的美国舆论研究所在总统大选的民意调查中击败《文学文摘》(Literary Digest),把民意调查推进到科学化的历史阶段。

▶ 1940 年　罗斯福首次将民意调查的方法引进到公共政策的制定过程中。

▶ 1945 年　美联社的执行主编肯特·库珀 (Kent Cooper) 首次提出并定义"知情权"。

▶ 1946 年　人类历史上第一台电子计算机在美国费城问世。

▶ 1948 年　美国报纸编辑协会成立了"世界信息自由委员会",致力于推动信息自由。

▶ 1955 年　IBM 的两名雇员创办了全世界第一家独立的专业软件公司:Computer Usage Company。

国会议员约翰·摩斯 (John Moss) 提出《信息自由法》草案,倡导制度化的信息公开。

IBM 推出了第一款商用硬盘存储器,每兆字节存储量的单价约为 6000 美元。

▶ 1958 年　"软件"(Software) 这个概念被正式定义并在出版物中使用。

▶ 1960 年　美国举行了历史上第一次总统候选人电视辩论,此后电视在政治生活中得到大规模应用。

▶ 1962 年　"圣灰星期三"的风暴促成了军民联手的"海浪监测计划",传感器技术开始进入民用领域。

▶ 1965 年　联邦政府第一次提出"中央数据银行"方案,计划把政府部门所有的数据库都整合联结起来。

戈登·摩尔 (Gordon Moore) 提出摩尔定律;计算机硬件的处理速度和存储能力,一到两年将提升一倍;约翰逊总统签署《信息自由法》。

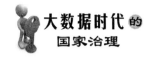

▶ 1966 年　联邦政府交通安全管理局开始实施循"数"管理的方法，此后交通事故死亡率不断下降。

联邦政府劳工统计局开展了美国历史上第一个国家纵向社会调查，该调查长达24 年。

▶ 1969 年　IBM 宣布停止免费配送软件的做法，软件和硬件开始分开定价。

▶ 1970 年　IBM 的研究员埃德加·弗兰克·科德（Edgar Frank codd）发明了关系型数据库。

▶ 1973 年　美国在医疗卫生领域制定推出了第一个最小数据库。

▶ 1974 年　美国通过《隐私法》，该法重点防止政府滥用其保存的公民信息和数据记录。

▶ 1975 年　美国通过《信息自由法修正案》，将信息是否公开的最终裁判权赋予法院，此后知情权得到了切实保障；盖茨创办微软公司。

▶ 1976 年　乔布斯成立苹果电脑公司。

美国通过《版权法》，规定政府的工作成果不适用版权保护，其数据和信息只能全民共享、免费发布。

盖茨发表《致爱好者的公开信》，软件专有的概念开始成为软件产业的主导。

美国通过《阳光政府法》，公民获得了旁听政府会议的权利。

▶ 1980 年　为规范联邦政府的信息收集工作、减少"信息扰民"，美国通过了《纸面工作精减法》。

▶ 1983 年　麻省理工学院的理查德·马修·斯托曼（Richard Matthew Stallman）发起自由软件运动，设立 GNU 项目；耶鲁大学的爱德华·塔夫特（Edward Tufte）教授出版了《定量信息的视觉展示》，成为数据可视化的开山之作。

▶ 1988 年　施乐公司的科学家马克·韦泽（Mark Weiser）提出"普适计算"，预测人类的第三股计算浪潮将是：万物皆联网，无处不计算。

▶ 1989 年　图灵奖的主办单位计算机协会举办了第一届数据挖掘学术年会，数据挖掘的技术开始兴起。

高德纳咨询公司（Gartner Group）的霍华德·德斯纳（Howard Dresner）为"商务智能"给出了一个被广泛接受的定义。

▶ 1991 年　GNU 项目基本完成，成功推出了免费操作系统"Linux"。

▶ 1992 年　比尔·恩门（Bin Lnmon）出版《数据仓库之构建》一书，第一次给出了数据仓库的定义和构建方法。

▶ 1993 年　每兆字节存储量的单价下降到 1 美元左右。

关系型数据库的发明者科德定义了联机分析及其构建方法。

克林顿提出信息高速公路计划，开始兴建覆盖全美的光纤通信网络。

司法部部长珍妮特·雷诺（Janet Reno）发布《雷诺备忘案》，规定政府所有的信息适用于"默认公开推定"。

▶ 1994 年　纽约街头警察梅普尔发明设计了"CompStat"警务信息管理系统，此后风行全国。

▶ 1995 年　尼古拉斯·尼葛洛庞帝（Nicholas Negroponte）出版了《数字化生存》一书，率先提出了后信息时代的概念。

▶ 1996 年　美国通过《电子信息自由法》，规定政府的电子记录也属于信息公开的范围。

▶ 1997 年　南加州大学的切诺柏（Ramnath Chellappa）教授第一次定义了"云计算"的概念，指出计算的边界将由经济的规模效应决定。

▶ 1998 年　麻省理工学院的万维网联盟提出下一代互联网"语义网"的定义和构建方法。

开源软件的概念被正式提出并定义，开源促进会成立。

▶ 1999 年　美国客户关系管理软件提供商 Salesforce 提出了"软件即服务"的概念。

▶ 2000 年　巴尔的摩市市长奥马雷推出基于城市管理的数据分析系统"CitiStat"，随后全美多个城时效仿。

美国通过了《数据质量法》，对政府所发布数据的质量进行了规范。

▶ 2001 年　高德纳咨询公司指出，全世界的数据开始在数量、种类、增长速度三个维度爆炸。

"9·11"恐怖袭击事件爆发，美国开始制定一系列保守的法案和计划，司法部发布了埃斯克劳特备忘案，否认了信息的"默认公开推定"原则。

加州州政府首次应用数据挖掘的技术来打击社会福利项目中的滥用和造假。

▶ 2004 年　联邦政府农业部启动"全国动物身份识别系统"项目，为全国的新生牲畜装配移动传感器的耳标，监控动物疫情。

联邦政府国土安全部成立了国家可视化分析中心，推动数据可视化技术在政府部门的应用。

▶ 2006 年　亚马逊公司退出收款硬件服务的云产品"弹性云计算"（EC2）。

布什总统签署《科伯恩——奥巴马法案》，其后联邦政府数据开放网 USAspending. gov 上线发布，成为美国预算开支透明的里程碑。

▶ 2007 年　美国通过《开放政府法》，再度扩大信息公开的范围。

美国开放公共数据的推动者在加州举行了第一次专门的集会，制定发布了开放公

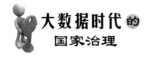

共数据的 8 大标准。

《连线》杂志主编凯利（Kevin Kelly）和技术活动家沃尔夫（Gary Wolf）创办了网站 quantifiedself.com，成为自我量化运动的枢纽。

▶ 2008 年　奥巴马当选总统，因其强大的互联网动员能力，被称为首任"网络总统"，互联网在美国政治生活中开始得到大规模的应用。

华盛顿特区政府推出"城际数据仓库"的项目，向全社会开放城市管理的公共数据。

▶ 2009 年　奥巴马就任总统，并在上任首日签署了《透明和开放的政府》总统备忘案，其后任命了联邦政府历史上第一位首席信息官和首席技术官。

联邦政府数据开放门户网站 Data. Gov 上线发布。

奥巴马宣布"白宫访客记录"将在互联网上公开发布 2010 每兆字节存储量的单价下降到 1 美分左右。

联邦政府的年度信息技术预算为 784 亿美元，是全世界最大的信息技术消费者，其拥有 2094 所数据中心、约 10000 多个信息管理系统、2000 个域名和 24000 个网站。

联邦政府举办了第一次开放政府数据的国际会议，英国、澳大利亚、巴西等十几个国家的 100 多名代表参加了会议。

为应对大数据的挑战，联邦政府正式提出了"大数据战略"。

▶ 2011 年　美国信息产业的巨头 EMC 宣布建立"数据英雄奖"，联邦政府首席信息官维维克·昆德拉（Vivek Kundra）获得首届大奖。

联邦政府正式发布《联邦政府云战略》，在政府部门全面推行"云计算"。

美国和巴西共同发起成立"开放政府联盟"，并发布了《开放政府宣言》。

奥巴马在白宫召开了第一次推特会议。

共和党举办了美国历史上第一次总统候选人推特辩论。

美国气象局在全国 2000 多辆客运大巴上装备传感器，实时收集沿途地点的温度、湿度、光照度等天气数据。

联邦政府宣布将与印度政府合作，把 Data. Gov 打造成开源平台，向全世界开放。

▶ 2012 年　美国政府启动"大数据研发计划"，投入 2 亿多美元推动大数据提取、存储、分析、共享、可视化等领域的研究，并将其与历史上对超级计算和互联网的投资相提并论。

# 参考文献

1. Bernard Barber：*The Logic and Limits of Trust*，*New Jersey*：Rutgers University Press，1983.

2. Leetaru："Can We Forecast Conflict? A Framework for Forecasting Global Human Societal behavior Using Latent Narrative Indicators"，University of Illinois at Urbana Champaign，2013.

3. N. Luhmann：Trust and Power，New York：John Wiley &.sons，1979.

4. Xiao，K.、Womack，B："Distortion and credibility within China's internal information system"，*Journal of Contemporary China*，23（88），2014，pp. 680—697.

5. ［美］艾伯特-拉斯洛·巴拉巴西：《爆发：大数据时代预见未来的新思维》，马慧译，中国人民大学出版社 2012 年版。

6. ［英］达尔文：《物种起源》，舒德干等译，陕西人民出版社 2006 年版。

7. ［美］德鲁克：《后资本主义社会》，张星岩译，上海译文出版社 1998 年版。

8. ［美］戴维·奥斯本、特德·盖布勒：《改革政府——企业精神如何改革着公营部门》，东方编译所编译，上海译文出版社 1996 年版。

9. ［英］基恩·威利茨：《数字经济大趋势》，徐俊杰、裴文斌译，人民邮电出版社 2013 年版。

10. ［澳］罗伯特·希斯：《危机管理》，王成、宋炳辉、金瑛译，中信出版社 2001 年版。

11. ［英］维克托·迈尔-舍恩伯格、肯尼思·库克耶：《大数据时代》，盛杨燕、周涛译，浙江人民出版社 2013 年版。

12. ［美］迈克尔·梅内里、米歇尔·钱伯斯、安碧嘉·帝拉吉：《大数据分析：决胜互联网金融时代》，阿里巴巴集团商家业务事业部译，人民邮电出版社 2014 年版。

13. ［德］乌尔里希·贝克：《风险社会》，何博闻译，译林出版社 2004 年版。

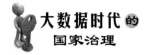

14. 陈潭：《单位身份的松动：中国人事档案制度研究》，南京大学出版社 2007 年版。

15. 陈潭：《转轨秩序的阅读：一个学者的公共生活观察笔记》，东方出版社 2009 年版。

16. 陈潭等：《治理的秩序：乡土中国的政治生态与实践逻辑》，人民出版社 2012 年版。

17. 郭晓科：《大数据》，清华大学出版社 2013 年版。

18. 韩和元：《全球大趋势 2：被债务挟持的世界经济》，中华工商联合出版社 2012 年版。

19. 韩和元：《下一轮经济危机 2：中国凭什么幸免于难》，北京大学出版社 2013 年版。

20. 韩松洋：《网权论：大数据时代的政治网络营销》，电子工业出版社 2014 年版。

21. 李德伟、陈佳科、李济汉：《大数据，小故事》，中国标准出版社 2014 年版。

22. 世界银行组织：《非政府组织法的立法原则》，喜马拉雅研究基金会 2000 年版。

23. 涂子沛：《大数据：正在到来的数据革命》，广西师范大学出版社 2012 年版。

24. 涂子沛：《数据之巅》，中信出版社 2014 年版。

25. 王乐夫、蔡立辉：《公共管理学》，中国人民大学出版社 2012 年版。

26. 赵启正：《公共外交战略》，学习出版社 2014 年版。

27. ［德］贝克、邓正来、沈国麟：《风险社会与中国》，《社会学研究》2010 年第 5 期。

28. 包亚军：《论现代官僚制的双重困境》，《北京行政学院学报》2005 年第 1 期。

29. 戴俊杰、蔡敏翔：《地理空间信息资源建设、共享之探索与实践——以江阴市自然资源和空间地理基础数据库及共享平台建设为例》，《第六届中国数字城市建设技术研讨会论文集》2011 年 11 月。

30. 寇丽平：《浅谈城市公共安全规划的现状及可行性方案》，《城市规划》2006 年第 10 期。

31. 傅中力、张煌、李坡：《大数据时代的国家安全与军事战略选择》，《国防科技》2013 年第 2 期。

32. 海岩：《"切记，信用就是金钱"》，《沿海经贸》2002 年第 2 期。

33. 胡象明、黄敏：《我国应急管理体制的特色与改革模式的选择》，《中国机构改革与管理》2011 年第 3 期。

34. 胡尧熙：《视频生猛之〈纸牌屋〉的手牌和底牌》，新周刊 2013 年第 391 期。

35. 李丹阳：《大数据时代的中国应急管理体制改革》，《华南师范大学学报（社会科学版）》2013 年第 6 期。

36. 李丹阳：《大数据背景下的中国应急管理体制改革初探》，《江海学刊》2014 年第 2 期。

37. 李国杰、程学旗：大数据研究：《未来科技及经济社会发展的重大战略领域》，《中国科学院院刊》2012 年第 6 期。

38. 刘鹏：《大数据——正在发生的深刻变革》，《中兴通讯技术》2013 年 8 月第 19 卷第 4 期。

39. 刘世明、陈建宏、张宗平、陈惠红：《计算机系统应用》2014 年第 2 期。

40. 雷仲敏：《我国城市公共安全管理模式构想》，《上海市经济管理干部学院学报》2004 年第 1 期。

41. 孟小峰、慈祥：《大数据管理：概念、技术与挑战》，《计算机研究与发展》2013 年第 1 期。

42. 孙鹤然：《大数据时代的精细化分析》，《中国计算机报》2011 年 6 月 6 日。

43. 吴小强、李鹏、曲为民：《智能交通系统研究回顾与展望》，《国外公路》2000 年第 4 期。

44. 王莹莹：《健全应急管理体制势在必行》，《中国减灾》2010 年第 6 期。

45. 王作勇：《遥感技术在汶川地震抗震救灾中的应用及存在问题分析》，《测绘通报》2008 年第 8 期。

46. 薛澜、钟开斌：《突发公共事件分类、分级与分期：应急体制的管理基础》，《中国行政管理》2005 年第 2 期。

47. 薛澜、张强、钟开斌：《防范与重构：从 SARS 事件看转型期中国的危机管理》，《改革》2003 年第 3 期。

48. 刘强、李环：《美国国家民主基金会及其对"疆独"组织的资助》，《环球视野》

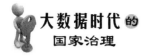

2010 年 10 月第 319 期。

49. 杨舒怡：《世卫组织拉响埃博拉"全球警报"》，《中国青年报》2014 年 8 月 12 日第 6 版。

50. 张斌：《宏观经济进入新的三部曲》，中国社科院职务报告，2009 年 8 月。

51. 张倩：《大数据在突发事件政府决策中的应用》，《东北农业大学学报（社会科学版）》2013 年第 12 期。

52. 张彦华：《风险社会中传媒协助治理群体性事件的思考——基于相对剥夺理论的视角》，《宁夏大学学报（人文社会科学版）》2013 年第 1 期。

# 后　记

　　网络、终端设备、数据存储设备、处理器和服务商通过一系列标准共同运转，创造出了对每个人都有用而且可以为每个人所用的价值。

　　　　　　　　　　　——［英］基思·威利茨（《数字经济大趋势》作者）


　　加拿大著名传播学者马歇尔·麦克卢汉（Marshall Mcluhern）在《理解媒介：论人的延伸》著作中阐明了"媒介即人体的延伸"的著名论断，今天移动互联网和各种信息接受终端的出现已经让麦克卢汉的论点不断地变成了现实。随着时代的流动性、开放性和复杂性的不断增强，随着科学技术的日新月异和信息资源的海量集聚，人类越来越需要对公共资源进行科学配置和对公共事务进行规范化、程式化处理。毫无疑问，大数据、云计算、物联网成了经济社会发展的基础性资源和技术性工具。在推进国家治理体系和治理能力现代化的进程中，大数据也成了治国理政的技术支持和智慧支撑。因此，本书的出版可以看作飞速发展的信息技术革命的学术反映，也可以视作推进国家治理现代化建设、提升国家治理水平的学术产物。让社会科学学术研究与时代脉搏一起跳动，期待本书的出版能够为当下中国的全面深化改革和做好稳增长、促改革、调结构、惠民生、保安全的各项工作尽点绵薄之力。

　　学术研究需要宽度、深度和新度，学术研究离不开理论和实践的有机

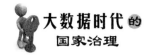

链接。实践需要理论指导，理论必须引领和跟进实践。2014 年 6 月 9 日上午，广州大学与广州市人民政府政务管理办公室在广州市政务服务中心合作成立了"中国政务研究基地"，连同之前建立的"广州政务教学中心"，共同开启了教育部门和实践部门协同育人与协同创新的新探索和新实践。作为校地协同创新研究机构，广州大学中国政务研究中心期待和广州市政务服务中心、广州市政务信息技术中心、广州市电子政务中心等实践机构共同参与"信息广州""智慧广州"和国家中心城市、全球商贸中心建设。本书即是 2014 年度中央财政支持地方高校发展专项资金项目"国家中心城市发展与管理"（大都市治理）创新团队建设项目和广州大学中国政务研究中心的系列研究成果之一。

众所周知，广东是古代海上丝绸之路的发祥地，是近现代民主革命的策源地，是岭南文化的中心地，是改革开放的前沿地。站在南海边上思考，背靠北回归线学问，岭南文明发展和广东改革事业需要发挥社会科学认识世界、传承文明、创新理论、资政育人和服务社会的作用。2013 年，广东省委、省政府为了加快文化强省建设步伐、推进哲学社会科学繁荣设置"理论粤军"项目，目的在于通过营造宽松的学术环境，形成鼓励创新的学术品格，着力打造南方学术高地和岭南学派，建设文化强省和学术强省，为广东省经济社会发展提供了强大的思想保障、理论支撑和智力支持。本书的出版是"理论粤军"2013 年度重大资助项目"迈向经验解释的中国网络政治研究"课题组伴生性的合作成果。

全书由大都市治理创新团队首席专家陈潭教授策划写作提纲，经过多次讨论和修改，最后由陈潭教授统筹、定稿和审订。具体承担写作章节及其人员如下：

前　言：陈潭

第一章：韩和元

第二章：彭铭刚

第三章：刘晓洋

第四章：韩和元

第五章：刘兴云、李穆涵

第六章：胡项连、陈潭

第七章：陈银成、陈潭

第八章：杨运鑫

第九章：沈本秋

第十章：肖栩

第十一章：付艳、刘晓洋

第十二章：刘兴云、李穆涵

感谢大数据研究的已有研究者所提供的学术文献和所作出的学术贡献，感谢各位编写人员在资料收集、调查研究、写作修改方面的辛勤劳动，感谢广州大学中国政务研究中心学术同仁的集体思维，感谢广州大学公共管理学院的鼎力协助。始创于2004年的广州大学公共管理学院今年（2014年）迎来建院十周年，本书的出版是学院成立十周年的智慧结晶。

写作过程中，横跨湘粤的草根学术部落"斯为盛学社"成员伍小乐、李松柏、刘成付出了很多辛劳，尤其是公共管理硕士研究生刘成同学负责了附录和参考文献的编辑工作，本书也是"斯为盛学社"成立十周年的献礼作品。本书的出版得到了中国社会科学出版社武云博士、王斌老师的积

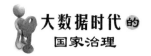

极推动和大力支持，在此一并致谢！由于学术水平有限，教学任务繁重，
书中难免有疏漏之处，敬请读者不吝赐教！


广州大学中国政务研究中心

《大数据时代的国家治理》编写组

2014 年 10 月 8 日